August Bieling

Das Monopol in der Schleppschiffahrt

August Bieling

Das Monopol in der Schleppschiffahrt

ISBN/EAN: 9783954272891

Erscheinungsjahr: 2013

Erscheinungsort: Bremen, Deutschland

www.maritimepress.de | office@maritimepress.de

DAS MONOPOL IN DER SCHLEPPSCHIFFAHRT

VON

DR. AUGUST BIELING

MÜNSTER (WESTF.) / 1934
WIRTSCHAFTS- UND SOZIALWISSENSCHAFTLICHER VERLAG E. V.
JOHANNISSTRASSE 9

Vorwort.

Die praktische Tragweite des hier behandelten Themas hängt nicht nur von der Bedeutung ab, die dem Gegenstande an und für sich innewohnt. Sie ist vielmehr in starkem Maße mitbestimmt von den technischen, wirtschaftlichen und politischen Kräften, die die Binnenschiffahrt selbst und ihr Verhältnis zu den beiden andern Großverkehrsmitteln beherrschen. Demgemäß hat das Bild des Schleppmonopols im Laufe der Zeit stark geschwankt. Zu Beginn unseres Jahrhunderts Gegenstand heftigsten Meinungsstreites, nach dem Kriege aber von der Öffentlichkeit wenig beachtet, entbehrt das Schleppmonopol einer eindeutigen Einordnung in das System unserer Verkehrspolitik. Es liegen Anzeichen dafür vor, daß nunmehr über den, gleichsam erst probeweise verwirklichten, Organisationsversuch eine endgültige Entscheidung heranreift.

Die vorliegende Schrift bemüht sich, ihrem Gegenstande mit wirtschaftswissenschaftlichen Mitteln beizukommen. Es ist leider nicht überflüssig, darauf hinzuweisen, daß damit nicht alles gesagt sein kann, was für die Herbeiführung jener Entscheidung vonnöten ist. Es war aber das Bestreben des Verfassers, solche Vorarbeit so erschöpfend wie möglich zu leisten.

Die Anregung zur Beschäftigung mit dem Fragenkreise gab der Vorsitzende des Vereins zur Wahrung der Schiffahrtsinteressen im westdeutschen Kanalgebiet, Herr Direktor Diederichs, Dortmund. Dank gebührt allen Stellen, die bereitwillig Material zur Verfügung gestellt haben. Sehr verbunden ist der Verfasser vor allem Herrn Oberregierungs- und Oberbaurat Piper, Magdeburg, für mannigfache Hinweise und Anregungen.

Münster, den 15. Oktober 1934.

Der Verfasser.

Inhalt.

Einleitung.

1. Wandlungen der Binnenschiffahrt.

Die tiefgreifenden Wandlungen in unserem Verkehrswesen haben auch ein so altehrwürdiges Transportmittel wie die Binnenschiffahrt erfaßt. Seit den Tagen der ersten Flußdampfer ist die Überlieferung in Betriebsweise und Wirtschaftsform nicht stärker in Frage gestellt worden als heute.

Um die Tragweite der sich ankündigenden Entwicklung ermessen zu können, muß man sich die Doppelnatur der Binnenschiffahrt vor Augen halten: Diese ist Güterverkehrsmittel und zugleich Verkehrsgewerbe, Berufsstand. Als Transportmittel ist sie dienendes Werkzeug für den volkswirtschaftlichen Produktions- und Verteilungsprozeß. Diese Funktion teilt sie mit Eisenbahn, Kraftwagen und Seeschiff. Als Gewerbe aber bezeichnet sie den Inbegriff einer Vielheit von selbständigen Unternehmungen und befindet sich damit im Gegensatz zu den zentralistisch bewirtschafteten Verkehrsmitteln, den „Transportanstalten". „Verkehrsmittel" und „Verkehrsgewerbe" gehorchen verschiedenen Triebkräften; die beiderseitigen Reaktionen müssen aber zueinander wiederum in Wechselwirkung treten. Das Schicksal des Verkehrsmittels, wie es sich aus dem Zusammenspiel mit den anderen Verkehrsmitteln ergibt, bestimmt zu seinem Teil auch die Lage des Binnenschiffahrtsgewerbes. Gestaltungskräfte oder Konkurrenzverhältnisse innerhalb des Gewerbes sind umgekehrt maßgebend für die Kampfkraft des Verkehrsmittels. Dieser Sachverhalt ist dafür verantwortlich, daß die Binnenschiffahrt in der Zeit der großen Krise die vorzüglichsten Dienste gerade dann geleistet hat, als ihre Rentabilität am stärksten gefährdet war; denn das Sinken des Frachtenindex von 141 (1929) auf 82 (1932) ist ebenso Ausdruck einer Verbilligung des Transportes für die Verfrachter wie einer Einnahmeminderung für die Binnenschiffahrtsunternehmungen.

Dementsprechend können wir heute dreierlei Bewegungsursachen beobachten, die die Entwicklung der Binnenschiffahrt in eine neue Richtung drängen: die veränderte Stellung der konkurrierenden Verkehrsmittel, die organisatorische Umbildung des Binnenschiffahrtsgewerbes und die technische Umwälzung der Motorisierung.

Die Auseinandersetzung zwischen Eisenbahn und Kraftwagen konnte auch die Binnenschiffahrt nicht unberührt lassen, sei es, daß in dem neuen Verkehrsmittel auch ihr ein Konkurrent erwuchs, sei es, daß die Eisenbahn ihre Leistungsfähigkeit im Kampf mit dem Kraftwagen gesteigert hatte, was ihr auch im Wettbewerb mit der Binnenschiffahrt zustatten kam; sei es, daß sie durch Niederlagen, die ihr der Kraftwagen zugefügt hatte, veranlaßt wurde, Siege über die Binnenschiffahrt zu erstreben. Aber auch ohne die beflügelnde Wirkung des Kraftwagenwettbewerbes war die technische Rationalisierung des Schienentransportes bemerkenswert genug, um seine Gefährlichkeit als Nebenbuhler des Wasserweges zu erhöhen, zumal dann, wenn die Tarifpolitik ihm hierbei zu Hilfe kam.

Die Verschiebung der Wettbewerbsvoraussetzungen, die auf die Entwicklung bei anderen Verkehrsmitteln zurückgeht, wird jedoch einstweilen überschattet von der organisatorischen Umwandlung der Binnenschiffahrt selber. Die äußerste Notlage der Schiffer in allen Stromgebieten erzwang seit 1931/32 unter Mithilfe des Staates eine Ablösung der seit Aufhebung der Schifferzünfte herrschenden freien Konkurrenz durch eine kartellmäßige Marktregelung. Die Veränderung der organisatorischen Gestaltung läßt sich in ihrer Auswirkung heute noch kaum abschätzen, da ausreichende Erfahrungen mit den neuen Verbänden noch nicht vorliegen.

Um so handgreiflicher sind die Folgen des technischen Fortschrittes der Motorisierung. Kanaldampfer werden seit Jahren so gut wie überhaupt nicht mehr gebaut. Motorfahrzeuge erscheinen im Betriebe so vorteilhaft, daß selbst in den Zeiten der schlimmsten Wirtschaftskrise ihre Zahl ständig vermehrt wurde.

Will man die Gestaltungskräfte dort studieren, wo sie vermutlich die einschneidendsten Veränderungen hervorrufen werden, so muß man die Schleppschiffahrt betrachten.

2. Schleppschiffahrtsformen

Als technische Betriebsform beherrscht die Schleppschiffahrt das Bild der Güterbeförderung auf Binnenwasserstraßen. Dies war nicht immer so. Erst die Verwendung der Dampfkraft als Antrieb für Binnenschiffe hat das

Kraftschiff (Schleppschiff) geschaffen, das zur Fortbewegung vor die die Nutzlast bergenden Fahrzeuge (Lastkähne) gespannt wird, im übrigen aber anderen Dispositionen gehorcht als die Lastkähne, mit denen es nur für die Dauer der Reise zusammengekoppelt ist, um so bald wie möglich wieder neuen Anhang ins Schlepptau zu nehmen.

Der technische Einsatz der Schleppmittel erfolgt unter mannigfachen Wirtschaftsformen. Entweder wird Schleppkraft von eigens ihr gewidmeten Unternehmungen angeboten, die wiederum als Reeder oder Kleinschiffer, als einzelne Unternehmer oder kollektiv in Kartellen und Genossenschaften auftreten können. Oder die Schleppkraft wird — was überwiegend der Fall ist — von Unternehmungen bereitgestellt, die zugleich über Lastschiffe verfügen. Auch innerhalb dieser Gruppe sind Abstufungen zu unterscheiden, u. a. danach, ob das Schleppen den Haupt- oder Nebenbetrieb des betreffenden Unternehmens bildet. Alle bisher in Betracht gezogenen Formen stehen aber noch in einem gemeinsamen Gegensatz zu einem Schleppmonopol, da jene unter den Bedingungen eines freien oder mehr oder minder geregelten Wettbewerbes arbeiten, wogegen das Monopol auf einer bestimmten Wasserstraße als einziges einheitliches Unternehmen einen Schleppzwang auf alle diese Wasserstraßen benutzenden Lastschiffe anwenden kann.

Die Schlepptechnik ist ein wichtiger Erklärungsgrund für das Entstehen und Vergehen mancher Wirtschaftsformen. Aber auch umgekehrt hängt die technische Leistungsfähigkeit der Schleppschiffahrt zu einem gewissen Teile von der Art der jeweiligen Bewirtschaftungsform ab. Dies ist besonders in Zeiten der Umwälzung wie heute zu beachten. Denn so wenig die Schleppschiffahrt von jeher die beherrschende Betriebsform bildete, so wenig ist es ausgemacht, daß sie es in alle Zukunft bleiben werde. Das Vordringen des Motors auf Kosten der Dampfmaschine hat dem selbstfahrenden Güterschiff neue Entwicklungsmöglichkeiten erschlossen, und es ist noch nicht abzusehen, inwieweit diese Entwicklung unter Verdrängung des Schlepprinzips vor sich gehen wird.

Zu gleicher Zeit vollzieht sich eine Umbildung der wirtschaftlichen Organisationsformen, seitdem unter Förderung des Staates auf den verschiedenen deutschen Wasserstraßen Reeder und Partikulierschiffer zu Kartellen bzw. Betriebsverbänden vereinigt worden sind. Kartelle bildeten früher in der Binnenschiffahrt die Ausnahme. Wenn sie künftig — worauf manche Anzeichen hindeuten — auch zu einer zentralen Regelung des Schleppdienstes Anlaß geben, so nähern sie sich damit in dieser Beziehung einem Schleppmonopol in dem bisher bekannten Sinne. Die mit dem letzteren gemachten Erfahrungen sind also für die künftige Gestaltung der Binnenschiffahrt von zwiefacher Bedeutung: für den Aufbau der Organisation und für die Entwicklung des geeignetsten technischen Beförderungsprinzips.

In letzterer Hinsicht stehen heute zur Wahl: das Schleppen mit freifahrenden Kraftschiffen oder die Eigenbewegung des motorgetriebenen Nutzfahrzeugs, des Selbstfahrers. Daneben kommen für die deutschen Wasserstraßen andere technische Methoden in der Regel nicht in Betracht. Dies gilt für Segelschiffahrt wie Flößerei, aber auch für alle Arten der Treidelei, Menschen- und Pferdezug, die als Zeugen einer vergangenen Epoche mehr und mehr verschwinden, sowie elektrische Treidelei, deren Wirtschaftlichkeit für einen Verkehrsumfang, wie er auf deutschen Kanälen üblich ist, nicht erwiesen werden konnte.

Es könnte leicht den Anschein erwecken — und es fehlt nicht an dahingehenden Behauptungen — als ob das Schleppmonopol die konsequente Verkörperung des Gedankens der Arbeitsteilung und damit die rationellste Wirtschaftsform der Binnenschiffahrt darstelle. Wenn dann wirklich das technische Prinzip des Selbstfahrers die Überlegenheit über das Prinzip des Schleppens beanspruchen sollte, so müßte es diesen Anspruch zu allererst in der Auseinandersetzung mit der Schleppschiffahrt von der vollkommensten Leistungsfähigkeit, eben dem Schleppmonopol, erkämpfen. Müssen wir wirklich erst auf diese Probe warten? Oder müssen wir nicht vielmehr zuvor noch die Frage klären: Hat sich das Schleppmonopol bewährt? Muß es gar als die leistungsfähigste Form der Schleppschiffahrt gelten? Oder falls nicht, schließt es verkehrspolitische Vorzüge in sich, die es als Aufbauelement der Binnenschiffahrtsorganisation unentbehrlich oder auch nur nützlich erscheinen lassen?

Erster Abschnitt:

Der Schleppmonopolgedanke.

I. Begriff und Ursprung.

Den allgemeinen Begriff des Schleppmonopols hat man als die einheitliche wirtschaftliche Verfügungsgewalt über das gesamte Angebot an Schleppkraft auf einer Wasserstraße zu bestimmen. Ihm entgegengesetzt ist der Fall der freien Konkurrenz von Schleppunternehmern um die Befriedigung der Nachfrage nach Schleppdiensten. Eine Mischform zwischen dem Zustand des Monopols und dem der Freiheit bildet der kartellartige Zusammenschluß der Schleppunternehmer, die zwar ebenfalls der Absicht nach das Angebot zusammenfassen, aber dabei ihre wirtschaftliche Selbständigkeit behalten. Eine, wenn auch keineswegs notwendige und zum Wesen gehörige, Ergänzung erfährt der Begriff des Schleppmonopols noch dann, wenn neben die Monopolisierung der Schleppkraft noch ein Verbot anderer Fortbewegungsarten, insbesondere des Selbstfahrens, tritt. Verschiedene Abarten des Schleppmonopols wird man danach zu unterscheiden haben, wer es ausübt, ob der Staat oder etwa ein Privatunternehmen, und danach, ob es sich um ein bloß tatsächliches oder um ein rechtlich gesichertes Monopol handelt. Nicht unter den Begriff Schleppmonopol fällt streng genommen die einheitliche Bewirtschaftung der Treidelei vom Ufer aus; man sollte im Interesse reinlicher Scheidung den Begriff Schleppmonopol auf die Schleppschiffahrt mit freibeweglichen Kraftbooten beschränken, dagegen im anderen Falle von Treidelmonopol sprechen. Technisch ist der Unterschied ohne weiteres klar; aber auch wirtschaftlich ergibt sich wenigstens für die mechanische Treidelei eine völlig anders geartete Struktur, da hier die technische Natur der Sache, ähnlich wie auf dem Lande der Eisenbahnbetrieb, ein Nebeneinander konkurrierender Unternehmen von selbst verbietet. Tatsächlich hat man meist den Begriff Schleppmonopol ohne Rücksicht auf die technische Gestalt gebraucht. Wir werden uns dem wenigstens für die historischen Darlegungen nicht entziehen können, im übrigen aber auf jene Einschränkung achten.

Es ist noch darauf hinzuweisen, daß wir den Begriff Monopol in dem angegebenen Sinne lediglich formal fassen und davon absehen, ihn auf bestimmte Zwecksetzungen zu beschränken. Es ist uns für den Tatbestand des Monopols unerheblich, ob es von der Absicht der Gewinnerzielung oder von der Idee eines gemeinnützigen Unternehmens beherrscht wird. Selbstverständlich sind die Zwecke, denen das Schleppmonopol dienstbar gemacht wird oder werden kann, von höchstem Interesse; doch wird es sich für die allgemeine Begriffsbestimmung empfehlen, es bei dem formalen Merkmal der einheitlichen Zusammenfassung des Angebotes in einem einzigen Unternehmen bewenden zu lassen.

Die Verwirklichung der Idee des Schleppmonopols können wir in Deutschland an zwei Fällen studieren: dem staatlichen Schleppbetrieb auf den westdeutschen Kanälen (d. h. vor allem dem begonnenen Mittellandkanal) und dem Schleppbetrieb der Handelskammer Lübeck auf dem Elbe-Trave-Kanal. Vornehmlich der erstere beansprucht sowohl hinsichtlich seiner Verkehrsbedeutung und seines räumlichen Geltungsbereiches als auch hinsichtlich seiner Struktur unsere Aufmerksamkeit. Es handelt sich hier wie im zweitgenannten Fall um eine Anwendung auf künstlichen Wasserstraßen. Dies ist kein Zufall, wie eine Betrachtung der Entwicklung lehren wird.

Es ist nicht verwunderlich, daß im Stadium der Diskussion und Vorbereitung dieser Organisationen der Gedanke eines Schleppmonopols nicht von vornherein in begrifflicher Reinheit hervortrat, ganz abgesehen davon, daß verschiedene Interessenten ganz verschiedene Motive für die Befürwortung oder Ablehnung des Schleppmonopols und verschiedene Vorstellungen von der mutmaßlichen Auswirkung desselben haben konnten, bzw. tatsächlich hatten. Es ist aus darstellerischen Gründen daher zweckmäßig, zunächst noch nicht den entwickelten engeren Begriff des Schleppmonopols, sondern den tatsächlich-historischen zu verwenden.

Je nach dem Inhalt, mit dem sich der umfassende Begriff füllt, gewinnt das Thema unserer Untersuchung eine verschiedene Bedeutung: Es wirft zunächst die Frage nach dem wirtschaftlichen Sinn und Wert einer Betriebsform auf, die auf derselben Stufe des Transportvorganges neben anderen Betriebsformen (denkbaren und wirklichen) zur Wahl steht. Aber ebenso unabweisbar ist die andere, wie sich dieses Gebilde in den Gesamtkörper einfügt und schließlich die dritte nach seinem instrumentalen Charakter, je nach den Zielen, die die Politik mit seiner Hilfe anstrebt. In der Frage nach dem Schleppmonopol sind mithin genau genommen nicht weniger als drei Fragen gestellt: 1. nach der besten Organisations- oder Unternehmungsform der Schleppschiffahrt, 2. nach der zweckmäßigsten Einfügung des Betriebszweiges „Schleppschiffahrt" in das übergreifende Ganze „Binnenschiffahrt", 3. nach der Brauchbarkeit des Schleppmonopols für allgemeine verkehrs- oder wirtschaftspolitische Zwecke. Dieses Dreigespann soll uns möglichst geradlinig durch unsere ganze Untersuchung hindurch geleiten. Sind alle drei Fragen auch nicht unabhängig von einander, so doch immerhin verschieden genug, um zunächst eine gesonderte Betrachtung zu erfordern.

Der Vorschlag des „Schleppmonopols", wie er später seinen Niederschlag im § 18 des Wasserstraßengesetzes vom 1. 4. 1905 fand, stammt ursprünglich aus einem Vorstellungskreis, der eine Steigerung der Leistungsfähigkeit der Wasserstraßen von einer großbetrieblichen Zusammenfassung der Schiffahrt erwartete. Einige Zitate mögen dies belegen. Nach Schumacher[1] hat Schromm auf dem Internationalen Binnenschiffahrtskongreß in Wien 1886 u. a. ausgeführt:

> „Wir bekennen uns zu dem Grundsatz, daß die Wasserstraßen nur dann . . . . leistungsfähig gemacht werden können, wenn eine stramme Betriebsorganisation auf denselben eingeführt und streng gehandhabt wird."

Damit habe er einer weit verbreiteten Überzeugung Ausdruck gegeben. Gerade in den Kreisen der Binnenschiffahrtsfreunde suche man die Bedeutung der Tatsache, daß die weitaus meisten bestehenden Kanäle auf der Grundlage finanzieller Selbsterhaltung der Konkurrenz der Eisenbahn nicht gewachsen seien, zu entkräften durch den Hinweis auf den erstrebten einheitlich organisierten Großbetrieb, der ungleich leistungsfähiger sei, als der bisher vorherrschende dezentralisierte Betrieb der Kleinschiffahrt. Ferner:

> „Schon in den Vorlagen des Komitees für den Elbe-Spree-Kanal ist die Anschauung geltend gemacht worden, ‚daß eine durchgehende große Kanalverbindung die Ansprüche des modernen Verkehrs nur dann erfüllen könne, wenn eben dieser Verkehr ein schneller, regelmäßiger und bezüglich der Lieferfristen durchaus zuverlässiger sei, also in der Art

[1] Zur Frage der Binnenschiffahrtsabgaben, Berlin 1901, S. 264.

des Eisenbahnverkehrs nach bestimmten Fahrplänen geordnet werde. Dies sei aber nur durchführbar, wenn die Fortbewegung der Schiffe in die Hand eines autorisierten Unternehmers gelegt werde' . . .

Im Etat für das Jahr 1890/91 ist sodann zur Begründung einer kleinen Forderung für Versuche über die zweckmäßigste Art der Fortbewegung der großen Elbkähne auf dem Oder-Spree-Kanal bemerkt worden: ‚Der Staatsregierung fällt die Aufgabe zu, die Entwicklung der Schiffahrt auf diesen neuen großen Kanälen einheitlich und zweckmäßig zu gestalten. Von dem Ergebnis der Versuche wird insbesondere die Entscheidung der Frage abhängig sein, ob vielleicht der Großbetrieb durch den Staat selbst in die Hand genommen oder geeigneten Unternehmern übertragen werden soll'[2]."

In das Licht einer breiteren Öffentlichkeit, wie die parlamentarische Erörterung sie darstellt, trat das Projekt eines Schleppmonopols aber anscheinend erst 1899, als der Minister Thielen sich gegen einen solchen Plan aussprach. Später, 1905, bestätigte die Regierung nochmals ausdrücklich, daß sie schon beim Dortmund-Ems-Kanal das Schleppmonopol in Erwägung gezogen, aber abgelehnt habe[3].

Manche gingen noch einen Schritt weiter und empfahlen zwecks Leistungssteigerung des Wassertransports nicht nur Verstaatlichung der Traktion, sondern sogar Verstaatlichung der Kanalschiffahrt[4]. Das schon bestehende Monopol des Schienenverkehrs werde sich damit zu einem Monopol des Binnenverkehrs überhaupt ausweiten. Bis in Regierungskreise hinein erwog man ernstlich solche Gedanken. Hierfür sind ein interessanter Beleg Ausführungen des damaligen Geheimen Oberregierungsrats im Ministerium der öffentlichen Arbeiten Peters in einer dem Schiffahrts-Kongreß von 1902 vorgelegten Denkschrift: Ein weiterer Schritt in der durch die Monopolisierung des Schleppdienstes bezeichneten Richtung sei die Übernahme des ganzen Schiffahrtbetriebes durch die Verwaltung. Hiermit werde auf dem Gebiet der Binnenschiffahrt eine dem Eisenbahnwesen völlig entsprechende Organisation geschaffen, die in finanzieller Hinsicht wesentliche Vorteile gewähren könne. Die Übertragung von Gewinnen, die sonst der private Unternehmer mache, sei hierbei noch größer, weil sie um die Vorteile des einheitlichen konkurrenzlosen Betrie-

[2] a. a. O. S. 265 f.

[3] H. d. A. Sitzung vom 3. 2. 1905.

[4] Ein Vorkämpfer des Verstaatlichungsgedankens war vor allem der Eisenbahndirektionspräsident Franz Ulrich. Vgl. seine Schrift über Staatseisenbahnen, Staatswasserstraßen und die deutsche Verkehrspolitik, Leipzig 1898.

bes vermehrt würde, der Schiffspark besser ausgenutzt, an Personal und Material gespart werden könne und die Aussicht auf Erlangung gewinnbringender Frachtsätze mit der Beseitigung der Privatschiffer steige. Es bleibe dann nur noch die Konkurrenz der Eisenbahn und anderer Wasserstraßen zu berücksichtigen. Solange die Schiffahrtstarife nur die Abgaben regeln, sei die Aufgabe der Verwaltung besonders schwierig, weil sie weder die höchstmöglichen, noch die durchschnittlichen, noch die mit den Schiffahrtsselbstkosten zusammenfallenden Mindestfrachten mit hinreichender Genauigkeit für die verschiedenen Güter und Verkehrsbeziehungen feststellen könne, obwohl deren richtige Kenntnis eine wesentliche Voraussetzung für die richtige Bemessung der Abgabensätze sei, die einen Bestandteil der Beförderungspreise bilden und deren Höhe beeinflussen. Die Verwaltung müsse mit einem die ungünstigen Verhältnisse berücksichtigenden, tatsächlich vielleicht nicht erforderlichen Sicherheitsspielraum rechnen. Dagegen sei die Verwaltung, die einen Schiffahrtsbetrieb selbst leitet, über alle für die Tarifbildung maßgebenden Verhältnisse, namentlich Selbstkosten, aus eigener Wahrnehmung unterrichtet.

Bezeichnend sind hierzu auch Ausführungen der Handelskammer Düsseldorf in einer längeren Eingabe an das Haus der Abgeordneten vom 1. 12. 1904, in der es heißt, es bestehe

„im Ministerium der öffentlichen Arbeiten eine Strömung, die am liebsten das Schiffahrtsmonopol auf unseren Wasserstraßen eingeführt sähe".

Hier wird deutlich, daß es diesen Politikern nicht lediglich, ja nicht einmal in erster Linie auf Leistungssteigerung der Wasserstraße ankam, wenn nur dem Staat ein größerer Einfluß auf dieses Verkehrsmittel eingeräumt wurde, um den Verkehr insgesamt erfolgreicher lenken und den allgemeinen wirtschaftspolitischen Zielen dienstbar machen zu können. Es sind die Vertreter der Anschauung, die in der Verstaatlichungsaktion Bismarcks bei den Eisenbahnen sich Geltung verschafft hatte; die „grundsätzlich" auf dem Boden der Gewerbeordnung von 1869 stehen blieb und doch in Abkehr von jener radikalen Gewerbefreiheit bestimmte Gebiete der privaten Betätigung verschließen zu müssen glaubte, um sie dem Staat vorzubehalten.

Der Gedanke des Schleppmonopols konnte damals in Deutschland an Einrichtungen anknüpfen, wie sie, wenn man

2

vom Kaiser-Wilhelm-Kanal[5] absieht, auf dem Elbe-Trave-Kanal schon bestanden und für den Teltow-Kanal vorgesehen waren. Es lagen hier jedoch andere Voraussetzungen vor als für die westdeutschen Kanäle angenommen wurden. Der Dampferschleppbetrieb auf dem Elbe-Trave-Kanal, den die Handelskammer Lübeck für Rechnung des lübischen Staates führt, ist dort als Verkehrserleichterung gedacht, um durch niedrige Schlepplöhne, zu denen keine private Firma fahren würde, Verkehr über Lübeck zu lenken. Auf dem Teltow-Kanal wurde erstmals elektrische Traktion vom Ufer aus eingeführt, die ihrer technischen Natur nach selbstverständlich einheitlichen Betrieb erforderte. Schließlich bestand noch das französische Vorbild eines staatlichen einheitlichen Schleppdienstes auf einigen Tunnel- und sonstigen einschiffigen Kanalstrecken. Meist handelt es sich um kurze Abschnitte, deren längster auf dem Kanal von St. Quentin 20 km beträgt, und um Kettenschiffahrt[6].

Schumacher führt 1901 folgende französischen Kanäle an, auf denen der Staat die Tauerei ausübe: den St. Quentin-, Marne-Rhein-, Ost- und Burgunder-Kanal sowie die Scarpe. Ähnlich liege es bei den Kanälen der Stadt Paris mit kommunalem Betrieb: dem Ourq-, St. Martin- und St. Denis-Kanal[7].

Das französische Wasserstraßengesetz von 1903 sah bei neuen Kanälen die Aufbringung der Kosten mindestens zur Hälfte durch die Beteiligten (Handelskammern u. dgl.) vor, wofür der Staat diesen für eine bestimmte Zeit die Erhebung von Gebühren und das Schleppmonopol zugestehen kann. Auf dieser Grundlage sind ein neuer Nordkanal und zwei Kanäle an der Rhône zustandegekommen[8].

Auf einem Abschnitt des Kanals von Charleroi nach Brüssel bestand ein Monopol für Pferdetreideln, auf dem 1899 eine belgische Gesellschaft elektrische Treidelmaschinen einführte[9].

Oskar Teubert weist auf persönliche Beobachtungen hin, die er am Bromberger Kanal 1888/89 gemacht habe. Die

[5] Hier bestand und besteht staatliche Traktion für Segelschiffe.

[6] Teubert, II, S. 618. Vgl. die Schilderung des heutigen Betriebes bei Baur, Reisebeobachtungen über die französische Binnenschiffahrt, Z. f. B. 1932, S. 315.

[7] Zur Frage der Binnenschiffahrtsabgaben. 1901, S. 358, 362.

[8] Sax, Die Verkehrsmittel, II, 1920, S. 335. — Teubert, II, S. 242.

[9] Teubert, II, S. 239.

reibungslose Bewältigung eines großen Holzfloßverkehrs von Brahenmünde durch die Brahe und den Bromberger Kanal nach der Netze im Tag- und Nachtbetrieb zwischen dem 1. April und 1. Dezember sei dem Umstande zu verdanken gewesen, daß dort ein Schleppmonopol bestand, kein rechtliches oder staatliches, sondern das tatsächliche Monopol einer Schleppschiffahrtsgesellschaft, die den ganzen Flößereibetrieb von der Weichsel bis zur Netze in der Hand hatte und die sich je nach den örtlichen Verhältnissen zum Schleppen der Kettendampfer, Menschen- oder Pferdekraft bediente[10].

Von großem Einfluß darauf, daß zu Beginn des Jahrhunderts die öffentliche Meinung der Idee eines einheitlichen Schleppbetriebes zugänglich wurde, waren zweifellos die technischen Versuche mit Treidellokomotiven, besonders mit elektrischem Antrieb. Es waren vor allem die mit solchen Plänen und Versuchen beschäftigten Ingenieure, die immer wieder die Forderung erhoben, den Schleppbetrieb zu monopolisieren — eine von ihrem Standpunkt und aus dem Bestreben, die Treidelei zu mechanisieren, durchaus verständliche Forderung. Erwähnt seien nur der Franzose La Rivière[11] und der preußische Landtagsabgeordnete Ingenieur Macco, Geschäftsführer der Handelskammer in Siegen, der schon 1901 die Einführung des Schleppmonopols auf den Wasserstraßen aus technischen Gründen empfohlen hat[12].

Wir stellen also zwei Gedankenreihen fest, die beide der Schaffung eines Schleppmonopols in Deutschland zu Beginn des Jahrhunderts günstig waren: die eine, die aus den Erkenntnissen des technischen Fortschritts die Folgerungen für den Schiffahrtsbetrieb im Sinne einheitlicher Bedienung ziehen wollte, die andere, die solche technische Einsicht als willkommenen Anlaß nahm, um sie der Verwirklichung allgemeiner wirtschafts- und verkehrspolitischer Ziele dienstbar zu machen, ohne daß es ihr aber auf die technische Form (Treidelei oder freies Schleppen) besonders angekommen wäre.

[10] Z. f. B., 1905, S. 102.
[11] Teubert, II, S. 242.
[12] H. d. A. Drucksache Nr. 594 — 1904/05, S. 167.

II. Die gesetzliche Festlegung und ihre Begründung.

1. Im Wasserstraßengesetz

Die Umstände, unter denen im einzelnen der Schleppmonopolparagraph zustande kam, lassen sich freilich keineswegs sämtlich auf einen alles erklärenden Generalnenner bringen. Da ist zunächst der höchst eigentümlichen Konstellation der parlamentarischen Kräfte zu gedenken, die sich im Laufe der Beratungen der Wasserstraßenvorlage von 1904 herausgebildet hatte. Diese Vorlage war seit Genehmigung des Dortmund-Ems-Kanals der vierte der Mittellandkanal-Gesetzentwürfe, die die Regierung — bis dahin ohne Erfolg — seit 1899 dem Landtage zuleitete. 1904 endlich gelang ein Kompromiß, das wirtschaftliche Verschiebungen als Folge der ursprünglich geplanten West-Ost-Verbindung sowie Einnahmeausfälle bei den Eisenbahnen vermeiden wollte und darum den selbständigen Ausbau des westlichen und des östlichen Wasserstraßennetzes unter Fortlassung der verbindenden Strecke von Hannover bis zur Elbe vorsah. Die Gegner der Wasserstraßenpolitik der preußischen Staatsregierung begnügten sich nicht mit dem Erfolg, das großzügige Programm auf einen Torso reduziert zu haben; sie knüpften ihre Zustimmung zu dem bescheideneren Ausbauplan vielmehr noch an zwei Bedingungen: Einführung von Abgaben auf den im Interesse der Schiffahrt regulierten Flüssen (vgl. § 19 des Gesetzes) und Einrichtung eines einheitlichen staatlichen Schleppbetriebes auf den neuen Kanälen. Diese Bedingungen waren auf vermittelnde Anträge des Zentrumsabgeordneten Geh. Justizrat Dr. am Zehnhoff-Düsseldorf zurückzuführen, der damit den Widerstand der Konservativen besiegen wollte, indem beide Maßnahmen, namentlich aber die zweite, eine wirksame Tarifpolitik zum Schutz gegen eine Schädigung der deutschen Landwirtschaft durch Einfuhr ausländischen Getreides auf den neuen Wasserwegen versprachen. Der Vermittlungsvorschlag machte den Kanalgegnern die Vorlage schmackhaft (nachdem ihr der „freihändlerische Giftzahn" ausgezogen war), stellte die Kanalfreunde aber vor die Alternative: entweder Kanal mit Belastung durch Schleppmonopol oder völliges Scheitern aller West-Ost-

Kanalpläne auf absehbare Zeit. Um letzteres nicht heraufzubeschwören, wählten sie notgedrungen das erstere.

Der äußere Hergang war der, daß am Zehnhoff als Berichterstatter der Kanalkommission des Abgeordnetenhauses einen Antrag einbrachte, der zu einer Resolution führte, in der die Regierung aufgefordert wurde, die Frage zu erörtern, „ob sie der Einführung des Schleppmonopols auf dem westlichen Kanalsystem nähergetreten sei"[13]. Die Vorlage der Regierung selbst sowie die beigefügten Denkschriften (H. d. A. 1904, Drucksache Nr. 96) hatten über ein Schleppmonopol noch nichts enthalten. Die Regierung antwortete: Zur Einrichtung des Schleppmonopols mit elektrischem Betrieb auf dem Hauptkanal und Dampferbetrieb auf den Zweigkanälen seien anfänglich 22,6 und bei voller Entwicklung des Verkehrs 29 Millionen Mark erforderlich. Die Schleppzugkosten entsprächen etwa dem unter gleichen Verhältnissen durchschnittlich zu zahlenden Dampferschlepplohn; der elektrische Betrieb bringe aber Nebenvorteile. Trotzdem habe die Regierung infolge Bedenken gegen Erweiterung der staatlichen Tätigkeit die Einrichtung eines Schleppmonopols nicht in die Vorlage aufgenommen[14]. Über die Beweggründe für die Haltung der Regierung bei Einbringung der Vorlage läßt sich aber aus den amtlichen Unterlagen keine völlige Klarheit gewinnen. Denn der eben angeführten Äußerung widerspricht der Bericht der XVI. Herrenhauskommission[15]:

> „Nach Äußerungen des Eisenbahnministers hatte die Staatsregierung die Aufnahme des Schleppmonopols in das Gesetz lediglich aus der Erwägung zurückgestellt, weil noch Zweifel bestanden, ob die Traktion durch Anwendung des elektrischen oder Dampferbetriebes erfolgen solle."

Wir lassen nunmehr eine Darstellung der seinerzeit verfochtenen Gründe für und wider das Schleppmonopol folgen, und zwar zur besseren Übersicht je zusammengefaßt, was in Wirklichkeit sich erst allmählich in langwierigen Erörterungen in den beteiligten Gremien herauskristallisiert hat. Bei dem Bestreben, die wichtigsten Gründe, die bei der Beratung des Wasserstraßengesetzes für die Einführung des Schleppmonopols geltend gemacht wurden, zu erfassen, stößt man zunächst auf die Frage des Schleppsystems. Viel sprach

[13] H. d. A. 1904, Drucksache Nr. 594, S. 117.
[14] ebenda, S. 118.
[15] H. H. 1905/06, Nr. 233, S. 1068.

damals für das System der elektrischen Treidelei, das zum ersten Mal auf dem Teltowkanal zur Anwendung kommen sollte. Darüber herrschte wohl völlige Übereinstimmung, daß, w e n n die elektrische Treidelei wirtschaftlich und betriebstechnisch sich als das vorteilhafteste Schleppsystem erwiesen hätte, dieses ohne weiteres einheitliche Leitung erfordern würde. Die elektrische Treidelei hat zwar seinerzeit in der Erörterung eine große Rolle gespielt, und es ist möglich, daß mancher Abgeordnete unter dem Eindruck der technischen und wirtschaftlichen Zweckmäßigkeit dieses Schleppsystems dem Schleppmonopol seine Zustimmung gegeben hat. Es läßt sich jedoch nicht nachweisen, daß ohne das Auftreten dieses Projektes die Einführung des Schleppmonopols unterblieben wäre. In der Tat hat man ja das Schleppmonopol eingeführt, auch ohne sich auf ein Schleppsystem festzulegen, da die Bewährung der elektrischen Treidelei nicht sicher genug schien. Wir können daher unsere Betrachtung auf die grundsätzlich interessanteren Gründe beschränken, die unabhängig von der Art des Fördersystems für das Schleppmonopol angeführt wurden.

1. Der wichtigste, weil am stärksten Allgemeingültigkeit beanspruchende Grund war wohl, daß das Schleppmonopol betrachtet wurde als geeignetes Mittel im Dienst eines Zieles, das wir heute als „einheitliche Verkehrspolitik", „Zusammenarbeit der Verkehrsmittel", bezeichnen würden. Der Berichterstatter der Kanalkommission des Abgeordnetenhauses wies darauf hin

„es wäre möglich, Schiffsfrachten und Eisenbahnfrachten in ein gesundes Verhältnis zueinander zu bringen und die Befrachter der Eisenbahn an dem Nutzen der Verbilligung des Transportes auf den Wasserstraßen teilnehmen zu lassen. Die Transportverbilligung würde damit in größerem Umfange der Allgemeinheit zu Gute kommen. Wesentliche Einschränkung der Konkurrenz zwischen Eisenbahn und Binnenschiffahrt, auch die äußerliche Angliederung des Kanalbetriebes an die Eisenbahn würde sich leichter vollziehen. Durch weise Eisenbahntarifpolitik wirkt der Staat als Regulator des Wirtschaftslebens; hat er auch den Betrieb auf der Wasserstraße in der Hand, so kann er verhindern, daß seine Tarifpolitik zum Schaden der allgemeinen volkswirtschaftlichen Interessen durchkreuzt wird. Die Zukunft muß ergeben, ob eine Ausdehnung des staatlichen Betriebes auf andere künstliche oder gar natürliche Wasserstraßen empfehlenswert ist. . . . . Die Ausgestaltung des Verstaatlichungsgedankens kann dazu führen, daß der Staat in die Notwendigkeit versetzt wird, sich auch selbst Kanalkähne anzuschaffen" [16].

[16] Drucksachen H. d. A. Nr. 594, 1904/05, S. 44 ff.

Dies solle jedoch nicht die Regel, sondern die Ausnahme sein.

„Das Ideal eines einheitlichen Verkehrssystems wäre die Herrschaft des Staates auch über die Wasserstraße in vollem Umfange" [17].

Der Staat übernehme dann die Transporte und leite sie teils über die Eisenbahn, teils über die Wasserstraße [18]. Der Zusammenhang der Kanäle mit den natürlichen Wasserstraßen bereite der Verwirklichung jenes Ideals jedoch Schwierigkeiten, sodaß man sich mit dem Schleppmonopol begnüge und

„der Beherrschung und Regelung des Verkehrs durch den Staat wenigstens einen Schritt näher kommen würde".

Als Erfolg werde man verbuchen können:

„Die leidige Konkurrenz zwischen Eisenbahn und Wasserstraße ist beseitigt; Eisenbahn und Wasserstraße werden wirkliche Bundesgenossen, die sich gegenseitig in die Hand arbeiten. . . . . Der Staat kann seine Tarifpolitik auf den Kanal ausdehnen; er kann wirtschaftlichen Verschiebungen durch ausgleichende Tarifgestaltung vorbeugen; er kann bewirken, daß die Vorteile der Transportverbilligung der Allgemeinheit zu Gute kommen" [19].

Als Instrument einer wirksamen Tarifpolitik reichten die Kanalabgaben bei der durch Artikel 54 der Reichsverfassung [20] vorgeschriebenen Beschränkung in der Höhe nicht aus, dagegen beherrsche der Staat mit der Verstaatlichung des Schleppbetriebes ⅔ der Fracht. Rückschauend bemerkte am Zehnhoff im Gesamt-Wasserstraßenbeirat 1912 [21]:

„Durch die Einführung des Schleppmonopols wollte ich nicht zugeben, daß der Staat für seine Kosten Wasserstraßen baut, um sich dann von der Schiffahrt einen Riß in sein Eisenbahntarifsystem reißen zu lassen. Ich wollte dem Staat die Herrschaft über das Eisenbahntarifsystem erhalten. Das Technische war für mich nur untergeordneter Natur und ist nur stellenweise in den Vordergrund geschoben, um Anhänger zu gewinnen."

[17] S. 73.

[18] Fervers, Das neue Wasserstraßengesetz Bln. 1905, S. 47.

[19] H. d. A. Nr. 594, S. 158.

[20] Art. 54 bestimmte, daß Abgaben für die Befahrung der staatseigenen Wasserstraßen, „die zur Unterhaltung und gewöhnlichen Herstellung der Anstalten und Anlagen erforderlichen Kosten nicht übersteigen" durften. Eine Steigerung der Abgaben in solchem Umfang, wie ihn die Verwirklichung der im Text genannten wirtschaftspolitischen Ziele erfordert hätte, kam daher nicht in Betracht, und das Schleppmonopol eröffnete einen willkommenen Ausweg. Es gab allerdings Stimmen, die letzteres für eine Umgehung der Reichsverfassung erklärten. Vgl. das Gutachten von Otto Mayer vom 14. 7. 1911.

[21] Drucksachen H. d. A. Nr. 5, S. 144.

Wenn man von den ursprünglich etwas weit ausholenden Zielsetzungen absieht, bleibt hiernach als verkehrspolitischer Kern das Bestreben der Einordnung neuer Kanäle in das bestehende Verkehrssystem übrig. Es ist kein Zufall, daß das Schleppmonopol nur für zu erbauende, nicht aber für vorhandene Wasserstraßen vorgesehen war — offenbar in der stillschweigenden Annahme, daß an dem einmal erreichten Kräfteverhältnis von Eisenbahn und Wasserstraße eine nachträgliche Korrektur weder nötig noch nützlich gewesen wäre.

Zu den im engeren Sinne verkehrspolitischen Empfehlungen gesellten sich allgemein wirtschaftspolitische, die man dem Schleppmonopol mit auf den Weg gab. Als deren einleuchtendste mochte gelten, daß das Monopol sich widerspruchslos einfügen ließ in das handelspolitische System zum Schutze der heimischen Landwirtschaft. Es war geeignet, die Einfuhr ausländischen Getreides über die Wasserstraße in den Transportkosten so zu verteuern, daß der Transport unterblieb. Umgekehrt schien es möglich, die Transportkosten für die Ausfuhrerzeugnisse der deutschen Industrie über den Schlepplohn so zu senken, daß mit Fug und Recht eine Steigerung des Auslandsabsatzes zu erwarten war. Gerade die Befürchtung, die neue Wasserstraße werde in Verbindung mit dem Rhein die Getreideeinfuhr begünstigen und den Getreidezoll wirkungslos machen, hatte die Konservativen zu so entschiedenen Gegnern der Wasserstraßenvorlage werden lassen — ein Widerstand, dem das Schleppmonopol den Wind aus den Segeln nahm. Warum aber zur Erzielung der gewünschten Wirkung das Schleppmonopol nicht nur brauchbar, sondern u. U. unentbehrlich schien, erklärt sich aus politischen Verhältnissen. Viele agrarisch interessierte Abgeordnete haben geglaubt, auf diesem Wege könne eine etwaige verfehlte Zollpolitik des Reichstages korrigiert werden.

Eine ähnliche prohibitive Funktion war dem Schleppmonopol zugedacht, wenn es sich darum handelte, Verschiebungen in der Gunst der Standorte miteinander konkurrierender inländischer Industrien, die etwa durch die Schaffung neuer billiger Wasserwege eintreten konnten, zu vermeiden. Die wichtigsten Beispiele hierfür waren die Abgrenzung des Absatzes von Ruhrgebiet und Oberschlesien und (im Falle einer Moselkanalisierung) von Ruhrgebiet und Saargebiet.

2. Als weitere Vorteile wurden organisatorische und betriebliche Verbesserungen der Schlepperei erwartet.

„Der Betrieb auf der Wasserstraße wird ein eisenbahnmäßiger, das bedeutet für den Befrachter, daß er mit festen Lieferzeiten und festen Frachten rechnen kann. Nur ein eisenbahnmäßig eingerichteter Betrieb auf dem Kanal kann der Eisenbahn im Ruhrrevier die nötige Entlastung bringen“ [22].

Man dachte an einen festen Fahrplan. Die Güter sollten in angemessenen Zeitabschnitten an die Lösch- und Ladeplätze herangeführt werden. Der organisierte Betrieb bewirke eine Steigerung der Leistungsfähigkeit des Kanals über das bei zersplitterten Einzelbetrieben erreichbare Maß hinaus, namentlich bessere Ausnutzung der Schleusen, Vermeidung des Zeitverlustes, der sonst durch Aufsuchen und Erhandeln von Schleppgelegenheit zu entstehen pflege. Um die Wichtigkeit dieser Vorzüge zu ermessen, muß man sich erinnern, welch raschen Aufschwung der Güterverkehr zu jener Zeit nahm, und daß man alle Sorge hatte, mit den vorhandenen Transportmitteln zu Wasser und zu Lande den stets wachsenden Verkehr ohne Stockungen abzuwickeln.

Vorteile für die Verfrachter beständen ferner darin, daß die Zahlung der Schlepplöhne und Kanalabgaben in einer Summe erfolge, daß die Liegezeiten fest würden und auch die Höhe der Fracht als Kalkulationsgrundlage sicherer und berechenbarer würde, da sich nur noch die Kahnmiete ändern könne. Da die Schwankungen in der Höhe der Schiffsmiete aber auf den Kanälen bei weitem nicht so bedeutend sind wie auf Flüssen, blieben nur noch verhältnismäßig geringe Änderungen übrig.

Erleichtert werde die grundsätzliche Entscheidung für ein Schleppmonopol auch dadurch, daß die Entwicklung ohnehin zu einem einheitlich zusammengefaßten Betriebe dränge, daß die Alternative in Wahrheit gar nicht laute: „Monopol oder freier Verkehr“, sondern „gesetzliches Schleppmonopol oder faktisches Monopol des Kohlensyndikats oder einzelner Zechen“, da die Entwicklung dahin gehe, daß Schiffahrt und Bergbau sich in einer Unternehmung vereinigten [23]. Wenn schon ein Monopol in Kauf zu nehmen sei, dann werde man doch zweifellos einem staatlichen den Vorzug geben.

3. Schließlich spielten **Gesichtspunkte** eine Rolle, die nicht an verkehrs- oder allgemein wirtschaftspolitischen Zielen orientiert waren, sondern in erster Linie **finanz-**

[22] Drucksachen H. d. A. Nr. 594 — 1904/05, S. 158.

[23] S. 163 — eine, offenbar unbegründete, persönliche Ansicht des Antragstellers.

politischen Charakter hatten. Nach der Meinung des Berichterstatters[24] war für die Staatskasse bei der Ausübung des Schleppmonopols ein Überschuß zu erzielen. Dies ergebe sich schon aus der Tatsache, daß Privatkapital bereit gewesen sei, den Mittellandkanal zu bauen, wenn ihm das Schleppmonopol überlassen werde.

In der Tat gewinnt man den Eindruck, daß ursprünglich der Gesichtspunkt der Erschließung einer neuen Einnahmequelle für den Staatshaushalt mitgesprochen hat. Erst im Laufe der späteren Erörterung, namentlich auf Betreiben der Monopolgegner und infolge der sich durchsetzenden Erkenntnis, daß das Monopol nicht verkehrsfeindlich, sondern verkehrsfreundlich gehandhabt werden müsse, wenn Kanalbau überhaupt einen Sinn haben sollte, trat das fiskalische Moment zurück.

Finanzpolitisch mag man auch folgende Erwägung nennen: Die Vorteile der Wasserstraßenbeförderung kämen auf dem Wege über eine Senkung der Eisenbahnfrachten, die bei Staatsbahnbetrieb ja dann möglich ist, wenn der Staat erhöhte Einnahmen aus dem Wasserverkehr erzielt, weiteren Kreisen zugute. Damit hätte man die Unbilligkeit vermieden, die darin liege, daß eine neue Wasserstraße nur einem einzelnen Landesteil Vorteil bringe, während die Allgemeinheit durch Steuern zu den Kosten beitragen müsse.

Wenn man die dargestellten Gründe bedenkt, wird verständlich, daß die Verquickung des Schleppmonopols mit der Kanalvorlage den Sinn des Kanalbaues selbst in eigentümlicher Weise verdunkelt hat. Ein billigeres Verkehrsmittel sollte dem Massenguttransport zugute kommen — dies war der ursprüngliche Gedanke. „Jetzt wird Regierung und Kommissionsmehrheit plötzlich darüber einig, daß die Verbilligung des Massengütertransportes nicht nur nicht die Hauptsache, sondern geradezu zu vermeiden sei: Kanal und Eisenbahn sollen einträchtiglich nebeneinander wirken, der Kanal soll der Eisenbahn keine Konkurrenz machen .... Jetzt steht die Entlastung der Eisenbahnen des Ruhrgebietes weitaus im Vordergrunde."[25]

Die gegen das Schleppmonopol ins Feld geführten Gründe lassen sich etwa wie folgt zusammenfassen:

[24] S. 158.

[25] Wiedenfeld, Das Schleppmonopol. Preuß. Jahrbücher Band 118, 1904, S. 551.

Zu 1. Ebenso wie dort eine nicht weiter diskutierbare allgemeine Staatsauffassung ihren Anhängern eine Erweiterung der staatlichen Tätigkeit auf dem Gebiete des Verkehrs erwünscht erscheinen läßt, so bildet hier eine liberale Auffassung, die für größtmögliche Beschränkung der Staatstätigkeit auf die notwendigsten Verwaltungsaufgaben eintritt, den Unterton für die grundsätzliche Gegnerschaft auch gegen das Schleppmonopol. Ebenso wie man dort eine Entwicklung des Schleppmonopols zum Schiffahrtsmonopol als nicht unerwünscht erwägt, so glaubt man hier die Bedenklichkeit des Schleppmonopols gerade durch den Hinweis dartun zu können, daß sich zu ihm das staatliche Schiffahrtsmonopol gesellen werde, daß es ferner bei einem Schleppmonopol auf den neuen Kanälen nicht bleiben, dieses vielmehr auch auf bestehende Kanäle und natürliche Wasserstraßen übergreifen werde.

Man tut gut, diese in ihrer politischen Grundhaltung einer rationalen Widerlegung letztlich nicht zugängliche Auffassung, die grundsätzlich gegen jedes „Eindringen der öffentlichen Hand in die private Wirtschaft" ist, wohl zu unterscheiden und besonders herauszuheben von den rationalen Argumenten, mit denen sie sich wappnete. Sie machte etwa folgende Bedenken geltend:

Das Privatkapital werde schwerlich zur Schaffung einer Kahnflotte bereit sein, wenn der Schleppgebührentarif im Sinne des Antragstellers gehandhabt werde, da dann die Rentabilität der Schiffahrtsunternehmung von der autoritativen Festsetzung der Schleppsätze durch den Staat abhängig gemacht werde. Hierin liege ein starker Antrieb für den Staat, selbst eine Flotte zu beschaffen, die wirtschaftlicherweise auch auf die freien Ströme übergreifen müsse, da die Kanalschiffe zur Vermeidung hoher Umladekosten auch für Fahrten auf den freien Strömen gebaut sein müßten[26].

Von einer „leidigen" Konkurrenz zwischen Eisenbahn und Wasserstraße könne keine Rede sein, ein Wettbewerb, wo er bestehe, sei vielmehr gerade heilsam, um eine Überhöhung des Eisenbahnfrachtenniveaus zu verhindern. Die Binnenschiffahrt sei der einzige wirksame Riegel, der Handel und Industrie vor einer übermäßigen Ausnutzung des staatlichen Eisenbahnverkehrsmonopols schütze[27]. Nach Ansicht

[26] Ausschußsitzung des Deutschen Handelstages vom 12. 12. 07.

[27] So u. a. Drucksache H. d. A. Nr. 594, S. 165, 237.

der Handelskammer Düsseldorf besteht die Konkurrenz zwischen Eisenbahn und Wasserstraße in nichts anderem als in den verschiedenen Selbstkosten der beiden Beförderungsmittel, die gerade durch den Kanal erst recht wirksam werden sollten. Nun sollen nach dem Vorschlage am Zehnhoffs nicht die eigenen Selbstkosten des Kanals maßgebend sein, sondern die viel höheren der Eisenbahn[28]. Billigere Transporte, als sie die Eisenbahn ermöglicht — das heißt Niedrighaltung der Frachten — anzustreben und gleichzeitig durch das Schleppmonopol etwaige wirtschaftliche Verschiebungen ausgleichen zu wollen — das heißt durch Verteuerung der Frachten — seien zwei nicht miteinander zu vereinbarende Ziele[29]. Wirtschaftlichen Verschiebungen durch regulierende Tarifpolitik vorzubeugen, bedeute nichts anderes, als Vorteile, die sich durch Kanäle einem Bezirk bieten, einzuschränken, wenn ein anderer sich benachteiligt fühlt. Eine in ihren Entschließungen freie wirtschaftliche Tätigkeit wisse sich aber den Veränderungen, die neue Verkehrswege ebenso wie neue technische Erfindungen, Tarif- oder Zolländerungen auf ihren Betrieb ausüben, durch eigene Kraft und Intelligenz anzupassen und könne sich niemals dem Wohl- oder Übelwollen einer Behörde anheimgeben[30].

Was die Vermeidung einer Begünstigung der Getreideeinfuhr infolge des Kanalbaues betreffe, so böte eine Erhöhung der Kanalabgaben einen genügend großen Spielraum, um den gewünschten Erfolg zu erzielen; eines Schleppmonopols bedürfe es hierzu nicht[31]

Bildet der Schlepplohn zusammen mit der Kanalabgabe einen Bestandteil der Gesamtfracht, der groß genug ist, um durch eine Erhöhung die Wettbewerbsfähigkeit der Wasserstraße in Frage zu stellen, so ist er wiederum doch nicht groß genug, als daß mit der Verfügung über diesen Bestandteil auch die Verfügung über die Gesamtfracht gegeben wäre. Im Gegensatz zu der Zuversicht des Antragstellers bestanden somit erhebliche Zweifel, ob der Staat mit dem Schleppmonopol auch den beherrschenden Einfluß auf die Frachtgestaltung gewänne, u. a. angesichts der starken und

[28] S. 6.

[29] Drucksachen H. d. A. Nr. 594, S. 165.

[30] So der Berichterstatter auf der Vollsitzung des Deutschen Handelstages vom 15. 2. 1905.

[31] Drucksachen H. d. A. Nr. 594, S. 165.

häufigeren Schwankungen. In einer Petition vom 7. 11. 04 machte der Verein für die bergbaulichen Interessen im Oberbergamtsbezirk Dortmund darauf aufmerksam, daß auf Kanälen für die Veränderlichkeit der Wasserfrachten Ähnliches gelte — trotz der größeren Regelmäßigkeit in der Wasserführung — wie für Flüsse, weil die Kanäle ja mit diesen in Verbindung stehen.

Zusammenfassend läßt sich sagen:

Die Monopolgegner hatten gewissermaßen gegen zwei Fronten zu kämpfen, und die Formel hierfür, mit der sie das zuwege brachten, ohne sich in Widersprüche zu verstricken, war etwa: Der Anteil des Schlepplohnes an der Gesamtfracht ist groß genug, um bei Erhöhung (z. B. durch teureren staatlichen Betrieb) die Wettbewerbsfähigkeit eines Kanals ernstlich zu gefährden; der Anteil des Schlepplohnes ist aber zu klein, um auch nur im entferntesten den Schluß zuzulassen, daß mit der Herrschaft über den Schlepplohn die Herrschaft über die Gesamtfracht gegeben sei.

Zu 2. Daß „Eisenbahnmäßigkeit" des Schleppbetriebes gleichbedeutend sei mit Innehaltung fester Lieferfristen, wurde bestritten. Der Staat, der es im Eisenbahnverkehr ausdrücklich ablehne, für die Perioden starken Güterandranges ausreichende Betriebsmittel anzuschaffen, werde vermutlich auf den Kanälen ebenso verfahren. Vor allem aber wurde behauptet, daß ein fahrplanmäßiger Verkehr den Besonderheiten des manchmal höchst unregelmäßigen, stark von der Seeschiffahrt abhängigen Binnenschiffsverkehrs gar nicht gerecht werden könne. Die Schwierigkeiten, die es auf einer den Einflüssen von Wind und Wellen ausgesetzten Wasserstraße zu meistern gelte, verböten die Anwendung von Verwaltungsgrundsätzen, die sich bei der Eisenbahn bewährt haben mochten. Schon der Umstand, daß das Laden und Löschen am Kanal grundsätzlich überall möglich und nötig ist, also nicht nur in einigen Häfen, erfordere eine ganz andersartige kaufmännische Disposition als im Eisenbahnverkehr. Die bürokratische Organisierung des Schleppbetriebes bringe nicht nur keine Ersparnis und Verbesserung, sondern eine nicht unbedeutende Verteuerung und Verlangsamung des Betriebes mit sich. Hauptsächlich, weil die größte bürokratische Gewissenhaftigkeit nicht die kaufmännische Umsicht und bewegliche Anpassungsfähigkeit, die gerade der Binnenschiffahrtsbetrieb heische, ersetzen könne. Wenn auch verschiedentlich zugegeben wird[32], daß die Vereinigung des gesamten Schleppbetriebes in einer Hand unter Umständen vorteilhaft sein kann, so stehe dem als entscheidender Nachteil gegenüber, daß Schleppbetrieb und Kahnunternehmung organisatorisch völlig getrennt würden, wogegen zum Beispiel die Privatschiffahrt auf dem Dortmund-Ems-Kanal beides vereinigte.

Zu 3. Lebhafte Bedenken wurden laut gegen die Gefahr, daß die Monopolschlepplöhne mit Rücksicht auf die verfolgten wirtschaftspolitischen Ziele (vergl. das zu 1. Gesagte) einen prohibitiven, den Verkehr drosselnden Charakter bekämen. Da ja keine obere Begrenzung für die Höhe der Schleppgebühren angegeben war, konnten in dieser Beziehung die größten Befürchtungen Platz greifen, wenn man sich nicht bei der unsicheren allgemeinen Überlegung beruhigen wollte, daß der Staat als Erbauer des Kanals den Verkehr nicht verkümmern lassen werde. Verwiesen wurde in diesem Zusammenhange als auf ein abschreckendes Beispiel auch auf die großen Überschüsse der preußisch-hessischen Staatseisenbahnen und deren Bedeutung für den allgemeinen Staatshaushalt[33]. Es sei abwegig, einen Vergleich mit dem Elbe-Trave-Kanal zu ziehen; denn in Lübeck hätten die Interessenten (ähnlich wie die Stadtverordneten auf die Gas-, Elektrizitäts- und Straßenbahntarife) Einfluß auf die Tarifgestaltung der Schlepperei, was beim preußischen Schleppmonopol fehle[34]. So Handelskammer Düsseldorf in der

[32] So Philippi schon früher in einem Vortrage vom 9. 6. 03 im Centralverein für Hebung der deutschen Fluß- und Kanalschiffahrt, wo er sich für die Verstaatlichung des Schleppdienstes auf preußischen Wasserstraßen aussprach. Philippi, Generaldirektor der Elbschiffahrtsgesellschaft „Kette", wird deshalb nicht als persönlich unbeeinflußter Beurteiler gelten können, da zur Zeit seines Vortrages seine Gesellschaft auf der Elbe ruinöser Konkurrenz ausgesetzt war, die schon bald zu einem Zusammenschluß der drei größten Schiffahrtsgesellschaften führte. Vgl. Leopold Perutz, Wien, Zur Frage der Schiffahrtsabgaben auf deutschen Wasserstraßen und der Verstaatlichung der Binnenschiffahrt in Deutschland; o. J., der sich mit dem Vortrage Philippis ausführlich auseinandersetzte.

[33] Es steht heute fest, daß die übliche Redensart von dem „Rückgrat" der Staatsfinanzen, das die preußisch-hessischen Eisenbahneinnahmen vor dem Kriege angeblich bildeten, auf falschen Voraussetzungen beruht. (Vgl. Moll, Die Finanzpolitik der Reichsbahn, Leipzig 1931). Daß man sich zur Illustrierung des im Text angeführten Einwandes dieser irrigen Redensart bediente, entkräftet diesen Einwand selbst ja nicht.

[34] Dieser Einwand zielt gegen die rechtliche Konstruktion des Schleppmonopols, die infolge der ohne Zweifel vorgesehenen Eingliede-

erwähnten Eingabe, wo es weiter mit Bezug auf die „Regulierung wirtschaftlicher Verschiebungen" wörtlich heißt:

„Wir haben allen Anlaß, diese Regulierung zu scheuen, die von Leuten besorgt werden soll, die noch heute nach der Annahme des Antrages am Zehnhoff geflissentlich betonen, daß sie grundsätzlich Gegner des Kanals geblieben seien. Wir haben allen Anlaß dazu, nachdem wir .... nachgewiesen haben, daß der Vater des Antrages der Geheime Oberregierungsrat Peters[35] ist, der eine Ansicht ausgesprochen hat, der zum mindesten niemals aus dem Ministerium der öffentlichen Arbeiten widersprochen wurde. Peters aber legt das Gewicht in erster Linie auf die finanziellen Erträge der Wasserstraßen mit Staatsbetrieb .... Wir halten das für eine Umgehung der Reichsverfassung, wenn die Schleppgebühren die Selbstkosten, einschließlich Verzinsung und Tilgung des Anlagekapitales für die Schleppeinrichtungen, übersteigen. ..... Wir gehen nicht so weit zu sagen, daß das Monopol unter allen Umständen dazu führen müsse, die Wirkung der neuen Wasserstraße ganz aufzuheben, aber es ist ein weiter Spielraum zwischen einem Tarif, der auf Selbstkosten aufbaut und einem vollständig prohibitiven Tarif".

Die Kammer verlangt eine unzweideutige Bestimmung im Gesetz über die Verwendung etwaiger Überschüsse des Schleppbetriebes, da sonst die Gefahr bestehe, daß die Kanal- und Schlepptarife nach den allgemeinen Bedürfnissen des Staatshaushaltes bemessen würden.

Verschiedentlich äußerte man auch die Ansicht, die verkehrsfeindlichen, das finanzielle Erträgnis der Kanäle beeinträchtigenden Wirkungen des Schleppmonopols würden die Bereitwilligkeit der Garantieverbände (Provinzen, Kreise, Kommunen) zur Beteiligung an den Kanalbaukosten in Frage stellen.

Es ist von Interesse, sich noch die grundsätzliche Stellungnahme der wichtigsten wirtschaftlichen Interessenvertretungen zum Schleppmonopol zu vergegenwärtigen. Sind sie grundsätzlich in der Ablehnung einig, so finden sich doch beachtenswerte Nüancierungen in der Betonung der Gründe, die bald der einen, bald der anderen Seite der Sache die größere Wichtigkeit beimißt. Der Centralver-

rung in den bestehenden preußischen Behördenaufbau befürchten ließ, daß dem freien Ermessen der Verwaltung in der Entscheidung auch wichtiger Fragen der weiteste Spielraum bleiben werde. Es ist nicht sicher, ob man dabei die Mitwirkung der Wasserstraßenbeiräte noch nicht berücksichtigt oder die ihnen zugedachte Rolle für unzulänglich gehalten hat.

[35] Fervers, Das neue Wasserstraßengesetz, Bln. 1905, S. 38, nimmt die Vaterschaft des Antrages ausschließlich für am Zehnhoff in Anspruch. Dieser habe den genannten Aufsatz von Peters noch nicht gekannt, als er ein Schleppmonopol empfahl.

ein für Hebung der deutschen Fluß- und Kanalschiffahrt erklärte sich in seiner außerordentlichen Hauptversammlung vom 15. 12. 04 gegen ein staatliches Schleppmonopol,

„weil der Ausschluß des Wettbewerbes eine zu hohe Bemessung der Schlepplöhne aus fiskalischen und wirtschaftspolitischen Gründen ermöglicht, dadurch die Aufbringung der erforderlichen Garantiebeträge für den Kanal Rhein-Hannover und die Anschlußkanäle gefährdet wird und die weitere Gefahr besteht, daß das Schleppmonopol zu einem vollständigen Betriebsmonopol führt und das Monopol vom Rhein-Hannover-Kanal sich auf andere Kanäle und sonstige Wasserstraßen ausdehnt. Für den Fall, daß das Preußische Abgeordnetenhaus den Rhein-Hannover-Kanal nicht ohne staatliches Schleppmonopol bewilligt, ist eine Beschränkung des Monopols erforderlich".

In einer Ausschußsitzung des Deutschen Handelstages, der Spitzenvertretung der deutschen Handelskammern, deutet ein Vertreter der Handelskammer Berlin die Stellungnahme des Centralvereins so, daß dieser sich nicht unbedingt ablehnend ausgesprochen habe, vielmehr unter bestimmten Bedingungen bereit sei, dem Monopol zuzustimmen. Er selber riet, das Schleppmonopol nicht grundsätzlich abzulehnen, sondern es, wenn es unabwendbar sei, bei Erfüllung gewisser Voraussetzungen anzunehmen. Der Generalsekretär des Handelstages schwächte diesen Hinweis durch die Erklärung ab, daß die Freunde des Schleppmonopols im Centralverein zumeist Techniker gewesen seien, die wirtschaftliche Erwägungen nicht geltend gemacht hätten. Der Ausschuß sprach sich darauf gegen den von der 20. Kommission des Preußischen Abgeordnetenhauses in Bezug auf das Schleppmonopol gefaßten Beschluß aus. Nachdem das Abgeordnetenhaus das Schleppmonopol in den Entwurf aufgenommen hatte, beschäftigte sich der Ausschuß des Handelstages noch einmal mit der Frage und forderte für den Fall, daß der Entwurf Gesetz würde, 1. Ausschluß des Betriebsmonopols, 2. Beschränkung auf die im Entwurf vorgesehenen Wasserstraßen, 3. Zulassung der Selbstfahrer, 4. Bemessung der Schleppgebühren nicht nach fiskalischen oder wirtschaftspolitischen Gesichtspunkten, sondern lediglich danach, daß sie eine angemessene Verzinsung und Tilgung der für den Schleppdienst gemachten Aufwendungen erbringe. Diesem Beschluß stimmte die Vollversammlung des Handelstages im wesentlichen zu, allerdings nicht einstimmig. So hatte sich zum Beispiel die Handelskammer Minden für ein Schleppmonopol ausgesprochen, allerdings in erster Linie unter Voraussetzung eines elektrischen Schleppbetriebes.

Die Auffassung der maßgebenden Verlader gibt zum Beispiel eine Petition des Vereins für die bergbaulichen Interessen, Essen, vom 7. 11. 04 wieder, die den Schleppzwang geradezu als eine Negation des eigentlichen Zweckes der Kanäle bezeichnet. Der Verein betont ferner, daß die Zusagen der Provinzen wegen Leistung erheblicher Zuschüsse zu den Aufwendungen für das Kanalnetz erfolgt seien unter der Voraussetzung, 1. daß eine Verbindung Rhein-Elbe geschaffen, 2. daß damit hinsichtlich des Betriebes auf diesen Wasserstraßen dem Verkehr keine Fesseln angelegt würden.

Der Widerstand gegen das Schleppmonopol wurde, wenn man von den beteiligten Schiffahrtskreisen absieht, hauptsächlich vom Ruhrbergbau getragen. Die Schiffahrtsverbände, die nicht unmittelbar betroffen waren, verhielten sich ebenfalls einhellig ablehnend.

Die Regierung erwähnte später beiläufig in der Vorlage des Ausführungsgesetzes an den Gesamtwasserstraßenbeirat (1910), die Einfügung des staatlichen Schleppmonopols in das Wasserstraßengesetz habe bei Kleinschiffern am Dortmund-Ems-Kanal, die davon eine Stärkung ihrer wirtschaftlichen Stellung gegenüber dem Großkapital erwarteten, Anklang gefunden. Dies wäre eine Ausnahme von der sonst allgemein ablehnenden Haltung der Wirtschaftskreise [36].

Trotz aller dieser Bedenken mußten sich auch die Monopolgegner um des Kanalbaus als eines höheren Zieles willen dazu verstehen, die Vorlage mit dem § 18 anzunehmen, um die erforderliche Anzahl Stimmen durch Zuzug aus den Reihen der Freikonservativen und Konservativen für die Wasserstraßenvorlage zu bekommen. Der Gesetzentwurf wurde mit großer Mehrheit, 244 gegen 146 Stimmen, im Abgeordnetenhaus und alsdann unverändert auch im Herrenhaus angenommen. Dieser § 18 lautet:

„Auf dem Kanal vom Rhein zur Weser, auf dem Anschlusse nach Hannover, auf dem Lippe-Kanal und auf den Zweigkanälen dieser Schiffahrtsstraßen ist einheitlicher staatlicher Schleppbetrieb einzurichten. Privaten ist auf diesen Schiffahrtsstraßen die mechanische Schlep-

[36] Solche Äußerungen aus den Kreisen der Kleinschiffer selbst aus der Zeit der Beratung des Wasserstraßengesetzes sind mir nicht bekannt. Von Monopolgegnern wurde umgekehrt das Schleppmonopol als eine Gefährdung der Interessen auch der Kleinschiffahrt bezeichnet (a. a. O., S. 166). Die rheinischen Partikulierschiffer haben in einer Eingabe vom 17. 8. 10 sodann ebenfalls die Befürchtung einer Benachteiligung durch das Schleppmonopol ausgesprochen.

perei untersagt. Zum Befahren dieser Schiffahrtsstraßen durch Schiffe mit eigener Kraft bedarf es besonderer Genehmigung.

Die näheren Bestimmungen über die Einrichtung des Schleppmonopols und die Bewilligung der erforderlichen Geldmittel werden einem besonderen Gesetze vorbehalten."

Der in dem Gesetz ebenfalls behandelte Großschiffahrtsweg Berlin—Stettin blieb im Gegensatz zu den westdeutschen Kanälen vom Schleppmonopol frei.

Rückblickend haben wir zu fragen, welche der beschriebenen Erwägungen als „Motive" im eigentlichen Sinne den „Willen des Gesetzgebers" bestimmt haben — eine Frage, die um so dringlicher wird, je mehr der Wortlaut des Gesetzes selbst wegen seiner allgemeinen Fassung einer Auslegung bedarf. Da die Regierung von sich aus auf die Einbeziehung des Schleppmonopols in die Vorlage verzichtet hatte, müssen für die Ermittlung der Motive die Argumente der Antragsteller herangezogen werden, allerdings nur, soweit man aus dem Verlauf der Beratungen schließen kann, daß sich die Mehrheit des Hauses bei ihrer Zustimmung zum Gesetzentwurf zugleich diese Gedankengänge zueigen gemacht hat. Unter diesem Vorbehalt haben wir als Motive, als Vorstellungen von den Zwecken des § 18, zu betrachten:

Vermeidung von Einnahmeausfällen der Staatsbahnen infolge der Kanalbauten durch Regelung des Verhältnisses zwischen Eisenbahn- und Wasserfracht;

Vermeidung von wirtschaftlichen Verschiebungen (insbesondere Erschwerung von Getreideeinfuhr im Rahmen des Zollschutzes) und einseitiger Begünstigung einzelner Landesteile durch entsprechende Schleppgebührentarifgestaltung;

Einrichtung eines eisenbahnmäßigen Schleppbetriebes mit Fahrplan, festen Lieferfristen.

Nicht zu den durch das Gesetz sanktionierten Zielen gehören dagegen:

Erzielung von Reinüberschüssen durch den Schleppmonopolbetrieb zur Abführung an die Staatskasse;

Einrichtung des Monopols in der Form elektrischer Treidelei[37], mit deren Preisgabe etwa das Monopol selbst hinfällig geworden wäre.

[37] Wir sahen, daß es nötig ist, die sozusagen farblose technische Idee des Schleppmonopols als eines wegen der Form der elek-

Dies ist der gesetzgeberische Tatbestand, der auf der — allerdings unvermeidlichen — Fiktion beruht, als ob der politischen Willensbildung auch die Überzeugung von der Richtigkeit der vorstehend gekennzeichneten Zwecke des Schleppmonopols entsprochen hätte. In Wahrheit ist dies aber keineswegs der Fall. Es ist der wenig rühmliche Daseinsgrund des Schleppmonopols, daß es dazu diente, parlamentarische Schwierigkeiten zu überwinden. Es verhalf den Abgeordneten zur Umgehung einer klaren Entscheidung für oder gegen das Kanalprojekt. So schloß man auf Initiative des Zentrums ein Kompromiß. Für den solchermaßen „denaturierten" Kanal stimmten:

		dagegen
Konservative	41	79
Freikonservative	31	27
Nationalliberale	69	2
Zentrum	81	8
Freisinnige	19	12
Polen	—	11
Wilde	3	6

Wie sehr in diesem Abstimmungsergebnis die alten Fronten zwischen „Wasserscheuen" und der „Mittellandkanaille" verwischt sind, ersieht man aus einer Gegenüberstellung bei Fervers[38], wonach im Abgeordnetenhaus als kanalfeindlich galten:

	110	von	143 Konservativen
	20	„	59 Freikonservativen
	5	„	111 Nationalliberalen
	40	„	97 des Zentrums
	15	„	23 Wilden
zusammen	190	„	433

trischen Treidelei zwangsläufig einheitlich zusammengefaßten Betriebes von der wirtschafts- und verkehrspolitischen Idee sorgfältig zu scheiden. Bei der ganzen Stimmung und Propaganda für den elektrischen Betrieb, die in den Jahren bis 1904 die öffentliche Meinung weitgehend beeinflußt hatten, liegt zunächst die Vermutung allerdings nahe, daß sich auch die gesetzgebenden Körperschaften hiervon hätten leiten lassen. Dem stehen jedoch klare Aussagen während der Verhandlungen entgegen. Schwerer zu entscheiden ist die Frage, inwieweit eine Irreführung von Abgeordneten durch den Antragsteller vorgelegen hat.

[38] a. a. O. S. 25.

Dagegen als kanalfreundlich:

10 Konservative
30 Freikonservative
70 Nationalliberale
30 Freisinnige
5 Wilde

zusammen 195

Wiedenfeld[39] hatte nicht mit Unrecht die politische Lage dahin charakterisiert: „Die bisherigen Gegner (Konservative insbes.) müßten all ihren politischen Takt verleugnen, wenn sie jetzt dafür stimmen wollten, umgekehrt ist es nur allzunatürlich, wenn den Drängern der linken Seite der Appetit vergangen ist nach einem Bissen, den sie sich so lecker gedacht hatten, der jetzt aber nach ganz anderem Rezept zubereitet werden soll."

2. Im Ausführungsgesetz

a) Die politische Erörterung.

Man hatte im Wasserstraßengesetz von 1905 nur das Prinzip festgelegt, die Frage des Schleppsystems aber, sowie alle weiteren Einzelheiten der Regelung einem Ausführungsgesetz[40] überlassen. Als die Beratungen des Ausführungsgesetzes zu § 18 begannen, drangen — vor allem im Gesamtwasserstraßenbeirat — manche Gegner des Schleppmonopols auf eine erneute grundsätzliche Erörterung der Zweckmäßigkeit des Schleppmonopols. Die technischen und wirtschaftlichen Voraussetzungen, unter deren Eindruck das Kompromiß von 1905 zustande gekommen sei, also vor allem der Vorzug der elektrischen Treidelei und die Notwendigkeit, ausländisches Getreide fernzuhalten, hätten sich seitdem grundlegend gewandelt und erforderten eine Revision des § 18. Die Monopolfreunde dagegen lehnten jedes Abgehen von der einmal erzielten Einigung ab, da das Schleppmonopol für sie eine wesentliche Voraussetzung für die Zustimmung zum Wasserstraßengesetz gewesen sei. Trotzdem ließ es sich nicht ver-

[39] Preuß. Jahrbücher 1905, S. 551.

[40] vgl. zum Folgenden auch die Darstellung bei Karl Sewering (Die Wettbewerbsfähigkeit des Dortmund-Ems-Kanals. Eine Untersuchung ihrer Abhängigkeit von Kanalgebühren und staatlichem Schleppmonopol. Leipz. Diss., Weida i. Th. 1917), die den Mangel hat, daß nur die Materialien der beiden Häuser des Landtages von 1912/13 herangezogen werden.

meiden, daß die Aussprache über Vor- und Nachteile des staatlichen Schleppbetriebes noch einmal mit aller Schärfe und vor allem mit mehr Detailkenntnis geführt wurde. Sie erwies, daß der Gedanke des Schleppmonopols keineswegs mit einigen mehr zufälligen historischen Umständen, wie elektrischer Treidelei und Schutzzollinteresse, steht und fällt.

Völlig neue Gesichtspunkte wurden hierbei nicht geltend gemacht, einzelne nur schärfer herausgearbeitet und zahlenmäßig belegt. Das letztere gilt namentlich für den Kostenvergleich zwischen der staatlichen und privaten Schlepperei.

Das Ergebnis der Vorarbeiten der Regierung wurde erstmals dem inzwischen gebildeten Gesamtwasserstraßenbeirat in der Mitteilung über die seitherigen Ergebnisse der Untersuchung betreffend die Einführung des Schleppmonopols auf dem Rhein-Weser-Kanal[41] zur Kenntnis gebracht. Die Regierung erklärte darin, für die Kanalstrecke von Ruhrort bis Henrichenburg wegen der starken industriellen Besiedlung und für alle Zweigkanäle wegen des schwachen Verkehrs sei voraussichtlich nur der Dampferschleppbetrieb geeignet, dagegen auf den übrigen Teilen des Dortmund-Ems-Kanals und auf dem Ems-Weser-Kanal bis Hannover voraussichtlich elektrische Treidelei zu empfehlen. Zunächst sei jedoch auf allen Kanälen Dampferbetrieb vorgesehen; die Bauentwürfe für den Ems-Weser-Kanal gestatteten ohne weiteres die spätere Einführung des elektrischen Betriebes. Alle Mitglieder des Ständigen Ausschusses des Gesamtwasserstraßenbeirats erklärten sich am 14. 1. 1909 damit einverstanden, daß zunächst Dampferzug eingeführt werde.

Der Minister der öffentlichen Arbeiten übersandte Anfang 1910 die „Unterlagen für ein Gesetz betreffend das Schleppmonopol auf dem Kanal vom Rhein zur Weser", Anfang 1912 den Entwurf des Gesetzes selbst dem Gesamtwasserstraßenbeirat zur Begutachtung. Aus diesen Beratungen und den sich anschließenden Verhandlungen des Abgeordneten- und Herrenhauses ist für die allgemeine Beurteilung des Schleppmonopols bemerkenswert: Einige Gründe, die 1904/05 noch stark für das Schleppmonopol warben, hatten inzwischen (zum Teil infolge der tatsächlichen Entwicklung) viel von ihrer Beweiskraft eingebüßt. Auf die endgültige Vertagung des Projektes der elektrischen Treidelei ist bereits hingewiesen. Die Sorge vor einer Erleichte-

[41] Drucks. Nr. 3, 1909.

rung der Getreideeinfuhr hatte sich unter der Herrschaft der damaligen Zollpolitik als grundlos erwiesen. Der Zolltarif von 1906 und das Einfuhrscheinsystem hatten den ostpreußischen Getreideabsatz nach dem deutschen Westen schon begünstigt. Die Monopolgegner konnten sogar darauf hinweisen, daß deutsches Getreide über Emden auf den Kanal gelange und das Monopol somit gerade auch die Einfuhr aus dem deutschen Osten treffen werde. Jedenfalls sei Emden kein Einfalltor für ausländisches Getreide geworden[42]. Man schädige also die, die man habe schützen wollen[43]. Die Monopolfreunde mußten sich damit begnügen zu erklären, daß man wenigstens sicherheitshalber, wenn der Zollschutz einmal versagen sollte, das Schleppmonopol in der Hand behalten müsse.

In den Hintergrund trat ferner der Gedanke, man müsse der Bildung von Privatmonopolen durch ein Staatsmonopol begegnen. Diese Besorgnis sei durch die Entwicklung auf dem Dortmund-Ems-Kanal zerstreut worden, hier sei zwar anfänglich die Westfälische Transport-Aktiengesellschaft auf dem Wege zu einer Monopolstellung gewesen, sobald es jedoch der Gesellschaft gelungen sei, Überschüsse zu erzielen, seien Konkurrenzunternehmungen entstanden[44].

Von Bedeutung war schließlich die Preisgabe der Absicht, den Schleppdienst eisenbahn- und fahrplanmäßig (d.h. Ablassen eines Schleppzuges in regelmäßigen Zeitabständen ohne Rücksicht, ob Ladung vorhanden ist) einzurichten[45].

Sehr stark verblaßt ist auch die Hoffnung, aus dem staatlichen Schleppbetrieb erhebliche Reineinnahmen zu erzielen, dementsprechend auch das gegen eine fiskalische Ausbeutung angeführte Bedenken. Wenn auch die Regierung immer noch glaubte, finanziell durch Übernahme des Betriebs nicht schlecht abzuschneiden, so wurden doch die durch die Höhe der Kosten des Schleppbetriebes einerseits und die Wettbewerbsfähigkeit der Kanäle gegen den Rhein und die Eisenbahn andererseits gezogenen verhältnismäßig engen Grenzen anerkannt.

[42] Vgl. Schreiben der Handelskammer Münster an das Abgeordnetenhaus vom 12. 11. 12.

[43] H. d. A. 1912/13, Drucks. 855 A, S. 49.

[44] S. 5.

[45] So in den Verhandlungen des Gesamtwasserstraßenbeirates 1909/10.

Licht- und Schattenseiten des Schleppmonopols traten um so deutlicher hervor bei der Erörterung des Betriebes, der Kosten- und Tarifgestaltung. Eine Eingabe der Ältesten der Kaufmannschaft zu Berlin an den Minister der öffentlichen Arbeiten vom 22. 6. 1907 führt aus: Der Staat müsse innerhalb eines eng umgrenzten Kanalgebietes auf Spitzenverkehr gerüstet sein, der freie Schiffahrtsunternehmer brauche sich dagegen nur auf den normalen Verkehr einzurichten, weil er bei plötzlichem Anwachsen des Verkehrs beliebige Reserven von anderen Wasserstraßen heranziehen könne. Auch Vereinbarungen mit den Konkurrenten des Schleppschiffahrtsunternehmers, dessen Betriebsmittel im Einzelfalle nicht ausreichen, ermöglichten das sofortige Abschleppen der Kähne[46]. Alle diese Mittel ständen dem Staat nicht zu Gebot. Daraus wurde gefolgert, daß die Belastung des Staates mit Ausgaben entsprechend größer sein müsse. Ähnlich äußert sich der Centralverband deutscher Industrieller[47]. Auf Grund des Entwurfes der Schleppordnung mußte man aber befürchten, daß der Staat diese Schwierigkeit in entgegengesetztem Sinne, als es die Eingabe der Kaufmannschaft erwartete, darum aber nicht minder nachteilig für die Verfrachter, lösen werde: durch Anwendung der Klausel, daß die „regelmäßigen Betriebsmittel" nicht ausreichten. Wenn die Regierung diese Bedenken durch die Erklärung zu zerstreuen suchte[48], daß der Staat nicht etwa bloß diejenige Anzahl von Schleppern beschaffen werde, die zur Bewältigung des gewöhnlichen Güterverkehrs hinreichen, sondern daß er sich von vornherein auf den unter normalen Verhältnissen zu erwartenden stärksten Verkehr einrichte, so ließ sie damit wieder jene erstgenannten Bedenken aufleben, daß der Staat durch dieses Bestreben zum Halten eines unwirtschaftlich großen Betriebsmittelapparates gezwungen werde. Der Centralverband deutscher Industrieller drückt den Sachverhalt in zugespitzter Formulierung[49] so aus: Die Staatsregierung müsse also (wegen des Zwanges, sehr erhebliche Reserven an Betriebsmitteln bereit zu halten)

[46] Letzteres nach Äußerungen des Vorsitzenden des Schiffahrtsvereins für den Dortmund-Ems-Kanal Schilling (Akten d. Vereins 1910).

[47] Das Schleppmonopol auf dem Rhein-Weser-Kanal, Berlin 1912, S. 14.

[48] Unterlagen für die Anhörung der Interessenten über die Grundzüge der Schleppordnung 1913.

[49] a. a. O. S. 15.

„unwirtschaftlich arbeiten, um die einzelnen und damit die Gesamtwirtschaft vor wirtschaftlichen Schäden zu bewahren".

Wenn die Monopolfreunde anführten[50], der Staat, der mit den Staatseisenbahnen so Großartiges geleistet hätte, könne ohne weiteres die Kleinigkeit der Schleppschiffahrt auf der Strecke Rhein-Weser bewältigen, so konnte der Abgeordnete Oberbürgermeister Dr. Eichhoff[51] erwidern, daß beim Vergleich mit den Leistungen des Staates auf der Eisenbahn immer vergessen werde, daß der Staat ja nur Schlepper, keine Kähne bekomme. Er könne einfach nicht das leisten, was die Privatgesellschaften, allerdings unter ganz anderen Voraussetzungen (Vereinigung von Schleppkraft und Kahnraum in einer Hand) bisher geleistet hätten. In der Kommission des Abgeordnetenhauses[52] führte ein Mitglied aus: Einen Unterschied in der Leistungsfähigkeit der privaten im Vergleich mit der staatlichen Schlepperei mache nicht die Schleppordnung als solche, sondern die Art ihrer Handhabung aus. Eine Privatfirma werde z. B. nur im Notfall von den ihr nach dem üblichen Schlepptarif zustehenden Rechten Gebrauch machen, Beamte dagegen würden zunächst ihre Zuständigkeit und erst in zweiter Linie die Erfordernisse des Verkehrs beachten.

Bemerkenswert ist eine Feststellung, die sich offenbar auf die betrieblichen Voraussetzungen bezieht: Die Gründe für ein Schleppmonopol stützten sich im wesentlichen auf Erfahrungen mit den östlichen Wasserstraßen[53].

Die Richtlinien der Regierung für die Gestaltung des Monopolschlepplohntarifs ergeben sich aus der Begründung zu dem dem Wasserstraßenbeirat zugeleiteten Gesetzentwurf[54]: Es sei darauf Rücksicht zu nehmen, daß neben der Erzielung hinreichender Einnahmen, die mit der allgemeinen Wirtschafts- und Verkehrspolitik verfolgten Absichten der Staatsregierung gefördert werden. Der Tarif werde so gestaltet werden müssen, daß er verkehrsentwickelnd wirkt und den Verkehr insbesondere da erleichtert, wo er sich sonst nicht entfalten kann; andererseits sei es zulässig und zweckmäßig, ihn da stärker zu belasten, wo dies ohne Schädigung berechtigter Interessen möglich ist. Endlich müsse er die In-

[50] Verhandlungen des H. H. vom 12. 3. 13, Sitzungsbericht Sp. 1118.
[51] Sp. 1135.
[52] Drucks. 855 A 1912/13, S. 126.
[53] H. d. A. 158, 1911, S. 55.
[54] S. 30.

teressen der deutschen Nordseehäfen gegen den Wettbewerb der ausländischen Rhein-Seehäfen ähnlich berücksichtigen, wie dies schon lange bei der Eisenbahn der Fall sei. Hierher gehört sodann eine Entschließung des Herrenhauses bei Annahme des Schleppmonopolgesetzes:

„Kanalabgaben und Schlepplöhne so zu bemessen, daß ein Anreiz zur Benutzung der Kanäle auch dann bleibe, wenn für den Transport zum Schiff und vom Schiff eine mäßige Eisenbahnanschlußfracht aufzuwenden ist.."[55].

Im einzelnen sollte der Schlepplohntarif — losgelöst von der Höhe der Selbstkosten — den „westlichen" Verkehr weit stärker belasten als den „östlichen", wobei Bevergern den Grenzpunkt zwischen westlichen und östlichen Kanalstrecken bilden sollte. Nach der Ertragberechnung für den Rhein-Weser-Kanal würden 21% mit der höheren und 79% des tonnenkilometrischen Verkehrs, wozu auch der alte Dortmund-Ems-Kanalverkehr gehören sollte, mit der niedrigeren Abgabe belastet werden. Auf diese Weise wollte man eine Schädigung des preußischen Seehafens Emden durch eine Abwanderung des Verkehrs nach Rotterdam nach Eröffnung des Rhein-Herne-Kanals möglichst vermeiden. Allerdings werde der südliche Teil des Dortmund-Ems-Kanals durch den Rhein-Herne-Kanal eine Konkurrenz erfahren, der er bis dahin nicht ausgesetzt war. Dieser Nachteil werde aber durch das Schleppen nicht vergrößert, sondern abgeschwächt, denn der staatliche Schleppdienst werde auf der Linie nach Emden unter den Selbstkosten und auf der nach Dortmund über den Selbstkosten fahren[56].

Die Kritik an Art und Aufbau des staatlichen Tarifes bezog sich etwa auf folgendes: 1. Die Gefahr, daß es einer politisch einflußreichen Interessengruppe gelingen könnte, die Tarifpolitik des Staates zum Schaden der Allgemeinheit zu beeinflussen. 2. Die Unmöglichkeit individueller Gestaltung, die in einer Besprechung mit Regierungsvertretern in der Handelskammer Essen am 27. 9. 1910 besonders Hugo Stinnes betonte. Dieser forderte einen Maximaltarif, um niedrigere Frachtvereinbarungen für den Einzelfall zu ermöglichen. 3. Die Werttarifierung, deren Berechtigung allein bei den Kanalabgaben anzuerkennen sei. Zu fordern sei die Be-

[55] H. H. Drucks. Nr. 253, 1912/13, S. 20. Die Höhe der Reichsbahnfracht verhindert heute jede kombinierte Bahn-Kanal-Beförderung über die Reichsbahn.

[56] H. d. A. Drucks. 855 A, S. 137.

messung des Schlepplohnes nach der Leistung[57], entsprechend der herrschenden Praxis der Reedereien[58], ohne Rücksicht auf den Wert der Güter.

Nach Ausführungen der Regierung ließ aber der reine Selbstkostenstandpunkt gewisse wirtschaftliche Gesichtspunkte, die mit dem Schleppmonopol verfolgt würden, außer acht[59]. Zu erwähnen ist in diesem Zusammenhang ein Rechtsgutachten des Staatsrechtslehrers Otto Mayer vom 14. 7. 11: Das Selbstkostenaufbringungsprinzip des Artikels 54 der Reichsverfassung gelte auch für Schleppgebühren; denn der Schleppbetrieb der Verwaltung sei eine Erleichterung des Verkehrs.

„Für seine ganzen befahrenen Kanalanlagen darf der Staat nur die Selbstkosten fordern, ebenso für Schleusendienst, etwaige Kanalbeleuchtung, Führung durch einen Lotsen, polizeiliche Bewachung der Häfen — und dazwischen hinein soll er für die beliebig aufzunötigende Zugkraft verlangen dürfen, was er will? Und dadurch den ganzen volkswirtschaftlichen Erfolg, den Artikel 54 haben sollte, vereiteln?"

Mayer fügt dann allerdings hinzu:

„Mit der Beschränkung des monopolisierten Schleppdienstes auf die Selbstkosten wird praktisch kaum viel erreicht sein; denn die Kontrolle der danach aufgebauten Sätze ist nicht leicht, und es wird kaum viel Sorgfalt darauf verwandt werden, sie zu erleichtern".

Gegen die vorgesehene ungleiche Behandlung des westlichen und östlichen Verkehrs wandten sich alle Wirtschaftsvertretungen des rheinisch-westfälischen Industriegebietes, wogegen die kaufmännische Deputation Emden[60] den Minister der öffentlichen Arbeiten bat, alle auf eine Herabsetzung der westlichen Befahrungstarife gerichteten Bestrebungen mit aller Entschiedenheit zurückzuweisen.

Die Monopolgegner waren einig in der Überzeugung, daß der staatliche Schleppbetrieb mit nicht unerheblich höheren Kosten arbeiten werde als der private. Entscheidend ist ihnen in dieser Hinsicht damals nicht widersprochen worden. Die Betriebskostenrechnungen der Regierung für den Rhein-

[57] Verein zur Wahrung der Rheinschiffahrtsinteressen. Erklärung zum Gesetzentwurf 1912.

[58] Die gemischten Betriebe (Schlepp- und Schiffahrtsunternehmen) betrachteten, wie Direktor Schilling ausführte, das Schleppen in erster Linie als einen Hilfsbetrieb, der nicht auf Reingewinn, sondern nur auf Kostendeckung abgestellt ist.

[59] Abgaben und Schlepplöhne. Zusammengestellt im Ministerium der öffentlichen Arbeiten, November 1913.

[60] Eingabe vom 20. 8. 13.

Weser-Kanal ergaben selbst den verhältnismäßig hohen durchschnittlichen Selbstkostensatz von 0,315 Pfg. je tkm in den ersten Jahren, von 0,227 Pfg. im 6. Betriebsjahr, sodaß bei einem durchschnittlichen Schlepplohn von 0,25 Pfg. nach anfänglich zu erwartenden Ausfällen allmählich die Deckung der Unkosten einschließlich Verzinsung und Tilgung des Anlagekapitals und ein geringer Gewinn zu erwarten sei[61]. Die Westfälische Transport-Aktiengesellschaft gibt mit Schreiben vom 2. 11. 12 an die Mitglieder der Landtagskommission ihre gesamten Schleppkosten für 1911 mit 0,16 Pfg. je tkm an. Diese Zahl bezieht sich allerdings auf den Dortmund-Ems-Kanal, wogegen in dem staatlichen Durchschnittssatz für den Rhein-Weser-Kanal auch die kostspielige Strecke des Rhein-Herne-Kanals enthalten ist.

Die Bedeutung der Verteuerung der Schlepplöhne kennzeichnete Bergrat Kleine in einer Sitzung des Ständigen Ausschusses des Gesamtwasserstraßenbeirates wie folgt:

„Der Staatsbetrieb wird unter allen Umständen teurer. Wenn der Betrieb als solcher auch eine Rente ergeben sollte, so wird das wirtschaftliche Gesamtergebnis der Wasserstraße doch ungünstiger, weil der Verkehr nachlassen würde und dadurch dem Kanal viel mehr Einnahmen entgehen als beim Schleppbetrieb gewonnen werden".

Die grundsätzliche Erörterung des Für und Wider des Schleppmonopols wurde, wie erwähnt, nicht durchgeführt, da die Regierung ebenso wie die monopolfreundlichen Parteien sich von vornherein auf den Standpunkt stellten, daß an dem 1905 erzielten Kompromiß, das das Schleppmonopol als solches festlegte, nicht gerüttelt werden dürfe. Wenn die Gegenseite trotzdem die früheren Bedenken bei der Beratung des Ausführungsgesetzes betonte, so geschah dies, ohne ein entsprechendes Echo zu finden. Die Bedenken wurden teils durch Berufung auf die Unabänderlichkeit des § 18 abgeschnitten, teils durch Wiederholung der alten Gründe zu entkräften versucht. Es zeugte nicht von Stärke und Vertrauen auf die sachliche Begründetheit des Schleppmonopols, daß dessen Anhänger einer erneuten Auseinandersetzung auswichen. Ein Grund für dieses Verhalten war um so weniger gegeben, als einerseits die Abgeordneten rechtlich an die Entschlüsse aus einer früheren Legislaturperiode natürlich nicht gebunden waren, andererseits die Voraussetzungen der früheren Erörterung sich so sehr geändert hatten, daß eine Nachprüfung wohl gerechtfertigt gewesen wäre.

[61] S. 6.

Vielen der dem Schleppmonopolgesetz zustimmenden Abgeordneten war ihr Verhalten nichts als ein Akt der Loyalität gegen die Partner des Kompromisses von 1905, ohne daß sie von der sachlichen Zweckmäßigkeit der Einrichtung durchdrungen gewesen wären. Umgekehrt gab es bei den Monopolanhängern auch Stimmen, die sich bereit erklärten, bei Fehlschlagen der geplanten Maßnahme den § 18 zurückzuziehen. So gab am Zehnhoff selbst zu:

„Allerdings bin ich nicht der Ansicht, daß alles das, was im § 18 steht, so unabänderlich wäre, daß daran die Entwicklung nichts machen könne, daß der Satz hier zuträfe: fiat justitia pereat mundus"[62].

Noch deutlicher drückte sich ein Gesinnungsgenosse am Zehnhoffs aus:

„Erst nachdem die nötigen Erfahrungen gesammelt sind, wird dem Wunsche des Vorredners, von den Grundlagen des Gesetzes von 1905 abzusehen, nähergetreten werden können. Wenn die Erwartungen, die auf die Einführung des Schleppmonopols von meinen Freunden gesetzt werden, sich späterhin nicht erfüllen sollten, so würden sie dann ehrlich dazu beitragen, das zu tun, was im Interesse des öffentlichen Wohles notwendig erscheint"[63].

b) Der Gesetzesinhalt.

Von dem Inhalt des Schleppmonopolgesetzes vom 30. 4. 1913 ist im einzelnen hervorzuheben:

§ 1

(1) Fahrzeuge (Schiffe und Flöße), die nicht von Menschen oder Tieren getreidelt werden oder nicht mit eigener Kraft fahren (§ 2), dürfen auf dem Rhein-Weser-Kanal und dem Lippe-Kanal nur mit der vom Staate vorzuhaltenden Schleppkraft fortbewegt werden. Zum Rhein-Weser-Kanal im Sinne dieses Gesetzes gehören der Anschluß nach Hannover, die Zweigkanäle nach Herne, Dortmund, Osnabrück, Minden (Weserabstieg) und Linden mit Leineabstieg, ferner der Duisburg-Ruhrorter Hafen, dieser jedoch nur bezüglich des durchgehenden Verkehrs zwischen Rhein und Kanal. Das Verlegen eines Fahrzeuges von einem Lösch- und Ladeplatz zu einem anderen innerhalb einer Kanalhaltung, jedoch höchstens auf 10 km Entfernung, kann ohne Inanspruchnahme staatlicher Schleppmittel zugelassen werden.

(2) Die Staatsregierung wird ferner ermächtigt, Fahrzeuge, die auf einer Fahrt zwischen dem Rhein und Mülheim a. d. Ruhr lediglich die untere Haltung des Rhein-Herne-Kanals benutzen, vom staatlichen Schleppbetrieb freizulassen.

[62] H. d. A. Drucks. 855 A, S. 21.

[63] Von mir gesperrt. Ebenda S. 8.

§ 3 spricht die Grundsätze der Öffentlichkeit und Gleichheit des Schlepplohntarifes aus. § 5 ermächtigt die Regierung zur Verwendung von 9,9 Millionen Mark für die Einrichtung des Schleppbetriebes. Die laufenden Einnahmen sind alljährlich in nachstehender Reihenfolge zu verwenden: a) zur Deckung der Betriebs- und Unterhaltungskosten, b) zur Bildung eines Erneuerungsfonds für die einer besonderen Abnutzung unterliegenden Einrichtungen, c) zur Verzinsung und Tilgung des Anlagekapitals mit 4½ %, d) zur Bildung eines Ausgleichsfonds für die Deckung unvorhergesehener Ausfälle und Ausgaben (20 % des nach a—c verbleibenden Reinüberschusses, bis der Fonds 10 % des Anlagekapitals erreicht hat). Der verbleibende Reinüberschuß wird an Staat und Garanten im Verhältnis der übernommenen Kostenanteile verteilt (§ 8 ff.). Zugunsten der öffentlichen Verbände (Provinzen), die sich zur teilweisen Verzinsung der Baukosten des Rhein-Weser-Kanals und zur Deckung von Fehlbeträgen verpflichtet hatten, sah das Gesetz nämlich eine Beteiligung am staatlichen Schleppbetrieb vor, wenn sie sich vor dem 1. 7. 1913 verpflichteten, ein Viertel der vom Tage der Betriebseröffnung an verausgabten Anlagekosten mit 4 % zu verzinsen und ½ % zu tilgen, soweit die laufenden Einnahmen des Schleppbetriebes nach dem erwähnten Verwendungsmodus zur 4½ %igen Verzinsung und Tilgung des Anlagekapitals nicht ausreichen (§ 6). Der zu verzinsende und zu tilgende Betrag umfaßt nicht nur das Ausgangsanlagekapital, sondern auch die Kosten aller späteren Änderungen und Ergänzungen des Schleppbetriebes (§ 7). Die beteiligten Provinzen, Rheinland, Westfalen, Hannover haben eine Beteiligung abgelehnt. Westfalen lehnte ab, weil 1) die Tragweite der zu übernehmenden Verpflichtungen (Ergänzungskosten!) nicht zu übersehen und zudem ein ausreichendes Mitwirkungsrecht bei Ergänzungen und Änderungen des Schleppbetriebes nicht vorgesehen sei, 2) die Garanten wünschen müßten, daß der Schleppbetrieb möglichst keinen Überschuß bringt, dagegen die Tarife im Interesse der Verkehrshebung möglichst niedrig sind; denn je stärker der Verkehr, um so höher die Kanaleinnahmen und um so geringer die Garantieleistungen, 3) ein Mitbestimmungsrecht teils gar nicht (beim Tarif), teils ungenügend (bei der Feststellung der an Erneuerungs- und Ausgleichsfonds abzuführenden Beträge) vorgesehen sei[64].

[64] Westfäl. Provinziallandtag 1913, Drucks. Nr. 13.

Die Zulassung von Selbstfahrern: Für die Beurteilung der Monopolisierung des Schleppdienstes ist es wichtig zu verfolgen, in welcher Weise man das Verhältnis der Monopolschleppzüge zu den Fahrzeugen mit eigener Triebkraft (Selbstfahrer) zu regeln versucht hat. Schon bei den Landtagsverhandlungen des Jahres 1904[65] tauchte die Befürchtung auf, das Schleppmonopol könnte infolge zunehmenden Selbstfahrerverkehrs einen erheblichen Teil seiner Wirkung einbüßen. „Das Schleppmonopol sollte eine Qualifikation erfahren, die es dem Betriebsmonopol nähert. Dem wäre Zulassung der Selbstfahrer zuwider gewesen."[66]. Diese konsequente Haltung mußten die Befürworter des Schleppmonopols aber aufgeben, da sie eine solche Drosselung des Verkehrs und technischen Fortschrittes als unvertretbar erkannten. Der Kampf ging daher um das Ausmaß der Zulassung. Nach dem Gesetz von 1905 sollte die ausnahmsweise Genehmigung nur von Fall zu Fall und nur für einzelne Reisen erteilt werden. Dementsprechend erhielt § 18 Absatz 1, Satz 2 folgenden Wortlaut:

„Zum Befahren dieser Schiffahrtsstraßen durch Schiffe mit eigener Kraft bedarf es besonderer Genehmigung".

An diese grundsätzliche Einstellung knüpfte auch die Beratung des Ausführungsgesetzes an. In einer Sitzung des Ständigen Ausschusses des Gesamtwasserstraßenbeirates[67] (1910) führte der Vortragende aus, daß die Verwaltung eine Handhabe besitzen müsse, die Verwendung von Selbstfahrern aus finanzwirtschaftlichen Gesichtspunkten einzuschränken, sobald sie den mit dem Schleppmonopol in dieser Hinsicht angestrebten Erfolg in Frage zu stellen drohe. Wenn die Kanalverwaltung das Schleppmonopol einrichte, müsse sie auch die Sicherheit für die finanzielle Wirksamkeit haben und könne diese nicht durch den Wettbewerb der Selbstfahrer gefährden lassen. Den Ausweg, mit staatlichen Selbstfahrern den betreffenden Verkehr zu bedienen, lehnte die Regierung ab, weil damit auch der Abschluß von Frachtgeschäften verbunden sei, was außerhalb der dem Staat im Wasserstraßengesetz gestellten Aufgaben liege[68]. So plante man grundsätzlichen Ausschluß bei ausnahmsweiser Zulassung von Fall zu

[65] Vergl. z. B. Drucks. 594, S. 237.

[66] G. W. B. Drucks. Nr. 5, 1912, S. 150.

[67] Drucks. Nr. 10, S. 136.

[68] G. W. B. Nr. 3, 1911, S. 42.

Fall. Hiergegen machten Schiffahrtsverbände, Handelskammern und andere Wirtschaftsvertretungen geltend, daß Selbstfahrer für gewisse Verkehrsbeziehungen ohne Schädigung beachtenswerter Interessen nicht zu entbehren seien. Notwendig sei die Zulassung der Selbstfahrer vor allem im Interesse derjenigen Verlader, die ihre Güter nicht in ganzen Schiffsladungen versenden oder empfangen können. Der besondere Vorzug der Wasserstraße, der das Ein- und Ausladen an jeder Stelle ermögliche, werde nicht ausgenutzt, wenn man ein Beförderungsmittel ausschließe, das geringe Gütermengen sammeln und an die einzelnen Bezugsstellen verteilen könne[69]. Unterbunden werde auch der Eilgüterdienst, da die Schleppzüge eine geringere Fahrgeschwindigkeit aufwiesen.

Die Regierung erkannte die Berechtigung dieser Einwände an und schränkte entgegen der Absicht des § 18 das Verbot der Selbstfahrer durch Erteilung einer Genehmigung für das Fahrzeug ein. Dementsprechend wurde § 2 des Ausführungsgesetzes in der folgenden Fassung angenommen:

„Fahrzeuge mit eigener Triebkraft dürfen die Wasserstraßen, soweit diese dem staatlichen Schleppmonopol unterliegen, nur mit besonderer Genehmigung der Kanalverwaltung befahren. Diese Genehmigung ist für das einzelne Schiff widerruflich zu erteilen".

Die Form des Unternehmens: Die Ungewohntheit der Aufgabe und das Wagnis, sich mit der Einrichtung des Schleppbetriebes bei etwaigem Versagen ständigen Beschwerden auszusetzen, veranlaßten die Regierung zu dem Vorschlage einer Verpachtung des Monopols an die beteiligten Reedereien oder Zechen. Zugleich schien diese Form der Durchführung des § 18 geeignet, manchen der Einwände gegen das Schleppmonopol gegenstandslos zu machen. Ursprünglich scheint man beabsichtigt zu haben, daß der Staat selbst das Monopol ausüben solle. Im Kommissionsbericht von 1904[70] heißt es: Es werde Sache des Staates sein, die Treidelei selbst im Monopol zu betreiben, um so mehr als er der Eigentümer der Wasserstraße ist. Dies sei, so stellt der Berichterstatter fest, auch bei den verschiedenen Besprechungen in der Kanalkommission die Ansicht fast aller Mitglieder gewesen. Während der Vorberatung des Entwurfes zum Ausführungsgesetz stellte jedoch die Regierung den Plan einer Verpachtung zur Erörterung. Man dachte an einen Zusam-

[69] S. 146, 149, 156 f.

[70] H. d. A. Drucks. Nr. 594, S. 158.

menschluß von Vertretern der Kreise, die ein Interesse an einem glatten Funktionieren des Schleppbetriebes haben, und versprach sich von einer Nutzbarmachung der Erfahrungen der Privatschiffahrt und von einem innigeren Zusammenschluß zwischen Verfrachter und Schleppunternehmung Vorteile für den Betrieb selbst. In den Unterlagen, die dem Gesamtwasserstraßenbeirat zugingen, heißt es hierüber: Bei weitgehender Sicherung staatlicher Einwirkung (Tarifhoheit!) könne die Überlassung des Schleppmonopols an andere als zulässig angesehen werden. Daher verdiene die Anregung Prüfung, ob für 10—20 Jahre ein anderer Unternehmer eintreten könnte. Falls sich hierzu die Firmen bereit fänden, die die Schlepperei auf dem Dortmund-Ems-Kanal betreiben, sei das von besonderem Vorteil. Bei dieser Lösung würden der Allgemeinheit besondere finanzielle Aufwendungen vermutlich erspart bleiben. Die Monopolgesellschaft müsse ihr Unternehmen auf ihre Gefahr und Kosten betreiben. Als Entgelt erhalte der Staat jährlich einen Pauschbetrag oder Gewinnanteil, etwa so, daß der Gewinn (Einnahme abzüglich Betriebs- und Unterhaltungskosten und Abschreibungen) zur Verzinsung des für den Schleppbetrieb aufgewendeten Kapitals bis zu 4% dient, und daß überschüssige Beträge zwischen Staat und Gesellschaft nach einem zu vereinbarenden Schlüssel verteilt werden.

Während der Zentralverein für deutsche Binnenschiffahrt am 14. 4. 10 sich mit der Verpachtung an einen Unternehmer unter der Voraussetzung einverstanden erklärte, daß bei der Bildung der Betriebsgesellschaft eine angemessene Beteiligung der Schiffahrttreibenden aus allen beteiligten Flußgebieten und Zulassung der Selbstfahrer vorgesehen würden, erhob der Verein zur Wahrung der Rheinschiffahrtsinteressen energischen Einspruch[71]:

„Wenn auch die Versammlung die offen geäußerten Bedenken der Staatsregierung gegen eine Ausübung des Monopols in staatlicher Regie anerkennt, so hat sie doch erst recht gegen eine Verpachtung entschieden Einspruch zu erheben. Ein privates Schleppmonopol würde seiner Natur nach ständig das starke Bestreben haben, ein Betriebsmonopol zu erringen. Ein bloßer Schleppmonopolbetrieb würde seine Mittel nie voll ausnutzen können, weil er über die zu schleppenden Kähne nicht die freie Verfügung hat. Während sich zu manchen Zeiten auf manchen Strecken die Kähne, die Schleppkraft suchen, drängen würden, wäre auf anderen Strecken ein Überfluß an Schleppkraft vorhanden. Eine derartige unökonomische Betriebsweise könnte sich nur der mit den Mitteln

[71] Akten des Zentralvereins.

der Allgemeinheit arbeitende Staat erlauben. Eine Privatunternehmung würde sie unter allen Umständen umzugestalten trachten und dies geschähe im vorliegenden Falle rationell allein durch den Ausbau des Schleppmonopols zum Schiffahrtsbetriebsmonopol. Ein solches brächte aber der Rheinschiffahrt einen zweifachen Schaden, 1. das Monopolunternehmen würde Verfrachtungsgeschäfte auf dem Rheingebiet anzuknüpfen und zu unterhalten suchen, 2. würde es auch als Schiffahrtsbetrieb mit seinem großen Park an Schleppdampfern und Kähnen auf dem Rhein übergreifen".

Die Folge sei sehr starke Konkurrenz für die darniederliegende Rheinschiffahrt.

Am 27. 9. 1910 fand eine Aussprache zwischen Regierungsvertretern und Interessenten unter dem Vorsitz von Ministerialdirektor Peters in der Essener Handelskammer statt. Nach dem stenographischen Sitzungsbericht[72] ergibt sich folgendes: Von vornherein kamen die Bedenken der Partikulierschiffer zur Sprache, die von der Tätigkeit einer über Schleppkraft und Kahnraum verfügenden privaten Monopolgesellschaft eine Benachteiligung erwarteten. Die Beschaffung von Kahnraum, und damit eine monopolistische Stellung der Gesellschaft im Schiffahrtsbetrieb, lasse sich durch eine Klausel im Pachtvertrag gar nicht verhindern. Eine ablehnende Haltung nahm auch die am Rhein ansässige Industrie ein. Hugo Stinnes als Wortführer der Kanalverfrachter erörterte dagegen den Plan als eine Möglichkeit, die Durchführung des Monopols von Belastungen durch behördlichen Schematismus in Tarif und Betrieb zu befreien, mit dem Enderfolg einer Verbilligung der Transporte. Eine freiere Gestaltung des Schlepplohntarifs wollten jedoch als dem Gesetz zuwider die Regierungsvertreter nicht zugestehen. Hauptträger der Gesellschaft, so hatten sich die Beteiligten in einer Vorbesprechung geeinigt, sollten sein: die Verfrachter (Bergbau und Eisenindustrie), die Schiffahrt, g. F. der Staat, die wichtigsten Städte und g. F. die Garantieverbände. Die Regierungsvertreter hatten an die W. T. A. G. als Trägerin des Unternehmens gedacht. Bedenken dagegen, daß die Schlepper der zu gründenden Gesellschaft bis Emden verkehren könnten, bestanden von Seiten der Regierung nicht. Des Betriebes mit Kähnen müsse sich die Gesellschaft allerdings enthalten. Das schlösse aber die W. T. A. G. als Pächterin nicht aus. Es könne eine Schleppmonopol-G. m. b. H. gegründet werden, die W. T. A. G. übernehme Anteile und stelle ihre ge-

[72] Akten des Schiffahrt-Vereins.

schäftliche Intelligenz und Erfahrung der Monopolgesellschaft zur Verfügung. Dann könne sie ihre Kähne als W. T. A. G. ruhig weiter betreiben.

Die mit dieser Sitzung, die den Interessengegensatz zwischen westlicher und östlicher Ruhrindustrie deutlich hatte hervortreten lassen, begonnenen Verhandlungen führten nicht zum Ziel. Nach Erklärungen der Regierung hauptsächlich deshalb, weil die Duisburger Handelskammer und die Kleinschiffahrt Einspruch („eine gewaltige Agitation") gegen die Verpachtung erhoben hätten. Es sei behauptet worden, daß, wenn man einem Teil der Industriellen das Schleppmonopol überlasse, die anderen Interessenten eine Benachteiligung zu erwarten hätten[73].

Nach dem Kriege — 1921 — ist der Gedanke der Verpachtung, wiederum mit Staatssekretär Peters als Verhandlungsführer, in der Form eines gemischtwirtschaftlichen Unternehmens erneut aufgegriffen worden. Die vorhandenen Aufzeichnungen hierüber sind so spärlich, daß sich über die Art der Initiative, die diesmal wirksamen Motive und Gründe für das abermalige Fehlschlagen dieses Versuches ein völlig klares Bild nicht gewinnen läßt. In einer Besprechung mit der Arbeitsgemeinschaft für die westdeutsche Binnenschiffahrt[74] schlug Peters vor, zur Behebung der Klagen über das Schleppmonopol die Schiffahrttreibenden selbst an der Leitung und Verwaltung des Monopols mitwirken zu lassen, das Monopol etwa in eine Aktiengesellschaft umzuwandeln, an der der Staat mit 51 %, die Schiffahrttreibenden mit 49 % beteiligt wären. Für Übernahme der Aktien und Leitung der Gesellschaft kämen in erster Linie die derzeit am Kanalverkehr interessierten Reedereien in Frage. Über das Genehmigungsrecht des Staates betr. die von der Leitung der A. G. beschlossenen Schleppgebühren „ließe sich noch reden". Die Rheinreedereien beurteilten den Plan im ganzen günstig, nicht so die in der Hauptsache beteiligten Kanalreeder.

Geltungsbereich: Als 1905 der Bau des Rhein-Hannover-Kanals beschlossen wurde, existierte bereits der Dortmund-Ems-Kanal (1899 eröffnet), der nunmehr mit seinem südlichen Teil zugleich Glied der West-Ost-Verbindung werden sollte. Und als die Einrichtung des Schleppmonopols

[73] H. d. A. Drucks. 855 A, 1912/13, S. 46 und Gesamtwasserstraßenbeirat Nr. 3/1911, S. 43.

[74] Akten des Schiffahrt-Vereins 1921.

beschlossen wurde, gab es auf dem Dortmund-Ems-Kanal eine private Schleppschiffahrt.

Weder der Text des Wasserstraßengesetzes von 1905 selbst noch die Gesetzesmaterialien lassen eindeutig erkennen, in welchem Umfang der Verkehr auf der Strecke Herne—Bevergern, die dem Dortmund-Ems-Kanal und dem Rhein-Weser-Kanal gemeinsam ist, dem Schleppmonopol unterliegen sollte, ob insbesondere der „alte" Verkehr zwischen Stationen des Dortmund-Ems-Kanals, soweit er den genannten Abschnitt benutzt, ebenso wie der „neue" Verkehr dem staatlichen Schleppzwang unterworfen sein sollte. Die Frage war offen geblieben; nach dem Verhandlungsmaterial sprachen manche Gründe für die Absicht, den gesamten Verkehr unterschiedslos einzubeziehen, zwar noch mehr Gründe gegen diese Absicht, aber nicht genug, um alle Zweifel auszuschließen. Wahrscheinlich hat der Gesetzgeber in dieser Beziehung überhaupt keine Absicht gehabt, ist der Frage vielmehr bewußt oder unbewußt aus dem Wege gegangen.

Die Auffassung der Regierung, der Begriff der „Einheitlichkeit" im § 18 dulde streng genommen kein Nebeneinander von privaten und staatlichen Schleppdampfern auf der fraglichen Strecke, drang nicht durch. Man konnte sich der Befürchtung nicht verschließen, daß eine Beschränkung der Privatschleppschiffahrt auf die nördliche Strecke, also eine Zerreißung der einheitlichen Schlepporganisation auf dem Dortmund-Ems-Kanal, eine Erschwerung und Verteuerung des Verkehrs mit sich gebracht hätte, die der Wettbewerbsfähigkeit des preußischen Seehafens Emden gegen Rotterdam abträglich gewesen wäre. Trotzdem führte diese Überlegung nicht zu einer dauernden Freilassung des alten Dortmund-Ems-Kanal-Verkehrs von der Monopolpflicht. Beide Häuser des Landtages beschlossen vielmehr:

> „Fahrzeuge, die lediglich den Dortmund (Herne)-Emshäfen-Kanal benutzen, sind in den ersten 15 Jahren seit Inbetriebnahme des Rhein-Weser-Kanals von dem staatlichen Schleppbetrieb freizulassen. Nach Ablauf dieser Zeit oder wenn eine zusammengefaßte mechanische Schleppeinrichtung eingeführt wird, die ein Nebeneinanderbestehen des staatlichen und privaten Schleppzuges untunlich macht, kann durch königliche Verordnung der staatliche Schleppbetrieb eingeführt werden"[75].

Es bleibt die Frage nach dem Sinn der Übergangszeit, insbesondere was die Bedeutung der Kannvorschrift für ihren Ablauf angeht. Ihre Beantwortung aus den Ge-

[75] § 1 Ab. 2 des Gesetzes vom 30. 4. 1913.

setzesmaterialien ist nicht mit voller Sicherheit möglich. Anhaltspunkte ergeben sich aus folgendem: Die Begründung zum Gesetzentwurf[76] faßt die Gründe, die der Wasserstraßenbeirat zugunsten einer nur zeitweisen Freilassung des alten Verkehrs erwogen hatte, dahin zusammen: Die nachträgliche Einbeziehung unter das Schleppmonopol könne sich als notwendig erweisen für den Fall der Entstehung von schädlichen Privatmonopolbetrieben, bei Gefährdung der Betriebssicherheit infolge starker Verkehrszunahme sowie bei späterer Wahl eines Schleppsystems, das aus wirtschaftlichen oder technischen Rücksichten das Weiterbestehen des freien Wettbewerbs ausschließt. Hiernach hätte die Übergangszeit den Charakter vorsorglicher Befristung einer eigentlich endgültig gemeinten Befreiung des alten Verkehrs, nicht aber den einer Aufschiebung der Monopolisierung zwecks Vermeidung von Härten. Inwieweit die später tatsächlich beschlossene Übergangszeit von 15 Jahren einen s o l c h e n Sinn haben sollte, bleibt auf Grund der betreffenden Gesetzesmaterialien eine offene Frage. Zur Beantwortung dieser Frage genügt jedenfalls nicht, daß sich Stellen finden, die den Gesichtspunkt der Vermeidung von Härten gegenüber der Privatschleppschiffahrt in den Vordergrund rücken; denn sie schließen die Möglichkeit in sich, daß diese Härte eine doppelte sein könnte: einmal das Verbot privater Betätigung von einem bestimmten Zeitpunkt an als solches, sodann die Ungewißheit über das Schicksal der privaten Betätigung nach Verstreichen der Schonfrist.

Obwohl der staatliche Schleppbetrieb schon im Juli 1914 aufgenommen wurde, bestimmt ein Erlaß des Ministers der öffentlichen Arbeiten[77] vom 8. 1. 1918 als Zeitpunkt der Inbetriebnahme des Rhein-Weser-Kanals den 1. 4. 1918, sodaß die Übergangsfrist am 1. 4. 1933 abgelaufen ist. Zu diesem Zeitpunkte hat die Regierung von ihrer Ermächtigung keinen Gebrauch gemacht.

3. Die weitere gesetzliche Entwicklung.

Das Gesetz betreffend die Vollendung des Mittellandkanals, das die preußische Landesversammlung am 4. 12. 1920 verabschiedete, führt im § 12[78] auch auf dem Weser-Elbe-

[76] H. d. A., Drucks. Nr. 625 — 1912/13, S. 11.

[77] III A 23415 C A 301.

[78] Eigentümlich ist im Absatz 2 die Wiedergabe des § 18 (2) Wasserstraßengesetzes; denn ein die erforderlichen Geldmittel bewilligendes

Kanal mit den nämlichen Worten wie das Gesetz vom 1. 4. 1905 „einheitlichen staatlichen Schleppbetrieb" ein. In der Begründung hierzu heißt es, es sei beabsichtigt, auch auf dem Reststück des Mittellandkanals das Schleppmonopol einzurichten. Die Art und Weise könne späterer Überlegung vorbehalten bleiben. Über das Schleppsystem lasse sich noch nichts sagen; die technischen Einrichtungen des Kanals seien so geschaffen, daß die spätere Einführung der elektrischen Treidelei vom Ufer aus nicht ausgeschlossen werde.

Es ergibt sich von selbst die Frage, ob das Schleppmonopol auf den Mittellandkanal beschränkt bleiben soll oder grundsätzlich für alle künftigen Kanäle vorgesehen ist oder gar auf schon bestehenden künstlichen[79] Wasserstraßen noch nachträglich eingeführt werden kann. Die letztere Frage muß man auf Grund der Verhandlungen über das Schleppmonopolgesetz verneinen. In den „Unterlagen" hierzu (1910) bemerkt die Regierung:

„Das Schleppmonopol noch auf anderen Strecken von Schiffahrtsstraßen als hiernach im Wasserstraßengesetz vorgesehen auszudehnen, liegt keine Veranlassung vor. Namentlich empfiehlt sich nicht die Aufnahme eines gesetzlichen Vorbehaltes, demzufolge eine etwaige spätere Ausdehnung allerhöchster Verordnung vorbehalten bleiben soll"[80].

Im Herrenhaus erklärt Minister v. Breitenbach:

„Die Regierung hat niemals die Absicht gehabt, auf ihren künstlichen Wasserstraßen grundsätzlich einen staatlichen Schleppzwang einzuführen; sie hat sich aber für die westlichen Wasserstraßen darauf eingelassen und es schließlich für zweckmäßig erachtet, weil sie auch hierfür eine Betriebsnotwendigkeit erkannte"[81].

Aus der letzteren Äußerung wird man auch einen Gesichtspunkt für die Behandlung neuer, noch zu bauender Kanäle entnehmen können. Neue Kanäle, die mit dem Mittellandkanal räumlich zusammenhängen oder ihn kreuzen werden, wird man mit dem Monopol bedenken wollen; ob aber alle künstlichen neuen Wasserstraßen, scheint zum mindesten zweifelhaft. Auf dem in Bälde vollendeten Küstenkanal ist nach einer Mitteilung des Oldenburgischen Staatsministeriums nicht beabsichtigt, die Freiheit der Schleppschiffahrt zu

Gesetz ist nicht ergangen, obwohl heute der Schleppbetrieb bereits bis Braunschweig ausgeübt wird.

[79] Von natürlichen Wasserstraßen war nie ernstlich die Rede.

[80] Von mir gesperrt.

[81] Bericht über die 25. Sitzung am 12. 3. 1913, Sp. 1138.

beschränken. Für den Hansakanal dagegen setzt das Gutachten des Vorarbeitenamtes — auf ministerielle Anordnung — ein staatliches Schleppmonopol voraus, das mit dem vorhandenen Monopol auf den westdeutschen Wasserstraßen eine Betriebsgemeinschaft bilden werde[82]. Von Regierungsseite wurde einmal darauf hingewiesen, daß die Verwaltung möglicherweise auf dem Ihle-Plauer-Kanal bis Berlin einen Schleppbetrieb einrichten werde, der dann jedoch in Wettbewerb mit den übrigen Unternehmungen stehe[83].

Laut Zusatzvertrag mit Preußen vom 18. 2. 1922 zum Staatsvertrag betr. den Übergang der Wasserstraßen von den Ländern auf das Reich hat Preußen alle für die Ausübung des staatlichen Schleppbetriebs auf dem Rhein-Weser-Kanal beschafften Anlagen und Betriebsmittel dem Reich übertragen. Als Vergütung hierfür erstattet das Reich dem Lande Preußen sämtliche für die Einrichtung des Schleppbetriebes aufgewendeten Kosten und die seit Beginn des Schleppbetriebes entstandenen Fehlbeträge abzüglich etwa erzielter Überschüsse[84]. Nach § 6 Nr. 3 des Staatsvertrages[85] erfolgt die Abfindung durch Zahlung einer 4 %igen Rente vom 1. 4. 1921 ab. Über die Aufwertung des Anlagekapitals schwebt noch ein Streitverfahren zwischen den Vertragspartnern.

Die Darstellung der gesetzlichen Entwicklung zeigt, daß wir es der Absicht des Gesetzgebers nach bei dem westdeutschen mit einem Schleppmonopol im strengen Sinne zu tun haben — selbstverständlich nur innerhalb seines räumlichen Geltungsbereiches, der auf dem Dortmund-Ems-Kanal in eigentümlicher Weise eingeschränkt ist. Die im Gesetz wenigstens der Idee nach vorgenommene Verknüpfung mit einer potenziellen Drosselung des Selbstfahrerverkehrs geht aber über die Erfordernisse des Schleppmonopolbegriffes hinaus und kann nur deswegen bei unserer empirischen Untersuchung ohne Schaden vernachlässigt werden, weil sie bisher praktisch keine Folgen gehabt hat. Auf einem anderen Blatte steht die Möglichkeit, in Zukunft von dieser Ermächtigung Gebrauch zu machen, das Schleppmonopol gegen den Selbstfahrerverkehr anzuwenden.

[82] Techn. Erläuterungen des Hansa-Kanal-Entwurfes. 1930, S. 80.

[83] Bei Behandlung der Mittellandkanalvorlage in der Preußischen Landesversammlung (3441, S. 44).

[84] R.G.Bl. 1922, S. 222.

[85] R.G.Bl. 1921, S. 964.

Wir müssen ferner der Tatsache eingedenk sein, daß das Schleppmonopol von den gesetzgebenden Körperschaften geplant und eingeführt wurde, als 1) die Freiheit der Schifffahrt im übrigen unangetastet und 2) von einer einheitlichen Verkehrspolitik noch keine Rede sein konnte. Beide Voraussetzungen haben sich gewandelt, nicht nur äußerlich-organisatorisch, sondern auch im Sinne einer geistigen Umwälzung. Dies ist zu beachten bei der Betrachtung der Durchführung des Schleppmonopolgesetzes, erst recht aber bei dem Versuch, den Plan und die Durchführung von der heutigen Lage aus zu beurteilen.

Zweiter Abschnitt:

Seine Verwirklichung.

I. Auf den westdeutschen Kanälen.

Um Arbeitsweise und Wirtschaftlichkeit eines Schleppmonopols kennenzulernen, untersuchen wir zunächst die Organisation des Schleppdienstes, wie er auf Grund des Gesetzes vom 13. 4. 1913 eingerichtet worden ist. Alsdann haben wir die Leistungen in Beziehung zu den Kosten zu setzen und die Bedingungen für Art und Höhe der letzteren zu erforschen.

1. Die Verkehrsabwicklung und ihre besonderen Bedingungen.

Die Organe der „Schleppreederei", die dem Schiffer auf den westdeutschen Kanälen und dem Mittellandkanal ihre Dienste anbietet, sind die Schleppämter. Es gibt deren zwei: Auf den Kanalstrecken von Duisburg-Ruhrort bis zur Schleuse Münster führt den Betrieb das Schleppamt Duisburg. Auf den übrigen Strecken (z. Zt. bis Braunschweig) das Schleppamt Hannover. Beide unterstehen der Abteilung „Schleppbetrieb" bei der Wasserbaudirektion Münster. Diese Dienststelle sichert die Einheitlichkeit des Betriebs mit dem Ziel eines reibungslosen Ineinandergreifens der Schleppämter beim durchgehenden Verkehr. Sie führt ferner die Verwaltung für das gesamte Schleppmonopol. Ihre Zuständigkeit ist begrenzt durch das Reichsverkehrsministerium, das nicht nur den Haushalt festzustellen, sondern alle allgemeinen Entscheidungen zu treffen hat. Wie in der Wasserstraßenverwaltung überhaupt, sind untere und mittlere Instanz preußische Behörden. Beamte des Schleppmonopols erfüllen mitunter allgemeine Aufgaben, die mit dem Schleppbetrieb nur lose oder gar nicht zusammenhängen (z. B. Verkehrsstatistik, Abgabenerhebung). Die Beamten der allgemeinen Wasserstraßenverwaltung verrichten hingegen wiederum gelegentlich Arbeiten des Schleppmonopols. Eine Trennung erfolgt nur haushaltsmäßig, indem ein geschätzter Kopfanteil an Personal zu Lasten des Schleppbetriebes festgesetzt wird.

Im Durchschnitt beschäftigt das Schleppmonopol im Fahrdienst ein Personal von 550 Köpfen, Beamte und Arbeiter. Das Beamtenverhältnis — bei einigen Schiffsführern und Maschinisten gegeben — bildet die Ausnahme. Es herrscht das Privatdienstverhältnis.

1931 besaß das Schleppmonopol 140 Schlepper, zum Schleppamt Duisburg gehören 79, davon 21 Motorschlepper, zum Schleppamt Hannover 61, davon 20 Motorschlepper. Nur 24 % des Gesamtbestandes gehören älteren Baujahren als 1913 an. Der am stärksten besetzte Jahrgang ist 1913. Aus der Zeit seit der Währungsstabilisierung stammen 26 % des Bestandes, das sind fast durchweg Motorschlepper. Nach Abstoßung älterer Dampfer verblieben 1934 noch 123 Boote, davon 44 Motorschlepper. Hinzu kommen Kohlenkähne zur Beförderung von Betriebskohle und Motorboote zu Kontrollfahrten sowie noch verschiedene Landanlagen wie Bunkerstationen und Liegestellen mit Ausbesserungsanlagen.

Das Schleppmonopol bewältigte einen Verkehr[1] von

17,9	Mio t	im	Jahre	1927
17,9	„	„	„	1928
17,5	„	„	„	1929
18,0	„	„	„	1930
15,8	„	„	„	1931
14,0	„	„	„	1932

Dem entspricht eine Leistung[2] von:

2,159	Mia	tkm	der	Tragfähigkeit	oder	1,293	Mia	tkm	der	Ladung 1927
2,242	„	„	„	„	„	1,277	„	„	„	„ 1928
1,910	„	„	„	„	„	1,184	„	„	„	„ 1929
1,995	„	„	„	„	„	1,173	„	„	„	„ 1930
1,876	„	„	„	„	„	1,036	„	„	„	„ 1931
1,923	„	„	„	„	„	1,014	„	„	„	„ 1932

[1] Vgl. die Aufstellung WEB Nr. 28, 1930, S. 249.

[2] Man pflegt vielfach die Leistung von Schleppern in sogen. Schlepptkm auszudrücken (vergl. Piper, Sondernummer der Dortmunder Ztg. 1927 sowie Drucks. des Weser-Ems-Wasserstraßenbeirates Nr. 42/1929). Diese

Man vergegenwärtige sich die Aufgabe des westdeutschen Kanalsystems. (Vgl. Bemerkung am Schluß des Buches):

In der Hauptsache sind es vier verschiedenartige Wirtschaftsräume, die die Kanäle miteinander verbinden oder denen sie darüber hinaus den Warenaustausch mit angrenzenden Landesteilen erleichtern: das schwerindustrielle Ruhrgebiet, das landwirtschaftliche und zugleich gewerblich durchsetzte Westfalen mit dem Emslande, das hannoversche Kaligebiet und die deutschen Nordseehäfen. Vgl. Karte im Anhang!

Versand- und Empfang des Ruhrgebietes beherrschen das Bild, das dank der überragenden Rolle der Massengüter von verhältnismäßig wenigen starken Verkehrsbeziehungen bestimmt wird. Dies sind die wichtigsten:

In der Zufuhr zum Ruhrgebiet:

1. Erze vom Rhein nach dem Rhein-Herne-Kanal,
2. Erze vom Rhein nach dem südlichen Dortmund-Ems-Kanal,
3. Erze von Emden nach dem südlichen Dortmund-Ems-Kanal.

In der Abfuhr vom Ruhrgebiet:

1. Kohle vom Rhein-Herne-Kanal nach dem Rhein,
2. Kohle vom Rhein-Herne-Kanal nach dem nördlichen Dortmund-Ems-Kanal und Emden,
3. Kohle vom Rhein-Herne-Kanal nach der Weser unterhalb Minden,
4. Kohle vom Rhein-Herne-Kanal nach dem Mittellandkanal östlich der Weser,
5. Kohle vom südlichen Dortmund-Ems-Kanal nach dem nördlichen und nach Emden,

ergeben sich, wenn man zu den Ladungs-tkm ein Fünftel der Tragfähigkeits-tkm addiert. Man müßte eigentlich das Produkt aus Schleppgewicht und zurückgelegten Schleppkilometern kennen, um einen exakten Maßstab für die mechanische Schleppleistung zu besitzen. Da aber das Schleppgewicht nicht unmittelbar bekannt ist, behilft man sich in der angegebenen Weise, indem man auf Grund langjähriger Erfahrungen voraussetzt, daß ein Fünftel des gesamten geschleppten Schiffsraumes den Anteil am Schleppkraftverbrauch für Leerkähne und nicht ausgenutzte Tragfähigkeit annähernd richtig wiedergibt. Abgesehen von diesem Verzicht auf Genauigkeit können mitunter aber nicht unerhebliche Differenzen dadurch entstehen, daß das Tragfähigkeits-tkm nicht auch insofern eine Einheit darstellt als es jedesmal die gleiche Schleppleistung beansprucht. In Wirklichkeit ist es für die aufzuwendende Schleppkraft nicht gleichgültig, ob insgesamt 1 Million Tragfähigkeits-t, die auf eine gewisse Entfernung geschleppt werden müssen, aus lauter gleich großen Kähnen gleicher Bauart bestehen, oder aus einer bunten Fülle von großen und kleinen, eisernen und hölzernen, breiten oder schmalen Schiffen. Jene Voraussetzung schließt aber die Annahme in sich, daß die Kähne alle gleich groß, gleich schwer und gleich breit usw. seien, und verzichtet sie auf diese Annahme, so ist doch nicht einzusehen, daß sich die Ungleich-

6. Kohle vom südlichen Dortmund-Ems-Kanal nach der Weser,

7. Kohle vom südlichen Dortmund-Ems-Kanal nach dem Mittellandkanal östlich der Weser,

8. Kohle vom südlichen Dortmund-Ems-Kanal nach dem Rhein,

9. Kohle vom Lippe-Kanal Wesel-Datteln nach dem Rhein,

10. Kohle vom Lippe-Kanal Datteln-Hamm nach dem nördlichen Dortmund-Ems-Kanal,

11. Eisen vom Rhein-Herne-Kanal zum Rhein.

Kohle und Erz sind — wenngleich natürlich nicht die einzigen Güter — so beherrschend, daß die nächstwichtigen, Eisen, Getreide, Salze, mengenmäßig weit dahinter zurücktreten. Von der Anfuhr entfallen auf Erz 80 %, von der Abfuhr auf Kohle 90 %. Die Tatsache, daß die Kanäle als Lebensadern des Ruhrgebietes zu betrachten sind, kommt darin zum Ausdruck, daß vom Gesamtverkehr auf den Kanälen 95 % vom Ruhrgebiet ausgehen oder zu ihm hinführen. Der Rest entfällt auf Ladungen, die entweder durch das Ruhrgebiet hindurch gefahren werden oder es überhaupt nicht berühren. Beide sind also recht schwach. Die wichtigsten dieser Verkehrsbeziehungen sind:

1. Durchfuhr: Salze und Getreide vom Mittellandkanal nach dem Rhein,

2. übrige: Salze vom Weser-Elbe-Kanal nach der Unterweser, Getreide von der Unterweser nach dem Ems-Weser-Kanal, Erz von Emden nach Osnabrück.

Faßt man alle Verkehrsmengen nach den beiden Hauptrichtungen zusammen: West-Ost und Süd-Nord einerseits, Ost-West und Nord-Süd andererseits, so ergibt sich z. B. 1930 ein Verhältnis von 7,4 : 12,8. Diese Unausgeglichenheit der Verkehrsbilanz beruht zur Hauptsache auf der Einseitigkeit des Wechselverkehrs des Rhein-Herne-Kanals mit dem Rhein. Die Abfuhr nach dem Rhein ist rd. 9 mal so groß wie die Zufuhr vom Rhein her. Läßt man diesen besonders gearteten Verkehr außer acht, so bessert sich die Verkehrsbilanz zu dem Verhältnis von 6 : 4 Millionen t, bei dem umgekehrt die westöstlichen bzw. südnördliche Verkehrsrichtung überwiegt. Betrachtet man den Dortmund-Ems-Kanal für sich allein, sind Berg- und Talverkehr in normalen Jahren nahezu ausgeglichen, ein Vorzug, den keine andere deutsche große Wasserstraße erreicht.

Gerade diese Wasserstraße aber scheidet mit ihrem inneren Verkehr für den Monopolbetrieb aus. Der Verkehr mit und auf den östlichen Kanalteilen (östlich Bevergern) übertrifft wiederum in der Richtung West-Ost/Süd-Nord mit 1,7 Mio t (1930) bei weitem denjenigen in der Gegenrichtung (1 Mio t).

heiten in der Wirklichkeit derart gegenseitig aufheben sollten, daß die Schleppleitung doch nur mit einem idealen Mittelwert zu rechnen hat. — Früher legte man einfach die geleisteten Tragfähigkeits-tkm, in denen ja die Leerschiffe enthalten sind, zugrunde. (Vergl. Weser-Ems-Wasserstraßenbeirat Nr. 5/1925; Helmershausen, Deutsche Wasserwirtschaft 1926.)

Für 1931 und 1932[8] geben wir die Verkehrs-, Leistungs- und Dichtezahlen der einzelnen Kanalstrecken wieder:

	km	Beförderte Güter Mio t 1931	1932	Geleistete tkm Mio 1931	1932	Mio t je km 1931	1932
Rhein-Herne-Kanal mit Fortsetzung bis Datteln	51	12,8	11,0	330	290	6,4	5,7
Dortmund-Ems-Kanal von Dortmund bis Datteln	19	2,5	2,0	45	36	2,3	1,9
Lippe-Kanal von Wesel bis Datteln	62	1,4	1,4	74	67	1,2	1,1
Lippe-Kanal von Datteln bis Hamm	39	0,6	0,8	15	23	0,4	0,6
Dortmund-Ems-Kanal von Datteln bis Bergeshövede	89	4,8	5,4	411	467	4,6	5,2
desgl. Bergeshövede-Herbrum	105	3,0	3,8	294	387	2,8	3,7
desgl. Herbrum-Emden	56	2,8	3,9	151	202	2,7	3,6
Bergeshövede-Minden	102	2,3	2,2	222	209	2,2	2,0
Mittellandkanal östlich Minden	104	1,5	1,4	108	98	1,0	0,9
Weser von Minden bis Bremen	164	1,8	1,6	260	234	1,6	1,4

Die geschilderte Verkehrsstruktur birgt für die Schleppbetriebsabwicklung hauptsächlich zwei Schwierigkeiten: die schon erwähnte Unausgeglichenheit in den Verkehrsrichtungen und die Unterschiedlichkeit des Verkehrsumfanges auf den einzelnen Streckenabschnitten. Theoretisch kann es sich im ersten Fall sowohl um eine Unausgeglichenheit der Ladungsmengen handeln (bei ausgeglichener Kahnraumbewegung) als auch zugleich um eine Einseitigkeit in der Kahnbewegung, nämlich dann, wenn Hinweg und Rückweg auseinanderfallen (z. B. Hinreise über den Wesel-Datteln-Kanal, Rückreise über den Rhein-Herne-Kanal) oder wenn zwischen Hinreise und Rückreise ein außergewöhnlicher Zeitabstand besteht, was für den Schleppbetrieb einen Zwang zu vermehrten Leerfahrten bedeutet. Praktisch ist aber nur die Unausgeglichenheit der Güterströme wichtig. Unausge-

[8] Für frühere Jahre liegen so ausführliche Angaben nicht vor.

glichenheit des Verkehrs, so möchte man meinen, betrifft nur die Ausnutzung des Laderaums und berührt den Schlepper wenig, der in jeder Verkehrsrichtung auf jeden Fall grundsätzlich die nämliche Anzahl von Kähnen zu schleppen hat, seien sie nun leer oder beladen. Das ist richtig. Es bleibt jedoch — abgesehen von der tariflichen Seite der Sache — zum mindesten der wichtige Unterschied, daß der Schlepper in der einen Richtung, in der er vorwiegend leere Kähne zu schleppen hat, schlechter ausgenutzt wird als in der Gegenrichtung mit beladenem Schleppzug.

Leistungsmäßig spiegelt sich die Unausgeglichenheit von Berg- und Talfahrt bei der Ladung in folgenden Zahlen wider: Die geleisteten Ladungs-tkm betrugen in % der Tragfähigkeits-tkm

1929	beim Schleppamt Duisburg im westl. Verkehr (Ia)	im östl. Verkehr (Ib)	beim Schleppamt Hannover
April	52	61	69
Mai	55	62	71
Juni	59	63	68
Juli	57	64	75
August	55	67	74
September	54	64	70

Auch diese Zahlen bestätigen, daß die Ausnutzung des Kahnraumes im Rhein-Herne-Kanal (westlicher Verkehr) am geringsten, also auch der Anteil der Leerkähne an der Schlepplast am größten ist. Am günstigsten ist das Verhältnis von Tragfähigkeit und Ladung auf den Strecken des Schleppamtes Hannover. Die geleisteten Tragfähigkeits-tkm der leeren Schiffe betrugen in % der Gesamtleistung der Tragfähigkeits-tkm bei

1929	Duisburg Ia	Ib	Hannover
Mai	44	35	20
Juli	38	31	18
Oktober	42	28	24

Das Verhältnis der Tragfähigkeit der leeren Fahrzeuge zur Tragfähigkeit der beladenen ist im Vergleich mit den Duisburger Zahlen für Hannover noch günstiger als das an und für sich schon günstige Verhältnis von Tragfähigkeit zur Ladung.

Auffallend ist der geringe Lokalverkehr, der bei sämtlichen Strecken nur verschwindende Bruchteile des Durchgangsverkehrs dieser Strecken ausmacht: z. B. auf dem Dortmund-Ems-Kanal 2%, dem Ems-Weser-Kanal 1%.

Aus den Eigentümlichkeiten der Verkehrsstruktur ergeben sich die besonderen Aufgaben für den Schleppbetrieb. Der organisatorische Vorteil planmäßigen einheitlichen Vorgehens beim Zusammenstellen der Schleppzüge kommt dabei der Abwicklung besonders im Rhein-Herne-Kanal zugute, wo sich auf engstem Raum der dichteste Verkehr zusammendrängt, wo ein Hafen neben dem anderen liegt, so daß der gesamte Kanal, der nur 38 km lang ist, nahezu als ein großer Hafen angesehen werden kann. Liegt hier die Schwierigkeit mehr in der Massenhaftigkeit des Verkehrs, den es pünktlich zu bedienen gilt, wogegen wiederum die meist relativ kurzen Schleppstrecken die Disposition über den Schlepperpark erleichtern, so liegt bei den anderen Kanälen die Hauptaufgabe darin, bei den meist langen Reisen und den zerstreut liegenden Häfen mit vielfach geringem Umschlag die Verbindung zwischen Schleppern und Kähnen zu wahren, ohne doch für erstere zu große Zeitverluste entstehen zu lassen.

Die Einrichtung des Schlepperwechsels vermeidet es, daß die disponierende Stelle und das ausführende Organ die räumlich nahe Verbindung miteinander verlieren. Zum Beispiel an der Schleuse Münster übergibt jeder Schlepper seinen Anhang an einen anderen und kehrt selbst um, sodaß die Schlepper in der Regel in ihrem Bezirk zu bleiben pflegen, was nicht ausschließt, daß im Bedarfsfalle zusätzliche Schlepper zur Verstärkung hin- und herüber geholt werden. Auf der Reise von Hannover nach Dortmund wird dreimaliger Schlepperwechsel erforderlich.

Der Schlepperwechsel ist eine betriebliche Maßnahme, die in der Art des Lokomotivwechsels bei der Eisenbahn verhüten will, daß sich die Schlepper unnötig weit von dem Punkt entfernen, von dem aus die Betriebsregelung erfolgt und von wo aus sie laufend ausgerüstet werden müssen. Er kann ferner als Ausdruck der Tatsache gelten, daß sich die Betriebsleitung der verschiedenen Verkehrsstruktur der einzelnen Kanalteile anpaßt. Besonders kurz sind die Strecken, nach deren Befahren die Schlepper umkehren, beim eigentlichen Pendelbetrieb, wie er sich auf einzelnen Haltungen des Rhein-Herne-Kanals bewährt hat.

Die Schleppbezirke sind verschieden groß, und zwar so, daß sie die größte Ausnutzung der Schlepper gewährleisten:

nicht zu lange Reisen, Rücksicht auf Ausrüstung. An der Spitze jedes Bezirkes steht der Schleppbetriebsleiter. Im Zusammenhang mit der Einteilung der Schleppbezirke gewinnt auch die Vorschrift Bedeutung, daß (in gelegentlichem Gegensatz zur Privatschiffahrt) die Besatzung keine Familie an Bord haben darf; ihr Wohnsitz ist an Land, wenn möglich innerhalb des Schleppbezirks. Schleppamt Duisburg hat vier Bezirke: Rheinmündung bis Schleuse II, Schleuse II bis IV, IV (Gelsenkirchen) bis VII und VII bis Münster. Auf den Strecken Datteln—Hamm und Datteln—Wesel wird besonders gependelt. Schleppamt Hannover kennt Schleppbezirke im eigentlichen Sinn nicht, da dort die Verhältnisse einfacher liegen; jedoch werden die Stichkanäle besonders behandelt.

Im Sinne eines reibungslosen Funktionierens des Schleppdienstes hat sich der Schlepperwechsel zweifelsohne als ein brauchbares Mittel erwiesen. Vorausgesetzt, daß die zur Ablösung bestimmten Schlepper fahrbereit an der Grenze liegen, bedeutet der Vorgang des Wechsels selbst für den Schleppzug in der Regel nur einen Zeitverlust von einigen Minuten, und für genügende Reserven an Schleppern zur Vermeidung von Aufenthalten infolge Wartens der Schleppzüge auf ihre Traktoren pflegt die Verwaltung nach den Erfahrungen der letzten Jahre zu sorgen. Eine andere Frage ist, ob der Schlepperwechsel nicht wegen dieser besonderen Vorkehrung zusätzliche Kosten erfordert und ob es g.F. wirtschaftlich erscheint, diese Kosten um eines Plus an Vorteilen willen zu tragen.

Zwingt die Unterschiedlichkeit der Verkehrsdichte auf den einzelnen Streckenabschnitten zu kurzstreckigem Schleppbetriebe oder zu teilweise verminderter Ausnutzung der Schleppkraft, so ist die Anpassungsfähigkeit an die Unausgeglichenheit in der Verkehrsrichtung erheblich geringer. Sie besteht nur in der Möglichkeit zur Erhöhung der Schleppgeschwindigkeit bei vermindertem Schleppgewicht oder in der Vergrößerung des Anhanges bei gleicher Geschwindigkeit. Diese Möglichkeit aber ist begrenzt und fehlt auf dem Rhein-Herne-Kanal, dessen Schleusen eine Vergrößerung des Anhanges nicht gestatten und eine Steigerung der Geschwindigkeit nicht zur Auswirkung kommen lassen.

Die Anmeldung von zu schleppenden Fahrzeugen hat mindestens 12 Stunden vor Eintritt der Schleppbereitschaft (Bereitschaft des Kahnes zum Antritt der Reise) zu geschehen. Die Anmeldung erfolgt bei besonderen Anmeldestellen, den Schleppbetriebsstellen. Jedes angemeldete Fahrzeug wird spätestens innerhalb 24 Stunden nach Eintritt der Schleppbereitschaft abgeschleppt. Für eilige Fahrten wird auf Antrag gegen tarifmäßigen Zuschlag ein Sonderschlepper gestellt. Die Beförderung erfolgt dann im Vorrang vor den anderen Fahrzeugen. Gegen Bezahlung eines Zuschlages wird auch über die für die Wasserstraßen tariflich festgesetzte Fahrzeit hinaus geschleppt.

Von Bedeutung sind auch einige Vorschriften der Strom- und Schiffahrtspolizeiverordnung für die westdeutschen Kanäle vom 29. 12. 1922 (R.G.Bl. 1923, S. 2 ff.). § 3, Nr. 4 (Fassung des IV. Nachtrags v. 31. 5. 32) setzt Höchstgeschwindigkeiten fest:

für Schiffe mit mehr als 1,75 m Tiefgang	4,5 km/Std
„ „ höchstens 1,75 m Tiefgang	5 „
Schleppzüge mit leeren Schiffen . . .	6 „
Schlepper ohne Anhang	9 „
auf dem Rhein-Herne-Kanal für Schleppzüge allgemein	5 „

Zur Vermeidung von Überholungen haben Schleppzüge eine Mindestgeschwindigkeit von 4 km einzuhalten[4]. Mit Ausnahme der Strecke Dortmund—Bevergern, wo die scharfen Krümmungen das Fahren mit mehr als 3 Normalkähnen erschweren, fahren die Schleppzüge in der Regel mit 4 Normalkähnen. Auf dem Dortmund-Ems-Kanal dürfen in einem Schleppzug nur soviel Anhangschiffe sein, als zusammen mit dem Schlepper in einer Schleppzug-Schleuse von 165 m nutzbarer Länge und 10 m Lichtweite Platz finden; doch dürfen höchstens 8 Schiffe angehängt sein (§ 36, Ziff. 1). Beladene Züge haben eine Fahrgeschwindigkeit von 4—5 km, Leerschleppzüge können mehr Anhänger befördern und fahren 6—8 km. Zu berücksichtigen ist, daß die Schiffahrtspolizeibehörde höhere Geschwindigkeiten zulassen kann. Auf Grund solcher Ermächtigung erstrebt das Monopol für beladene Züge eine Steigerung auf etwa 6 km. Auf dem Rhein

[4] Die Vorschrift einer Mindestgeschwindigkeit kann für die selbstfahrende Kleinschiffahrt eine Härte bedeuten, indem sie einen indirekten Schleppzwang darstellt, worauf Teubert, Z. f. B. 1905, S. 101 aufmerksam macht.

Herne-Kanal, wo Kähne bis 1350 t verkehren können, erreichen die Schleppzüge mitunter 4400 t Ladung; dagegen beträgt die Höchstladung in einem Schleppzug auf den anderen Kanalstrecken bei 6—700 t-Kähnen meist 2500 t. Als Reisegeschwindigkeit wird man auf den letzteren Strekken 4,5 km annehmen können; diese berücksichtigt auch Schleusungen, Schlepperwechsel und häufiges Mäßigen der Geschwindigkeit bei Begegnungen und Überholungen.

Die Zahlung des Schlepplohnes erfolgt bei den Hebestellen mit den Kanalabgaben zusammen (§ 4 der Schleppordnung). Die meisten Firmen mit stärkerem Verkehr pflegen Stundungskonten mit monatlicher Abrechnung gegen Stellung der üblichen Stundungssicherheit zu unterhalten.

Die Übernahme des Schleppens darf nicht verweigert werden, „wenn die Beförderung mit den regelmäßigen Betriebsmitteln möglich ist". Diese Vorschrift des § 2 der Schleppordnung ist bei Beratung des Entwurfes zum Schleppmonopolgesetz viel erörtert worden. Sie knüpft fast wörtlich an das Vorbild des § 3 der Eisenbahnverkehrsordnung an. In der Tat arbeitet das Schleppmonopol hier unter ganz ähnlichen Voraussetzungen wie eine Eisenbahn des allgemeinen Verkehrs. Hier wie dort haben Verfrachter stets die Befürchtung gehegt, eine solche Bestimmung, deren Auslegung sich jeder Kontrolle durch Außenstehende entzieht, könne in der Praxis allzuleicht zum Schaden des Verkehrs als Deckmantel organisatorischer Unzulänglichkeit dienen. Hierzu ist zu bemerken: Die Schleppordnung ist schlechter als ihre Handhabung; in der Regel nutzt das Schleppmonopol seine in der Schleppordnung niedergelegten Rechte nicht aus. Das Monopol ist in der Erfüllung der Beförderungspflicht aber auch — will uns scheinen — in einer günstigeren Lage als die Eisenbahn, da ihm im Gegensatz zu dieser keine Bindung an einen festen Fahrplan, sondern ja nur die Innehaltung einer nicht zu knappen Abschleppfrist auferlegt ist. Ferner, was noch wichtiger ist, vermag das Schleppmonopol etwaige die Leistungen seiner eigenen Betriebsmittel übersteigenden Ansprüche mit Mietdampfern zu befriedigen, wovon es auch zeitweise in einem nicht unerheblichen Umfange Gebrauch macht. Ziemlich regelmäßig kommt hierfür die Strecke zwischen Schleuse I des Rhein-Herne-Kanals und der Rhein-Reede in Betracht[5]. Aber auch bei unregelmäßigen, mehr einmaligen und zufälligen Verkehrsmengen (auch in an sich verkehrsarmen Beziehungen) bedient man sich der Mietschlepper. Man kann wohl annehmen, daß Mietdampfer in der Regel rund 10%, eigene Betriebsmittel dagegen rund 90% der Leistungen vollbringen[6]. Daß aber in Ausnahmefällen hier das Schleppmonopol einen beachtlichen Rückhalt genießt, beweist das Jahr 1928, in dem Monate hindurch infolge eines Streiks des Schlepppersonals der Gesamtverkehr mit Mietdampfern abgewickelt wurde. Gelegentlich — sehr selten — kommt auch der umgekehrte Fall vor: die Vermietung der Monopolschlepper.

Am alten Dortmund-Ems-Kanal-Verkehr war das Monopol 1927 insgesamt mit 15,4% beteiligt, was in südnördlicher Richtung ungefähr 2,1%, in nordsüdlicher 2,8% des gesamten Monopolverkehrs ausmacht (nach t gemessen). 1930 bediente das Monopol in der Südnordrichtung 7,8%, in der Gegenrichtung 14,7% des alten Verkehrs, insgesamt 13,9%. Das Hauptbetätigungsfeld in Konkurrenz mit den Privatschleppbetrieben liegt in den Verkehrsbeziehungen zwischen Stationen des Dortmund-Ems-Kanals oberhalb Bevergern, wo das Monopol erheblich mehr Güter befördert als die freie Schleppschiffahrt. (Man darf selbstverständlich nicht außer acht lassen, daß es hier an sich nur um geringfügige Mengen geht.)

Die Schwierigkeit, die Beförderungspflicht zu erfüllen, hängt von den zeitlichen Verkehrsschwankungen ab.

Das Schleppmonopol besitzt in der Anmietung von Dampfern zwar einen Puffer für Verkehrsschwankungen, doch fängt dieser die Stöße nur teilweise und nur in verkehrsstarken Zeiten auf, da um so weniger Mietschiffe ein-

[5] So bestand 1932 die Anordnung, daß das Schleppmonopol im Verkehr mit dem Rhein arbeitstäglich 60 Kähne selbst abschleppt; was darüber hinausgeht, wird als Spitzenleistung den Mietschleppern überlassen.

[6] Es ist dies eine Schätzung, die sich annähernd mit dem Durchschnittswert der Jahre 1926—1929 decken wird. Im einzelnen schwankt das Verhältnis natürlich mit allen Konjunktur- und Saisoneinflüssen.

gestellt werden, je schwächer der Verkehr insgesamt wird. Wir versuchen zunächst, ein Bild von den Schwankungen, denen der Schleppbetrieb von Monat zu Monat ausgesetzt ist, zu gewinnen. Wir rechnen die monatlichen Verkehrszahlen derart um, daß wir einen Durchschnitt = 100 setzen und das Verhältnis jedes Wertes hierzu ermitteln.

Hiernach ergeben sich für Verkehr und Leistung folgende Zahlen:

Monate	Zahl der Kähne	Gütermenge	Ladungs-tkm	Tragfähigkeits-tkm
1929				
April	109,6	113,8	122,5	119,3
Mai	104,0	112,2	104,9	101,8
Juni	110,8	124,4	121,6	115,8
Juli	120,7	127,9	125,5	115,8
August	121,4	126,7	131,4	122,3
September	108,1	109,4	115,7	111,2
Oktober	111,0	103,2	112,7	115,8
November	117,9	113,7	122,5	119,9
Dezember	95,9	100,1	113,7	106,5
1930				
Januar	111,0	116,9	114,7	110,6
Februar	84,6	85,6	84,3	80,1
März	93,1	90,1	85,3	90,1
April	86,5	85,1	78,4	81,3
Mai	96,1	99,9	86,3	86,6
Juni	98,1	97,5	98,0	97,1
Juli	106,1	102,3	103,9	104,1
August	104,5	100,3	95,1	97,7
September	101,3	100,6	101,0	103,5
Oktober	107,3	109,1	107,8	110,0
November	87,8	85,3	93,1	97,1
Dezember	89,7	81,9	102,0	108,8
1931				
Januar	91,1	93,4	83,3	88,9
Februar	72,5	69,2	62,7	66,1
März	88,3	87,0	75,5	81,3
April	86,1	78,9	70,6	79,6
Mai	91,5	85,3	80,4	89,5

Aus dem zeitlichen Zusammentreffen der höchsten und niedrigsten Werte in den verschiedenen Zahlenreihen ist die

Abhängigkeit der Fahrzeug- von der Güterbewegung ersichtlich.

Treten in den Monatszahlen Unterschiede in der Beanspruchung des Schleppbetriebes zutage, die in Saisoneinflüssen und Konjunkturbewegungen ihre Ursache haben mögen und die darum noch eher für die Betriebsleitung voraussehbar sind, so handelt es sich bei den *täglichen* Schwankungen um solche, die meistens völlig irrational bedingt sind und jeder Prognose spotten.

Die absolute Zahl der zu schleppenden Kähne änderte sich an den Werktagen des Monats Mai 1929 von Tag zu Tag wie folgt, wobei wir zum Vergleich die Wagengestellungszahlen im Ruhrgebiet anfügen:

Mai	Schleppbezirk		insgesamt	1000 beladene Wagen
	Hannover	Duisburg		
1.	82	253	335	29
2.	64	232	296	32
3.	89	221	310	33
4	69	246	315	33
6.	60	220	280	33
7.	67	229	296	33
8.	62	261	323	34
10.	64	248	312	35
11.	60	261	321	32
13.	64	224	288	33
14.	86	201	287	33
15.	76	230	306	34
16.	55	217	272	34
17.	73	212	285	34
18.	21	190	211	32
21.	82	236	318	33
22.	81	229	310	32
23.	81	270	351	32
24	77	216	293	34
25.	80	244	324	33
27.	75	219	294	33
28.	74	234	308	32
29.	78	211	289	33
30	77	77	154	25
31.	67	267	334	35

Wir greifen ferner zwei wichtige Verkehrspunkte heraus, an denen an den Werktagen des Mai 1929 folgende Kähne und Schleppzüge gezählt wurden:

Mai	Bergeshövede				Schleuse Münster			
	nach Osten		von Osten		zu Berg		zu Tal	
	Sz.	K.	Sz.*	K.	Sz.	K	Sz.	K.
1.	4	12	2	6	7	21	5	16
2.	3	8	5	18	5	15	4	13
3.	5	17	2	9	5	19	5	13
4.	4	12	2	5	3	8	4	13
6.	4	12	.	.	1	3	1	1
7.	1	1	4	11	4	7	4	10
8.	2	7	3	7	5	12	6	16
10.	4	12	1	4	4	15	2	5
11.	2	6*	2	7	1	3	5	15
13	3	10	4	9	2	4	1	3
14.	4	12	3	8	3	7	4	14
15.	4	14	4	10	4	7	3	9
16.	3	9	3	7	3	8	3	9
17.	3	10	2	3	6	18	6	18
18.	1	4	4	10	2	6	3	8
21.	1	5	.	.	3	10	2	4
22.	5	21	5	14	4	11	4	11
23.	3	12	5	15	6	18	5	16
24.	2	11	3	9	3	8	6	20
25.	4	14	2	7	4	10	6	18
27.	2	6	3	6	2	8	2	6
28.	2	11	4	9	6	11	3	6
29.	3	13	4	9	2	5	6	19
30.	3	9	3	11	3	10	3	9
31.	3	8	1	2	4	13	1	3

(Sz. = Schleppzüge, K. = Kähne.)

Um die Schwankungen der Tagesleistungen des Monopols in einem einfachen vergleichbaren Zahlenausdruck zu erfassen, errechnen wir die von Schott so genannte Sprungziffer, d. h. wir berechnen jeweils für einen Monat die Unterschiede zwischen den einzelnen Tageswerten, zählen außerdem die halbe Summe der Differenzen zwischen dem Anfangs- bzw. Endglied der Reihe und dem Durchschnittswert hinzu und dividieren schließlich die so gewonnene Summe der Differenzen durch die Gesamtsumme der Leistungen. Je höher die Sprungziffer, umso größer waren die Leistungsunterschiede von Tag zu Tag, und zwar sind auf diese Weise auch Reihen mit Gliedern verschiedener absoluter Größe untereinander vergleichbar. Für die Leistungen der Schleppämter lassen sich, gemessen an der Kahnbewegung, folgende Sprungziffern (in %) errechnen:

1929	Hannover	Duisburg
Juni	22	10
Juli	27	7
September	16	19

Da diese Werte sich auf verhältnismäßig große Gebiete mit verschiedener Zusammensetzung beziehen, macht sich darin ein gewisser Ausgleich bemerkbar. Geht man auf die einzelnen Querschnitte durch die Verkehrsströme zurück, so wächst der Schwankungsgrad. Im Bergverkehr an der Schleuse Münster ergeben sich für 1929 folgende Ziffern: Mai 49, Juni 38, Oktober 54%, im Talverkehr für dieselben Monate 61, 43, 43%. In Bergeshövede ergibt sich für Mai 1929 in der Richtung nach Osten 48, in der Gegenrichtung 51%, für November 40 und 67%. Vergleicht man denselben Monat in verschiedenen Jahren, so zeigt sich keineswegs eine Übereinstimmung, z.B. Münster Mai 1929: 49 und 61 gegen 1930 71 und 68%, Bergeshövede: 48 und 51 gegen 39 und 51%.

Besonders aufschlußreich ist es, zu verfolgen, ob sich die Schwankungen der Kahnzahl in der jeweiligen Anzahl der benötigten Schlepper wiederholen. Beispielsweise beträgt die Kahnziffer für Schleuse Münster im Oktober 1929 54 und 43%, wogegen die Schleppzugziffer 46 und 44% beträgt. Zu den oben angegebenen Kahnziffern für Bergeshövede gehören folgende Schleppzugziffern: Mai 1929 40 und 47, November 37 und 68, Mai 1930 42 und 62%. Meist wird die Sprungziffer der Schleppzüge hinter derjenigen der Kähne zurückbleiben, da eine gewisse zusätzliche Anzahl von Kähnen angehängt werden kann, ohne daß die Zahl der Schlepper (Schleppzüge) vermehrt zu werden braucht. Wenn sich aber kein beträchtlicher Unterschied zwischen beiden Schwankungsziffern ergibt, so kommt darin auch der Grad der Anpassung der Schlepperzahl an die wechselnde gesamte Anhangsgröße zum Ausdruck.

Die Schwankungen im Güterversand auf den Kanälen haben im wesentlichen zwei Ursachen: Die eine ist ganz überragend in ihrer Wirkung, es sind die Schwankungen, die der Bedarf und der Absatz der Produktion, das heißt in unserem Falle hauptsächlich der rheinisch-westfälischen Eisen- und Kohlegewinnung, aufweisen. Die andere Ursache ergibt sich z. T. mittelbar aus der ersteren und liegt in der Abhängigkeit der Kanalschiffahrt von der Seeschiffahrt, die besonders bei Erzen typisch ist, und namentlich von Emden oder von Rotterdam aus das Tempo und die Häufung der Erztransporte auf den Kanälen vorschreibt, je nach den Ankünften der Seedampfer, deren gebotene schnellste Entlöschung die Kanaltransporte auf kürzeste Zeitspannen zusammendrängt. Handelt es sich dort, wenn man vom Konjunktureinfluß absieht, um ziemlich regelmäßige periodische Zyklen, ist die Fortpflanzung des Druckes von der Seeschiffahrt auf die Kanalschiffahrt innerhalb der Zyklen zeitlich willkürlich.

Von den Schwankungen der letzteren Art ist unmittelbar nur die Privatschleppschiffahrt betroffen, das Monopol nur mittelbar, insofern es in der Gegenrichtung in diesen Verkehr eingreift.

Ein Wechsel in der Beanspruchung des Schleppmonopols kann auch von Wasserstandsveränderungen herrühren. Abgesehen von der Beeinträchtigung des Wirkungsgrades der Schleppboote selbst, heißt Niedrigwasser: geringere Ausnutzung des Kahnraumes, Notwendigkeit erhöhter Schleppleistungen je Ladungseinheit. Zwar haben ja Kanäle eine weit gleichmäßigere Wasserführung als Flüsse, doch bleiben auch hier mitunter beträchtliche Unterschiede nicht erspart. So lag im Sommer 1934 der Wasserspiegel des Wesel-Datteln-Kanals 40—50 cm unter dem Normalstand. Auch das Niedrigwasser angrenzender Flüsse macht sich bemerkbar: Zur selben Zeit mußten die Schiffe beim Übergang vom Kanal zur Weser auf die Hälfte, teilweise sogar ein Drittel ihrer Tragfähigkeit abgeleichtert werden. Wegen der hohen Leichterkosten gingen dann die Verlader dazu über, die Fahrzeuge schon im Kanalhafen entsprechend dem Weserwasserstand abzuladen. Gleiches gilt vom Verkehr mit dem Oberrhein.

Zu den erwähnten spezifischen Schwierigkeiten, die aus der Natur des Verkehrs folgen, treten für die Schleppbetriebsleitung noch weitere, die den Charakter organisatorischer Einschränkungen der Wirksamkeit des Monopols annehmen.

Diese Beeinträchtigung hat ihren Grund einmal darin, daß wir es nur mit einem Schleppmonopol zu tun haben und nicht mit einem Schiffahrtmonopol, zum anderen darin, daß das Monopol auf einer wichtigen Strecke die private Schleppschiffahrt neben sich dulden muß (und umgekehrt).

Während die Konkurrenz der freien Schleppschiffahrt sich auf einige wenige Verkehrsbeziehungen beschränkt, tritt der Selbstfahrer in der Bedienung des Verkehrs in allen Verkehrsbeziehungen neben das Schleppmonopol.

Der Selbstfahrerverkehr hat sich neben dem monopolpflichtigen Schleppverkehr wie folgt entwickelt:

Im Jahre	Selbstfahrerverk. (In 1000 t)	Monopol (In 1000 t)
1926	158	18 703
1927	283	20 440
1928	519	19 713
1929	616	20 188
1930	871	20 402
1931	982	17 340
1932	1078	15 414

Nach Verkehrsrichtungen:

	Von Westen nach Osten, Süden nach Norden 1000 t	In % des Gesamtverkehrs[1]	Von Osten nach Westen, Norden nach Süden 1000 t	In % des Gesamtverkehrs	Beide Richtungen 1000 t	In % des Gesamtverkehrs
1926	99	1,7	59	0,5	158	0,9
1927	183	2,6	100	0,7	283	1,4
1930	438	5,5	433	3,3	871	4,1
1931	472	7,5	509	4,2	981	5,4

Die Zunahme im Selbstfahrerverkehr (von 1925 bis 1932 mehr als Verzehnfachung!), im wesentlichen ein Erfolg der Motorisierung, ist um so bemerkenswerter, als der Verkehr im ganzen in dem betrachteten Zeitabschnitt gesunken ist.

1930 ergab sich im einzelnen auf den westdeutschen Kanälen (Monopolgebiet) folgendes Bild:

	Verkehr in der Richtung: West-Ost, Süd-Nord	Verkehr in der Richtung: Ost-West, Nord-Süd
Anzahl der verkehrenden Selbstfahrer	3488	3627
davon beladen	2524	2474
beförderte Güter in 1000 t:		
Kohlen, Koks	126	45
Erz	34	11

[1] Den privaten Schleppverkehr eingerechnet.

Eisen	42	103
Getreide	31	47
Steine	15	15
Teer	2	20
Holz	5	3
Salze	1	15
Sonstige	182	175
Zusammen	438	433
Dagegen Monopol	6627	11 375
Freier Schleppverkehr	906	1497
Durchschnittliche Ladung eines Selbstfahrers	173	175

Mithin entfallen vom Selbstfahrerverkehr auf Kohlen und Koks 20, Eisen und Eisenwaren 17, Getreide 9, Erz 5, Steine 3, Teer 2, Salze 2, Holz 1%, auf „sonstige" Güter (vor allem Lebensmittel) 41%.

Für jeden Selbstfahrer ergeben sich im Jahr durchschnittlich 1927: 20 Reisen, 1930: 19 Reisen, Leerfahrten miteingerechnet ergeben sich 1927: 31, 1930: 27 Reisen. Dividiert man die Menge der beförderten Güter durch die Zahl der beladenen Fahrzeuge, so ergibt sich eine durchschnittliche Ladung

	bei Selbstfahrern von	bei Schleppkähnen des Monopols
1926	130 t	559 t
1927	121 t	566 t
1930	173 t	578 t
1931	185 t	577 t

Unter dem Gesichtspunkt einer Verkleinerung des monopolpflichtigen Verkehrs durch den Selbstfahrer interessieren vor allem die Zahlen der beförderten Gütermengen, unter dem Gesichtspunkt etwaiger betrieblicher Störungen durch den Selbstfahrerverkehr interessieren in erster Linie die Zahlen über die verkehrenden Fahrzeuge.

Die Selbstfahrer befördern durchaus nicht nur, wie man zur Zeit der Beratung des Schleppmonopolgesetzes annehmen konnte, Stückgüter und spezifisch leichte, wertvolle und eilige Güter, wenngleich dieser Verkehr auch heute noch ihre Hauptaufgabe ist; sie laden vielmehr auch Güter in loser Schüttung. Teils entspringt dies der Notwendigkeit, Rückfracht zu gewinnen, teils erfolgt die Massengutbeförderung in solchen Verkehrsbeziehungen, in denen die Bildung großer Ladungen nicht in Betracht kommt, wie zum Beispiel Kohlentransporte vom Industriegebiet in der Küstenfahrt bis nach Dänemark und im Verkehr mit den kleinen holländischen und belgischen Wasserstraßen.

In der Reihenfolge der mengenmäßigen Wichtigkeit sind innerhalb des westdeutschen Kanalgebietes hervorzuheben:

1. Vom Rhein zum Rhein-Herne-Kanal (vor allem „Sonstiges").
2. Vom Rhein zum südl. Dortmund-Ems-Kanal (u. a. Getreide).
3. Vom südl. Dortmund-Ems- zum Wesel-Datteln-Kanal (u. a. Steine),
4. Vom Rhein-Herne-Kanal zum Rhein (Kohle, Eisen, Teeröl).
5. Vom südl. Dortmund-Ems-Kanal zum Rhein (Eisen).

Die Wasserstraßenverwaltung hat versucht, aus dem Unterschied zwischen Massengut und Stückgut besondere Grundsätze für die im Schleppmonopolgesetz vorgesehene Zulassung[8] der Selbstfahrer abzuleiten. Durch Erlaß vom 15. 7. 1922 wurde die Beförderung von Massengut zugelassen und bestimmt, daß hierfür eine Gebühr in Höhe des halben Ladungszuschlages des Schlepplohnes an die Schleppmonopolverwaltung abzuführen sei. Stückgüter blieben von dieser Abgabe frei. Die Erteilung von Zulassungsgenehmigungen hatte zur Voraussetzung, daß die Selbstfahrer einem „wichtigen Verkehrsbedürfnis dienen" mußten[9]. Als Richtlinien für die weitere Behandlung empfahl die Verwaltung 1927: 1. keine grundsätzliche Ausschließung, Zulassung jedoch nur in einer Zahl, die weder den Kanal gefährdet oder den Betrieb stört noch mit den sonstigen Zwecken des Schleppmonopols im Widerspruch steht. 2. Begünstigung des Stückgutverkehrs, dessen Begriff nicht engherzig ausgelegt werden sollte. 3. Unterscheidung zwischen Linien- und gewöhnlichen Selbstfahrern. Erstere, die regelmäßig in bestimmten Verkehrsbeziehungen verkehren, sollten Erleichterungen genießen, wie die Gewährung eines unbedingten Vorschleuserechtes und Ermäßigung des Monopolzuschlages für Massengut bzw. völlige Befreiung hiervor, wenn das Massengut die Hälfte der Tragfähigkeit des Schiffes nicht überschreitet. Diese Vorschläge wurden größtenteils in den „Richtlinien für die Zulassung der Güterselbstfahrer auf dem Rhein-Weser-Kanal und Weser-Elbe-Kanal" vom 20. 4. 1929 verwirklicht, die ab 1. 5. 1929 in Kraft traten. Danach wird die erforderliche Genehmigung erteilt, „soweit die betreffenden Fahrzeuge den vorgeschriebenen Bedingungen

[8] Selbstfahrer, die nur den Dortmund-Ems-Kanal benutzen, unterliegen noch keiner Beschränkung. Man darf aber annehmen, daß deren Zahl gering ist. Im allgemeinen wird jeder Selbstfahrer danach trachten, auf allen Kanalstrecken zugelassen zu werden.

[9] W. E. B. Drucks. Nr. 18/1927, S. 161.

entsprechen und nicht Rücksichten auf das Schleppmonopol es verbieten"[10]. Schleppen ist den Selbstfahrern untersagt.

Für gewöhnliche Selbstfahrer, das heißt solche, die Güter jeder Art befördern und beliebige Verkehrsbeziehungen bedienen, gelten u. a. folgende Vorschriften: Die Abmessungen dürfen die nach der Schiffahrtspolizeiverordnung für Schleppkähne vorgesehenen Höchstmaße nicht überschreiten. Mehr als 7 m breite Selbstfahrer dürfen nur einen 10 cm geringeren Tiefgang haben als die entsprechenden Schleppkähne. Die Fahrgeschwindigkeit muß mindestens 4,5 und darf höchstens 7 km beladen bzw. 9 km leer betragen. Das Überholen anderer Fahrzeuge wird gewöhnlichen Selbstfahrern, wenn sie beladen sind, nicht gestattet. Der gewöhnliche Selbstfahrer hat auf dem Rhein-Herne-Kanal kein Vorschleuserecht, nur in dringlichen Fällen wird es ihm auf besonderen Antrag ausnahmsweise gewährt. Im übrigen kann er sich wie jedes andere Fahrzeug gegen Zahlung der Gebühr vorschleusen lassen. Nachtfahrt ist nur ausnahmsweise mit besonderer Genehmigung gestattet. Gewöhnliche Selbstfahrer dürfen Güter jeder Art befördern. Für lose geschüttete Güter, zum Beispiel Kohlen, Erze, Salze, loses Getreide, Kies, Steine haben sie bei schleppmonopolpflichtigen Fahrten eine Abgabe in Höhe der Hälfte des Ladungszuschlages gemäß Schlepplohntarif für die Menge zu zahlen, die 50 t übersteigt. Die Zulassungsgenehmigung ist widerruflich.

Linienselbstfahrer, das heißt solche, die Eil- und Stückgut in bestimmten regelmäßig bedienten Verkehrsbeziehungen befördern, dürfen eine Breite von 6,50 m nicht überschreiten. Der Tiefgang soll höchstens 1,50 m betragen. Es ist eine Fahrgeschwindigkeit von mindestens 5 und höchstens 7 Stunden-km bei 1,50 m Tiefgang, von 8 km bei 1,25 m Tiefgang, 8,5 km bei 1 m, 9 km bei weniger als 1 m Tiefgang festgesetzt. Das Überholen anderer Fahrzeuge ist — unbeschadet örtlicher Verbote — nur gestattet, wenn der Selbstfahrer auf höchstens 1,50 m abgeladen ist. Auf dem Rhein-Herne-Kanal sind Überholungen grundsätzlich untersagt. Gegen Zahlung der Vorschleusegebühr haben Linienselbstfahrer außer auf dem Rhein-Herne-Kanal das Vorschleuserecht. Ihnen ist bei ausreichenden Beleuchtungseinrichtungen die Nachtfahrt gestattet. Linienselbstfahrer sollen überwiegend zur Beförderung verpackter Güter und solcher Güter dienen, die im Umschlagbetrieb als Stückgüter behandelt werden; nur ausnahmsweise dürfen lose geschüttete Massengüter zur Vervollständigung der Ladung oder wegen Mangels an Rückfracht befördert werden. Die Zulassung als Linienselbstfahrer ist von einer vorherigen Prüfung der nautischen Eigenschaften durch die Verwaltung abhängig.

In jüngster Zeit hat der Interessengegensatz zwischen Monopol und Selbstfahrern schon zu behördlicher Beschränkung der letzteren geführt. Eine Verfügung der Wasserbaudirektion Münster vom 19. 8. 1933 besagt, daß

[10] W. E. B. Drucks. Nr. 32/1929. — Der Schiffahrtsausschuß des W. E. B. hatte einen Antrag angenommen, den letzten Halbsatz, der die obwaltende Rücksicht auf das Schleppmonopol zum Ausdruck bringt, zu streichen.

„neue dauernde Zulassungsgenehmigungen nur noch dann erteilt werden können, wenn für die Zulassung eindeutig und zwingend das wirtschaftliche Bedürfnis nachgewiesen wird. Im allgemeinen ist zur Zeit dem wirtschaftlichen Bedürfnis an Selbstfahrerkahnraum in ausreichendem Maße Rechnung getragen. Genehmigungen für einmalige Fahrten als Selbstfahrer können nur ausnahmsweise gewährt werden. In jedem Einzelfalle muß auch hier das wirtschaftliche Bedürfnis nachgeprüft werden. Fahrzeuge, die Massengüter befördern, werden grundsätzlich nicht zugelassen."

Auch bei großzügigster Handhabung dieser Richtlinien ergeben sich daraus für den Selbstfahrerverkehr Verzögerungsmöglichkeiten, weil einmalige Fahrten mit mehrtägiger Frist an der Grenze des Monopolgebietes beantragt werden müssen, und sodann eine Verteuerung, weil jede Zulassung gebührenpflichtig ist.

Ein anderer bemerkenswerter Fall, in dem die Belange des Selbstfahrers den Bedürfnissen des Schleppbetriebes untergeordnet worden sind, betrifft die Regelung des Selbstfahrerverkehrs auf dem Rhein-Herne-Kanal. Eine Anordnung der Wasserbaubehörde vom 19. 6. 1934 bestimmt, daß die Selbstfahrer zwischen Schleuse II und III nach vorangegangener Aufforderung zu Berg im Verbande eines Schleppzuges fahren müssen, in der Gegenrichtung von Schleuse IV bis III[11]. Gesondertes Schleusen von Selbstfahrern ist hier also nicht mehr zugelassen.

Schließlich ist noch der Tatsache zu gedenken, daß auf dem Mittelstück des westdeutschen Kanalsystems sich ein Teil des Verkehrs dem Monopol entzieht, nämlich soweit es sich um den Verkehr zwischen Stationen des Dortmund-Ems-Kanals handelt, das heißt — praktisch allein ausschlaggebend — der Verkehr zwischen Emden und Dortmund auf dem Abschnitt Bergeshövede—Henrichenburg. An dieser Stelle interessiert das Nebeneinander auf der fraglichen Kanalstrecke nur, soweit sich daraus Konsequenzen für die Betriebsabwicklung des Schleppmonopols ergeben.

Zunächst ein paar Zahlen über die mengenmäßige Bedeutung der privaten Schleppschiffahrt:

	geschleppte Mengen in 1000 t	in % des Monopolverkehrs
1927	2 492	14
1929	2 640	15
1930	2 403	13
1931	1 503	10
1932	1 364	10

[11] Der Rhein 1934 S. 187.

Die Hauptmasse, der Erzverkehr, ist starken Veränderungen unterworfen, und mit ihr die relative Bedeutung der privaten gegenüber der Monopolschleppfahrt.

Der monopolpflichtige Verkehr der Strecke Bergeshövede—Henrichenburg ist überwiegend Talverkehr (Kohle!), der freie Verkehr dagegen ist überwiegend Bergverkehr (Erz!). So hatte das Monopol in der Verkehrsbeziehung von „Häfen des Rhein-Herne-Kanals nach Häfen des Dortmund-Ems-Kanals unterhalb Bevergern" 1927 891 000 t (fast ausschließlich Kohle) zu schleppen, in der Gegenrichtung dagegen kaum 7% hiervon; zu Tal waren das 1912 Kähne, wogegen zu Berg nur 474 (= ¼) zu schleppen waren. Die Privatschleppschiffahrt dagegen ihrerseits von Häfen des Dortmund-Ems-Kanals oberhalb Bevergern nach Häfen des Dortmund-Ems-Kanals unterhalb Bevergern 621 000 t (meist Kohle), in der Gegenrichtung fast das Dreifache (meist Erz). In Kähnen ausgedrückt: zu Tal 1865, zu Berg 3652. Das bedeutet eine Häufung von Leerfahrten 1. für das Monopol in der Nord-Südrichtung, 2. für die Privatschleppschiffahrt in der Süd-Nordrichtung. Das Monopol kommt in die Lage, so beträchtliche Mengen auf dem Dortmund-Ems-Kanal zu schleppen, weil die Kohle, um die es sich dabei handelt, vorwiegend in den Zechenhäfen des östlichen Rhein-Herne-Kanals aufkommt und um der kurzen Anfangsstrecke im Rhein-Herne-Kanal willen nicht mehr zum „alten" Dortmund-Ems-Kanalverkehr gerechnet wird. Der typische Vorgang ist der, daß von privaten Reedereien zu Berg geschleppte Erzkähne nach ihrer Entlöschung in Dortmund leer vom Monopol in den Rhein-Herne-Kanal in den Zechenhafen befördert werden, von dem aus sie mit Kohle beladen alsdann die Rückreise nach Emden antreten, und zwar bis Bevergern im Schlepptau des Monopols, unterhalb Bevergern im privaten Zug. Dem Privatschlepper entgeht dieser Kahnraum; er muß g. F. ohne Anhang nach Bevergern fahren, um dort von einem Monopolschlepper den Schleppzug aus dem Rhein-Herne-Kanal zur Weiterbeförderung nach Emden zu übernehmen. Der Monopolschlepper seinerseits muß ohne Anhang umkehren. Die genannte Gesetzesvorschrift nötigt also dem Schleppmonopol eine Leistung auf, die seine Verkehrsbilanz auf dem Dortmund-Ems-Kanal einseitig zugunsten des Talverkehrs belastet.

Für die Privatschiffahrt gilt das Umgekehrte. Auch in anderen verwandten Verkehrsbeziehungen ist die Möglichkeit für einen Ausgleich dieser ungünstigen Bilanz für das Monopol höchstens groß genug, um jene Unausgeglichenheit um 20—30 % zu verkleinern. Zu jenen Kähnen aus dem Rhein-Herne-Kanal zu Tal kamen 1927 aus Häfen des Dortmund-Ems-Kanals oberhalb Bergeshövede noch 442, wogegen für die Bergfahrt 866 Kähne von Stationen unterhalb Bergeshövede zur Verfügung standen und mithin den schwachen Bergverkehr mit einem Überschuß von rund 400 Kähnen bereicherten. Die größte Entlastung bringt dem Monopol der in Bergeshövede abzweigende Verkehr des Mittellandkanals. Da sowohl der Dortmund-Ems-Kanalverkehr wie der Mittellandkanalverkehr unregelmäßig sind, heben sich die Schwankungen manchmal gegenseitig auf. Mitunter mag es allerdings auch vorkommen, daß sie sich addieren.

Wenn sich auch der Verkehr insgesamt hinsichtlich der Zahl der Kähne ausbalancieren muß, so doch nicht innerhalb des Bereiches jeder der beiden beteiligten Schlepporganisationen. In den Monaten Mai 1929 bis Dezember 1930 schleppte die Privatschiffahrt durch Schleuse Münster

	zu Berg	zu Tal	Differenz gegen den Bergverkehr
	Kähne		
	5 399	4 240	— 1 159
dagegen das Monopol	5 873	7 068	+ 1 195
	11 272	11 308	

Obwohl sich der Gesamtverkehr mit ungefähr 11 300 Kähnen ausgleicht, weist jede Organisation für sich eine Unausgeglichenheit von rund 1200 Kähnen — und zwar in einander entgegengesetztem Sinne — auf. Theoretisch fahren also die hierfür beim Monopol erforderlichen Schlepper (5—6?) nur talwärts mit Anhang und müssen die Rückreise zu Berg ohne Anhang antreten. Eine entsprechende Anzahl Schlepper muß die Privatschiffahrt einseitig im Bergverkehr beschäftigen und leer zu Tal fahren lassen. Die infolge dieses Leerlaufes unrationelle Betriebsweise ist eindeutig auf die Tatsache zurückzuführen, daß in zweierlei Regie geschleppt wird. Theoretisch könnten nämlich die beiderseitigen Überschuß-Verkehre entgegengesetzter Richtung kompensiert werden, bis im günstigsten Falle nur noch die Hälfte der vordem erforderlichen Schlepper (etwa auf jeder Seite 5 oder 6 : 2) benötigt wird, um den gleichen Gesamtverkehr zu bedienen. Die Durchführung dieses Verfahrens setzt aber

Vereinheitlichung der Schlepporganisation voraus, d. h. es müssen entweder die von selbst auf einen Ausgleich, auf rationellste Verwendung drängenden Kräfte in der freien Konkurrenz sich unbehindert durchsetzen können, oder es müßte eine einheitliche zentrale Leitung für die Ausnutzung der Schlepper sorgen. Praktisch würde dies besagen: entweder Freigabe des Kohleverkehrs aus dem Rhein-Herne-Kanal nach Emden für die Privatschiffahrt oder Zusammenfassung des gesamten Schleppverkehrs, auch des bisher freien, unter einheitlicher Leitung. Ersteres entspricht einem alten Wunsch der Schiffahrt[12], letzteres verstößt wenigstens gegen den Wortlaut des Gesetzes.

Einen Ausweg unter Respektierung der Grenzen des Geltungsbereiches von pflichtigem und freiem Verkehr haben die Beteiligten jahrelang mit geringem Erfolge zu erproben gesucht: einen Kahnaustausch in der Form, daß monopolfreie Kähne in Bevergern für die Bergfahrt dem Monopol übergeben werden, wogegen private Schlepper monopolpflichtige Kähne in Schlepp nehmen können. Hierzu stellt der Schiffahrtverein fest[13], daß sich wegen der Ungewißheit über die erst im Ruhrgebiet erfolgende Zuweisung des Zechenhafens nicht so disponieren lasse, daß rechtzeitig vom Kahnaustausch Gebrauch gemacht werden kann. Die veränderlichen Betriebsverhältnisse, die bei Privatbetrieben und beim Monopol noch dazu von verschiedenen Faktoren beeinflußt seien, erforderten ein Handeln von Fall zu Fall. Der Verein[14] gibt ein typisches Beispiel hierfür, wobei zu beachten ist, daß auf der Strecke Emden—Bevergern nur mit 2, oberhalb dagegen mit 3 Kähnen geschleppt werden darf. Die dem theoretischen Beispiel zugrunde gelegte Zahl von 3 Schleppzügen entspricht der Verteilung der Kohle auf die Produktionsgebiete (1/3 auf Dortmund-Ems-Kanal-Zechen, 2/3 auf Rhein-Herne-Kanal-Zechen).

1. Emden—Bevergern: 3 Privatschlepper fahren mit 6 Kähnen nach Bevergern, wo sie 3 der (freien) Kähne an einen Monopolschlepper abgeben. 2 Privatschlepper kehren mit je 2 talwärts kommenden Kähnen wieder nach Emden zurück.

[12] Vergl. Tätigkeitsbericht des Schiffahrt-Vereins für die Westdeutschen Kanäle und die Weser e. V. 1926/27, S. 47.

[13] a. a. O. S. 48.

[14] nach Aktenaufzeichnungen.

2. Bevergern—Dortmund: 1 Privatschlepper mit 3 Kähnen, ein Monopolschlepper mit 3 Kähnen (Austauschkähnen) fahren nach Dortmund. Von den in Dortmund gelöschten 6 Kähnen werden 2 in Dortmund-Ems-Kanal-Zechen mit Kohle beladen und privat zu Tal geschleppt; also:
3. Dortmund—Bevergern—Emden: 1 Privatschlepper mit 2 Kähnen. Die übrigen Kähne erhalten ihre Kohle im Rhein-Herne-Kanal.
4. Dortmund—Rhein-Herne-Kanal: 1 oder 2 Monopolschlepper mit 4 leeren Kähnen.
5. Rhein-Herne-Kanal—Bevergern: 2 Monopolschlepper mit 4 Kähnen, da zur Annahme von Austauschkähnen kein Privatschlepper zur Verfügung steht.

Diesem für die Reedereien nachteiligen Verfahren steht als rationellste Möglichkeit im Rahmen der geltenden Vorschriften gegenüber:

1. Emden—Bevergern: 3 Privatschlepper mit 6 Kähnen.
2. Bevergern—Dortmund: 2 Privatschlepper mit 6 Kähnen, nachdem 1 Privatschlepper mit 2 talwärts kommenden Kähnen nach Emden umgekehrt ist.
3. Dortmund—Bevergern: 1 Privatschlepper mit 2 Kähnen, die im Dortmund-Ems-Kanal geladen haben.
4. Dortmund—Rhein-Herne-Kanal: 1 oder 2 Monopolschlepper mit 4 Kähnen.
5. Rhein-Herne-Kanal—Bevergern: 2 Monopolschlepper mit 4 Kähnen; der 3. Privatschlepper fährt ohne Anhang hinter den Monopoldampfern her.

Solange auf Grund der Vorschrift des Schleppmonopolgesetzes der Verkehr nach seinen beiden Richtungen unter die freie Schiffahrt und das Monopol verteilt, d. h. auseinander gerissen wird, solange kann ein Kahnaustausch nur bei Gelegenheit als Hilfsmittel den Leerlauf in günstig gelagerten Einzelfällen vermindern. Es ist schließlich noch zu berücksichtigen, daß in Wirklichkeit die günstige Gleichheit der Verkehrssalden bei Privat- und Staatsschleppschiffahrt meist nicht gegeben ist. In jenen Zahlen (Durchgang durch Schleuse Münster) stecken auch die Kahnbewegungen mehrerer anderer Verkehrsbeziehungen. Legt man ausschließlich den eigentlichen Dortmund-Ems-Kanalverkehr zugrunde, so ist in der Regel der unausgeglichene Verkehr bei der Privatschiffahrt (überschießender Bergverkehr) größer als beim Monopol (überschießender Talverkehr). Für die Verkehrsbeziehungen Rhein-Herne-Kanal—Dortmund-Ems-Kanal unterhalb Bevergern sowie Dortmund-Ems-Kanal oberhalb Bevergern — Dortmund-Ems-Kanal unterhalb Bevergern ergibt sich 1927 beim Monopol eine unausgeglichene Spitze von 1000, bei der Privatschiffahrt dagegen von 1800 Kähnen, 1929 von 1000 bzw. 1300 Kähnen.

Die Schwankungen (von Saison, Konjunktur usw.) im Kanalversand, die zunehmende Bedeutung der Selbstfahrer und die Parallelschaltung des freien Verkehrs auf dem Dortmund-Ems-Kanal stellen bei gegebener Verkehrsstruktur an den Schleppbetrieb die höchsten Anforderungen. Handelt es sich bei den ersteren um eine dauernde und regelmäßige Erscheinung, die einem zentralistisch geleiteten Staatsbetrieb besondere Aufgaben der Anpassung stellt, die höchstens insofern erleichtert wird, als jene z. T. periodisch wiederkehren, so bedeuten die beiden anderen Umstände eine Schmälerung der Operationsbasis. Der Selbstfahrer beeinträchtigt das Monopol durch seinen Einfluß auf Struktur und Umfang des Verkehrs, namentlich wo er kraft der Motorisierung im Wege der Verkehrsverbilligung und -beschleunigung in steigendem Maße auch Schwergut befördert, aber auch durch gelegentliche Behinderung oder Verlangsamung des Kanalschleppbetriebes sowohl an den Schleusen als auch auf offener Strecke, vor allem, wenn die Kanalabmessungen bei regem Verkehr Überholungen nur bei Geschwindigkeitsverminderung des überholten Schleppzuges gestatten. Der freie Verkehr endlich nötigt das Schleppmonopol, auf der Strecke Henrichenburg—Bevergern in die Arena des Konkurrenzkampfes mit den privaten Schleppbetrieben um das Schleppgut hinabzusteigen. Geht es hier auch nur um geringfügige Transporte, so verliert dieser Tatbestand doch nichts an psychologischem Reiz. Sehr beachtlich der mengenmäßigen Auswirkung nach ist dagegen die andere Seite des freien Verkehrs, die für das Schleppmonopol wichtig ist: die Pflicht zur Beförderung aus dem Rhein-Herne-Kanal bis Bevergern mit dem Zwang zu Leerfahrten auf der Rückreise. Alle angedeuteten Tatbestände haben nicht nur ihre betriebstechnische und organisatorische Bedeutung, sondern spielen darüber hinaus eine Rolle für die Schleppkosten, denen wir uns nunmehr zuwenden.

2. Die Wirtschaftsführung.

a) Das tatsächliche Wirtschaftsergebnis.

Wenn wir das Wirtschaftsgebaren des staatlichen Schleppmonopols darzustellen und seine Bedingungen zu erfassen versuchen, so ist die Kernfrage die nach der betrieblichen Rentabilität. Aber die vollkommenste Beantwortung dieser Frage — so unentbehrlich sie erscheinen mag — wäre für das Ziel einer Untersuchung, die sich von der volkswirtschaftlichen Problemstellung leiten läßt, ungenügend; denn für diese ist es vor allem wissenswert, wie sich ein Betrieb wie das Schleppmonopol einordnet in den Zusammenhang von Gütererzeugung und -verteilung, als deren raumüberwindender Mittler es zu seinem Teil fungiert. Dazu ist eben vor allem die Feststellung notwendig, wodurch die zu ermittelnde Rentabilität irgendwelcher Art zustande kommt — eine Feststellung, die um so mehr Aufschlüsse zu geben verspricht, als der Schleppbetrieb durch seine eigenartige monopolistische Stellung dem unmittelbaren Preis- und Marktzusammenhang kraft staatlicher Setzung entnommen ist, jede „Rentabilität" als solche mithin beziehungslos bleibt und irrige Vorstellungen erwecken kann.

Zur Ermittlung der Wirtschaftlichkeit gehen wir den üblichen Weg, indem wir die Ausgaben von den Einnahmen abziehen, und den Unterschied zum Anlagekapital in Beziehung setzen, wobei wir nach dem Gesagten von vornherein auf die Bedeutung der Größe der Verzinsung des Anlagekapitals den geringeren Wert legen können, vielmehr alle Sorgfalt anwenden müssen, um die Kosten möglichst genau in allen ihren Bestandteilen zu erfassen. Zunächst drängt sich bei der Zerlegung des Gesamtverbrauchs eine Einteilung auf in solche Kosten, die fest, „zwangsläufig" gegeben sind, die sich also vom Betrieb aus nicht beeinflussen lassen, und solche Kosten, die von der innerbetrieblichen Wirtschaftsführung abhängig sind. Es ist klar, daß nur die letzteren den eigentlichen Maßstab für ein Urteil darüber, in welchem Ausmaße bei der Mittelbeschaffung und Mittelverwaltung die wirtschaftliche ratio verwirklicht wurde, bilden könnten.

So hat die Monopolverwaltung mit einer Reihe von Gegebenheiten zu rechnen, die ihre Kosten in bestimmter Weise bis zu einer gewissen Höhe festlegen. Hier ist in erster Linie die Schleppordnung zu nennen, deren Vorschriften zum Beispiel über Beförderungspflicht und Abschleppfrist ihr — wie schon angedeutet — nicht gestatten, etwa im Einzelfalle mit dem Abschleppen zu warten, bis sie einen voll ausgelasteten Schleppzug zusammenfassen kann. Es müssen vielmehr manche Strecken ganz oder teilweise ohne Vollausnutzung der Schleppkraft bedient werden. Offenkundig ist auch die Bedeutung der Anzahl der Schiffahrtstage im Jahr, an denen der Kanalverkehr von klimatischen und sonstigen Betriebsstörungen frei ist. Ein weiteres wäre die Tatsache des Kanalprofils, das den Wirkungsgrad der Schleppkraft und damit die Kosten beeinflußt. Die Einwirkung auf die Fahrkosten durch den im umgekehrten Verhältnis zum Kanalquerschnitt wachsenden Wasserwiderstand ist eine doppelte, a) beim Schiffskörper des Schleppers selbst, b) bei den anhängenden Kähnen. Unter sonst gleichen Umständen würde daher ein Schleppbetrieb einen geringeren Aufwand erfordern, wenn er sich auf einem breiten, tiefen Kanal mit wenig Schleusen statt auf einem schmalen, schleusenreichen Kanal abwickelte. Als dritter Faktor, von dem der Schleppwiderstand ebenfalls abhängig ist, wäre der auf einem Kanal herrschende Kahntyp zu nennen. Wenn auch im einzelnen Abweichungen vorkommen, so kann man doch Durchschnittswerte unterscheiden, wie es geschieht, wenn Sachverständige zum Beispiel den Schleppwiderstand des westdeutschen Kanalschiffes sich zu dem der alten Elbkähne verhalten lassen wie 100 : 145[16]. Sind die drei genannten Kostenfaktoren für den Schleppbetrieb unabänderlich, so würden sie sich selbstverständlich in dem Augenblick ändern, in dem eine dritte Instanz die betreffenden Umstände selbst zu ändern unternimmt. Das darf aber hier ausscheiden.

Ähnlich liegt es bei solchen Kostenfaktoren wie Struktur und Umfang des Verkehrs, jedoch mit wichtigen Unterschieden. Wenn jene zum Beispiel die Länge der Schleppstrecke, die gemeinhin zurückzulegen ist, bestimmt, also bestimmt, ob vorwiegend auf die pro Dampferkilometer teuren kurzen Entfernungen oder auf die pro Dampferkilometer billigeren langen Entfernungen geschleppt werden muß, so entzieht sich das zwar in weitem Umfange dem Gestaltungswillen der Schleppbetriebsleitung; jedoch nicht völlig, nämlich insofern es gelingt, je nach den Betriebserfordernissen

[16] So Ministerialrat Burkowitz im 27er Ausschuß. Sitzung vom 8. 11. 1927. Niederschrift S. 29.

kürzere Schleppstrecken zu einer zusammenhängenden Fahrt des Schleppers zu kombinieren oder umgekehrt längere Schleppstrecken in Teilfahrten verschiedener Schlepper zu zerlegen. Auch der Umfang des Verkehrs, also das in einer bestimmten Verkehrsbeziehung regelmäßig aufkommende Güterquantum mit seinem Einfluß auf die Bildung von mehr oder weniger wirtschaftlichen Schleppzügen ist für den Schleppbetrieb eine gegebene Größe, die er allenfalls — wenigstens theoretisch — durch seine Tarifpolitik verändern könnte, indem er durch niedrige Schleppsätze zusätzlichen Verkehr auslöst. Verkehrsstruktur und -umfang sind also ebenfalls in weitem Ausmaß für den Schleppbetrieb gegebene Kostenfaktoren. Dies hindert nicht, daß sie sich — namentlich der letztere — im Gegensatz zu den drei erstgenannten Kostenfaktoren ändern.

Es ist offenbar nicht möglich, den infolge der Einwirkung jener Kostenfaktoren „zwangsläufigen" Anteil bei allen Kostenarten zahlenmäßig auszuscheiden. Für die Auswertung der vorhandenen Zahlen ist aber wenigstens das Wissen um die Existenz jenes Kostenanteils wichtig und nötig. Wohl werden wir versuchen, die Bedingtheit der Schleppkosten durch den Verkehrsumfang in Zahlen zu erfassen.

Infolge der Bindung an die Gliederung, in der das Zahlenmaterial vorliegt, ist es nicht einmal möglich, die Ausgaben den einzelnen Betriebs- und Verwaltungszwecken, die man sich zu unterscheiden gewöhnt hat, befriedigend zuzurechnen. Die Grundunterscheidung, an die hier zu denken ist, ist die zwischen Bereitschafts- und Betriebskosten. Die ersteren sind, unabhängig vom Beschäftigungsgrad, mit der Anzahl der vorhandenen Fahrzeuge gegeben, die letzteren entstehen unmittelbar durch den Betrieb, d. h. den Dienst der Fahrzeuge während der Fahrt oder Schleppbereitschaft. Mit Rücksicht auf den letztgenannten eingebürgerten Ausdruck empfiehlt es sich, in der Haupteinteilung nicht von Bereitschafts-, sondern von Vorbereitungskosten zu sprechen. Zu diesen zählen: die allgemeinen Handlungsunkosten sowie diejenigen für Instandhaltung, Versicherung, Abschreibung und Verzinsung von Fahrzeugen und Landanlagen, Steuern; die Betriebskosten umfassen die Aufwendungen für die Betriebsverwaltung an Land und die Fahrzeuge im Dienst (Löhne des Fahrpersonals und Betriebstoffe). Die Löhne während der Reparatur-(Ausfall-)Zeiten sind den Instandhaltungskosten zuzurechnen. Es ließe sich auch unterscheiden nach Verwaltungs- und Fahrzeugkosten. Erstere entstehen an Land entweder für die Betriebsverwaltung oder die allgemeine Verwaltung, letztere umfassen alle Aufwendungen für die Boote und ihre Besatzungen, gleichgültig ob in der Ruhe oder Bewegung.

Die Aufgliederung der Kosten des staatlichen Schleppbetriebes nach solchen Gesichtspunkten muß unterbleiben[15a], was nicht ausschließt, für den einen oder anderen Teil den zahlenmäßigen Beleg zu finden, wenn dieser sich auch nicht zum Ganzen zusammenfügen läßt.

Wir legen unserer Darstellung die Zahlen der Jahre vor der großen Krise zugrunde, in der Annahme, daß ihnen ein Verkehr von „normalen" Ausmaßen entspricht.

Die Publizität der Rechnungslegung des Schleppmonopols ist sehr mangelhaft. Die Einnahmen und Ausgaben des staatlichen Schleppbetriebes erschienen bis 1929/30 im Haushalt des Reichsverkehrsministeriums. Seit 1930/31 bis zur Änderung der formellen Ordnung des Reichshaushalts im neuen Reich meldet dieser über das Schleppmonopol nichts mehr, abgesehen von einem an das Reich abzuführenden Überschuß von 120 000 *ℛℳ*, der als Einnahme des Reichsverkehrsministeriums erscheint. Eine Erläuterung zu Abschnitt XI Kapitel I Titel 8 des Haushalts des Reichsverkehrsministeriums für 1930 begründet die neue Aufmachung wie folgt:

> Der Schleppbetrieb sei ein kaufmännisch eingerichteter Wirtschaftsbetrieb im Sinne § 15 Reichshaushaltsordnung. Seine Eingliederung in den Haushalt mache Schwierigkeiten, da kameralistische Buchführung und Schema des Haushalts sich nicht für einen Wirtschaftsbetrieb dieser Art eignen. Sodann sei es nicht möglich, sich genau an einen 1 oder 2 Jahre vor der Zeit aufgestellten Haushaltsplan zu halten. Da neben dem Schleppmonopol eine Schlepppflicht bestehe, müsse die Verwaltung jederzeit auch starken Verkehr ohne weiteres bewältigen können. Weiter müsse sie die Möglichkeit haben, wirtschaftliche Neuerungen rasch einzuführen, bei Bedarf Privatdampfer anzumieten und sonstige Maßnahmen, die zur Erzielung größtmöglicher Wirtschaftlichkeit geboten seien, unverzüglich zu treffen. Bislang sei versucht worden, die mit der Eingliederung des Schleppmonopols in den Haushalt verbundenen Schwierigkeiten durch Sondervermerke des Haushalts zu überwinden. Dies sei jedoch nur zum Teil gelungen, insbesondere fehle die Möglichkeit, die Ausgaben nach den Bedürfnissen eines Wirtschaftsbetriebes zu verrechnen sowie Erneuerungsrücklagen an das folgende Jahr zu übertragen, falls die Verwendung für Erneuerung

[15a] Neben den veröffentlichten Zahlen verdankt der Verfasser einzelne Mitteilungen der Wasserbaudirektion Münster. Daß ihm eine tiefere Einsicht in die Rechnung nicht gewährt worden ist, mag zwar bedauerlich erscheinen, hätte aber vermutlich am Gang und Ergebnis der Untersuchung nichts Wesentliches geändert.

oder Neubeschaffung in dem betreffenden Rechnungsjahr nicht möglich sei. Es sei daher nunmehr nur das voraussichtliche Endergebnis in den Haushalt übernommen.

Der empfindlichste Mangel dieser Veröffentlichungsart ist, daß die Einteilungsprinzipien der Ausgaben sich gewandelt haben, weswegen ein Vergleich über einen längeren Zeitraum unmöglich ist, wenngleich diese Übersichten mehr besagen als früher die mit allgemeinen Ressortausgaben ununterscheidbar verflochtenen Zahlen im preußischen Haushaltsplan.

Die Erläuterung zu Titel 8 des letzten Schemas gliedert nur die Ausgaben, und zwar hauptsächlich nach Verwaltung, Unterhaltung, Betrieb (persönliche und sachliche Ausgaben jeweils getrennt) und schließlich Rücklagen für Erneuerung oder Neubauten in einer Summe. Diese Gruppierung entspricht der auch vorher schon (seit 1927) angewandten. Sie verzichtet aber auf die frühere Ausführlichkeit in der Aufzählung der einzelnen Posten. Ihr Erkenntniswert ist trotz der in sich zweckmäßigen Einteilung gering, weil nicht ersichtlich ist, was zur Verwaltung usw. gezählt worden ist (so wüßte man z. B. die Kosten für die Betriebsverwaltung nicht unterzubringen) und weil zwischen Kosten für Substanzerhaltung und Kosten für Substanzverbesserung nicht unterschieden wird. So findet sich bei den „Unterhaltungskosten" regelmäßig die Bestimmung, daß aus diesen Mitteln die Kosten für die Wiederherstellungs-, Um- und Erweiterungsbauten sowie für Neubauten und Grundstückserwerbungen insoweit bestritten werden dürfen, als die Kosten des einzelnen Baues einschließlich Grunderwerbs 30 000 Mark, die Kosten von Grundstückserwerbungen im einzelnen 10 000 Mark nicht überschreiten. Es ist klar, daß die schematische Zurechnung von Substanzerweiterungen innerhalb jener Grenze zur Unterhaltung geeignet ist, den Umfang der Investitionen zu gering erscheinen zu lassen. Störend im Sinne der Einteilung ist ferner die Zweckbestimmung eines Teiles der Ausgaben als „Erstattung persönlicher Ausgaben Preußens und damit zusammenhängender sächlicher Ausgaben für den Schleppbetrieb." Für Verzinsung ist überhaupt nichts angesetzt, obwohl alles, nicht zuletzt die gesetzliche Vorschrift dafür spricht, daß sie auch während dieser Jahre erfolgt ist.

Immerhin liegt wenigstens zum 31. 3. 1931 eine Bilanz des Schleppmonopols vor[16]. Ihr Mangel ist, daß sie mit Angaben kargt und die einzige blieb, die veröffentlicht worden ist. Um Aufschluß über die Entwicklung[17] des Jahresverbrauches zu erlangen, müssen wir daher auf die Haushaltspläne sowie verstreute Mitteilungen über Ist-Ergebnisse und schließlich Schätzungen, die wir an Hand der Verkehrs- und Betriebsstatistik kontrollieren, zurückgreifen.

[16] WEB 1931, Nr. 28, S. 242 f.

[17] Die wichtigsten Jahre sind 1929 und 1930, von denen das letztere hinsichtlich des Verkehrsumfanges vielleicht als „Normaljahr" anzusprechen ist. Daß ihm keine „solide" Hochkonjunktur, sondern eine „Scheinblüte" voranging, ändert an der Tatsächlichkeit der Verkehrszahlen, an den ihnen entsprechenden Anforderungen an den Schleppbetrieb und an der dadurch bedingten Beeinflussung des Wirtschaftsergebnisses nichts.

Angesichts der Art der Etatisierung darf es nicht wundernehmen, wenn die Haushaltspläne über die Höhe des Anlagekapitals schweigen. Die Bilanz verzeichnet einen Betrag von 8,5 Mio RM, der aber nicht ungeprüft zu übernehmen ist. Wir sind daher auf indirekte Wege zur Errechnung des heutigen Anlagekapitals angewiesen. Das Schleppmonopolgesetz sah für die Einrichtung des Schleppbetriebes 9,9 Millionen Mark vor. Es ist eine begründete Vermutung (vergl. unten), daß bei Eröffnung des Betriebes davon etwa 5 Millionen, und zwar aus allgemeinen Haushaltsmitteln, verausgabt worden sind. Zu dieser Summe für die ersten tatsächlichen Anschaffungskosten müßten die seitdem jährlich aufgebrachten Beträge zugunsten einer Substanzerweiterung und etwaige stille Reserven hinzugezählt werden, wobei vorausgesetzt ist, daß die Aufwendungen für Substanzerhaltung sich mit den Absetzungen für normale Abnutzung (Abschreibungen) decken. Streng genommen wird weiter vorausgesetzt, daß seit der Investierung keine besonderen Ereignisse, z. B. technischer Fortschritt, eingetreten sind, die eine vorzeitige Entwertung des Anlagekapitals mit sich bringen könnte. Für die Jahre der Geldentwertung lassen sich zutreffende Zahlen über Substanzerweiterung natürlich nicht beibringen. Wenn wir trotzdem versuchen, einen Gegenwartswert des Anlagekapitals zu ermitteln, so müssen wir uns mit einer Schätzung begnügen, was sich übrigens nie, auch unter günstigeren Umständen als den geschilderten nicht, vermeiden läßt[18]. Ein Moment der Unsicherheit enthält eine solche Schätzung stets schon deswegen, weil das Kapital zum größten Teil stehendes Kapital ist und mithin sein Wert von dem mit dem Umfang der Beanspruchung schwankenden Ertrage abhängt. Die Beurteilung einer Verkehrsentwicklung aber kann nur subjektiv sein.

Es führt zu weit, hier die verschiedenen Wege genauer zu schildern, die zum Zwecke einer Schätzung des Anlagekapitals offenstehen; Rückschlüsse lassen zu:

1. die für Verzinsung und Tilgung tatsächlich aufgewendeten Beträge[19],
2. die Zahlen, die im Zusammenhange mit der Aufwertung

[18] Vergl. hierzu die treffenden Bemerkungen bei Moll, Die Finanzpolitik der Reichsbahn (Probleme des Geld- und Finanzwesens XI), Leipzig 1931, S. 8 ff.

[19] WEB Nr. 14, 1926, S. 116.

der an Preußen zu zahlenden Rente für Überlassung des Schleppbetriebes genannt worden sind[20],

3. die jährlichen Abschreibungen (Abschreibungen für Erneuerung)[21].

Wir haben jede dieser Berechnungsweisen angewandt und mit einer Schätzung des Wiederbeschaffungswertes[22] der Betriebsmittel und Anlagen verglichen, was uns zu der Annahme folgender Entwicklung des Anlagekapitals führte:

1924: rund 6, 1930: rund 10, 1931: rund 11 Mio RM.

Die Unsicherheit der Berechnungsgrundlage ist nicht zu verkennen. Es ist ferner nicht zu ermitteln, wie sich der Wert auf Immobilien wie Dienstgebäude, Siedlungen und Bunkerstationen und auf Schlepper, Kohlenkähne, Kontrollboote usw. verteilt. Hierfür bietet nur die Bilanz zum 1. 4. 31 einen Anhaltspunkt. Danach ergibt sich als Vermögen:

Anlagen und Betriebsmittel nach dem Stande vom 1. April 1930.

Fahrzeuge	5 426 411,00 RM	
Werkstätten	877 272,00 „	
Fernsprechleitungen	382 194,00 „	
Dienst- u. Wohngebäude einschl. Grundstücke	1 436 216,00 „	
Betriebsanlagen	490 767,00 „	8 612 860,00 RM

Zugang im Geschäftsjahr 1930

Fahrzeuge	257 744,00 RM	
Dienst- und Wohngebäude . .	10 729,00 „	
Betriebsanlagen	72 136,28 „	340 609,28 RM
		8 953 469,28 RM

Immerhin kann an einer nennenswerten Vergrößerung des Anlagekapitals kein Zweifel bestehen. Wie erklärt sich diese Vermehrung bei — wie uns scheinen will — ausrei-

[20] für 1930: 72 000 RM (WEB Nr. 7, 1930, S. 57). Vgl. auch Reichshaushaltsplan 1924/5, Kap. Schleppbetrieb. Man darf den Aufwertungsbetrag nicht dem Goldwert von 1914 gegenüberstellen, da 1914 die Betriebsmittel nur zur Bedienung des Verkehrs von Duisburg bis Bergeshövede erforderlich und vorhanden waren, aber schon 1916 bei Inbetriebnahme des Ems-Weser-Kanals beträchtlich vermehrt werden mußten.

[21] Die Entwürfe rechneten mit 6 % Abschreibung auf Dampfer, 4 % auf Fernsprechleitungen, 2 % auf Gebäude (G. W. B. Drucks. Nr. 3/1911). Die Praxis hat sich u. W. hieran gehalten.

[22] bei der zu berücksichtigen ist, daß von den 1930 vorhandenen Schleppern 40 „stark verbraucht" waren. (W. E. B. Nr. 7, 1930, S. 56).

chenden Abschreibungen in so verhältnismäßig kurzer Zeit? Sie ist, ohne daß im einzelnen eine genaue Zurechnung möglich wäre, sowohl auf Substanzverbesserung wie auf Substanzvermehrung zurückzuführen. Erstere ergab sich zunächst aus der Notwendigkeit, die während der Kriegs- und Nachkriegszeit überalterten und ungenügend erneuerten Betriebsmittel wieder leistungsfähig zu machen[23] — eine Maßnahme, wie sie in der Wasserstraßenverwaltung allgemein in den Jahren 1924—1929 durchgeführt wurde — die Haushaltspläne zeugen davon — und wie wir sie etwa auch bei der Reichsbahn zu verzeichnen haben. Sodann hat man in den letzten Jahren mehrfach bei Schleppern die Dampfmaschine, nicht nur bei Neubauten, sondern auch auf dem Wege des Umbaues, durch den Motor ersetzt, was ebenfalls als Substanzverbesserung angesehen werden muß. Ferner mußten trotz Einstellung von Mietschleppern die Betriebsmittel dem wachsenden Verkehr angepaßt werden; stiegen doch die geleisteten Tragfähigkeits-tkm von 1450 Mio. (1924) in vier Jahren auf 2250 Mio., der Bestand an eigenen Schleppern im selben Zeitraum von 113 auf 138[24]. Neben der konjunktural bedingten Verkehrszunahme wird die räumliche Ausdehnung des Schleppmonopolbereichs durch das Hinzukommen neuer Kanalstrecken (so der verschiedenen Abschnitte und Stichkanäle des Mittellandkanals) die Schleppervermehrung veranlaßt haben.

Die Mittel für die seit 1924 in jedem Jahre in wechselndem Umfange[25] erfolgten Kapitalerhöhungen hat die Verwaltung regelmäßig den Betriebsüberschüssen entnommen. Anleihen sind unseres Wissens nicht aufgenommen worden. Ebensowenig standen im großen ganzen Mittel aus dem allgemeinen Haushalt der Reichswasserstraßenverwaltung zur Verfügung, abgesehen von der Zeit während und unmittelbar nach der Inflation, in der die Einnahmen mitunter nicht einmal die Betriebs- und Unterhaltungskosten deckten, sodaß Neubauten aus allgemeinen Haushaltsmitteln bestritten wor-

[23] 1924 wurden allein rund 1,5 Mio. für Schlepperneubauten und sonstige Neuanlagen zur Verbesserung der Betriebseinrichtungen aufgewendet. W. E. B. Nr. 5, 1925, S. 54.

[24] Vergl. W.E.B. Nr. 42, 1929, S. 376. Dauermietschlepper wurden durch eigene ersetzt (W. E. B. Nr. 7, 1930, S. 56).

[25] Die Kapitalerhöhungen sind weder stets in derselben Höhe erfolgt, wie es der im Reichshaushalt unverändert wiederkehrende Posten von 225 000 Mark für „Neubauten" vorgibt, noch waren sie so gering wie dieser Posten.

den sind[26]. Dies ist seitdem aber nicht wieder der Fall gewesen; vielmehr ist zuletzt umgekehrt der Schleppbetrieb zu Leistungen an die Reichskasse herangezogen worden.

Für Außenstehende ziemlich undurchsichtig ist auch die Abschreibungspolitik der Verwaltung. § 9 des Schleppmonopolgesetzes schreibt vor, daß zum Zwecke der Erneuerung der einer besonderen Abnutzung unterliegenden Teile der Schleppeinrichtung ein Erneuerungsfonds gebildet wird, dem alljährlich ein angemessener Satz vom Hundert der für diese Teile aufgewendeten Kosten aus den nach Deckung der Betriebs- und Unterhaltungskosten verbleibenden Reineinnahmen zuzuführen ist. Reichen die Einnahmen eines Jahres zur Abführung des erforderlichen Betrages nicht aus, so ist der Fehlbetrag in den folgenden Jahren zu ergänzen, bevor Beträge zur Verzinsung und Tilgung des Anlagekapitals verwandt werden. Es ist daher die Möglichkeit in Betracht zu ziehen, daß der im Haushalt für 1930/31 ausgesprochene Grundsatz einer Absetzung von 6% der Beschaffungskosten für Erneuerung nur in einem Durchschnitt von mehreren Jahren als verwirklicht ersichtlich gemacht werden kann. Eine nähere Nachprüfung bestätigt, daß die Ausgaben für Substanzerhaltung von Jahr zu Jahr wechseln. Mangelt es zwar theoretisch und gesetzlich an einer Gewähr für ausreichende Abschreibungen, da deren Höhe von den Betriebsergebnissen abhängig gemacht wird, so sprechen doch tatsächlich alle Anzeichen dagegen, daß die Verwaltung es etwa hieran hätte fehlen lassen. Die Bilanz weist eine Abschreibung von 428481 RM auf 8953469 RM, also von 4,7%, aus.

Die Angabe eines summarischen Abschreibungssatzes von 6% ist unbefriedigend, weil ihm unmöglich alle Teile des Anlagekapitals, Gebäude, Schlepper usw., gleichermaßen unterworfen sein können. Er scheint ferner zu hoch, wenn er nur die normale Abnutzung im strengen Sinne ausgleichen soll. Will man aber die Unsicherheit der künftigen Verkehrsentwicklung einerseits, die Möglichkeit vorzeitiger Veraltung infolge technischen Fortschrittes (Motorisierung) andererseits berücksichtigen, ist er zu niedrig. Privatbetriebe rechnen denn auch mit 7,5%. Für unsere rückschauende Betrachtung genügt

[26] W.E.B. Nr. 5, 1925, S. 55. Zahlen hierüber liegen nicht vor. Sie sind vermutlich in den allgemeinen Anforderungen des Reichsverkehrsministeriums für „verstärkte Ersatzbeschaffung von Geräten" enthalten.

es, 4% (bei Ausscheidung jeglichen Unterhaltungsaufwandes) auf das nicht weiter aufgegliederte Anlagekapital anzunehmen. Aus den angegebenen Gründen wären allerdings für die Zukunft für Boote (namentlich Dampfer) höhere Sätze angemessen.

Die Frage, welche Beträge nun im einzelnen der Erneuerung für Abnutzung zuzurechnen sind, stellt uns vor neue Schwierigkeiten. Im Haushaltsplan finden sich zwei Posten: „Rücklagen für Erneuerungen oder Beschaffungen, Neubauten, die als Ausgleich für die Wertverminderung der Einrichtungen des Schleppbetriebes gelten können" (von ihnen war bisher die Rede) und sodann „Unterhaltung der Fahrzeuge, Dienst- und Wohngebäude usw.". Es besteht die begründete Vermutung, daß die Verwaltung nicht nur laufende Reparaturkosten (Kosten für Anstrich und Ähnliches), sondern auch wesentliche Teile der Ausgaben für Schlepperersatz als „Unterhaltungskosten" verbucht hat. Wir erinnern nur an die bis 1929 im Reichshaushalt wiederkehrende Erläuterung zu den „sächlichen Unterhaltungskosten", wonach aus diesen Mitteln hauptsächlich die Kosten für Wiederherstellungs-, Um- und Erweiterungsbauten bestritten werden dürfen. Piper bezieht sich offenbar hierauf, wenn er im Weser-Ems-Wasserstraßenbeirat[27] ausführt, daß keine Kapitalrücklagen als Ausgleich der Sachwertverminderung und für den laufenden Schlepperersatz gemacht werden könnten, daß es daher erforderlich sei, laufend für den Ersatz der überalterten Schiffe in Natur zu sorgen. Er beziffert den Kostenaufwand hierfür auf etwa 600 000 Mark jährlich, mit den Erhaltungskosten für die sonstigen Sachwerte auf 650 000 Mark. Der Etat für 1929 hatte an sächlichen und persönlichen Kosten für Unterhaltung 584 000 Mark ausgeworfen. Mit dem Haushaltsjahr 1930/31 ist hierin dadurch eine Änderung eingetreten, daß — wie schon erwähnt — das Schleppmonopol als kaufmännisch eingerichteter Wirtschaftsbetrieb des Reiches formell aus dem Haushalt der Reichswasserstraßenverwaltung ausschied. Damit war die haushaltsmäßige Handhabe geschaffen, einen Erneuerungsfonds zu bilden. So erscheint denn seit 1930 in der dem Reichshaushaltsplan beigegebenen Mitteilung über das mutmaßliche finanzielle Ergebnis der schon genannte Ausgabeposten „Rücklagen für Erneuerungen (etwa 6% der Beschaf-

[27] Nr. 42 1929, S. 376.

fungskosten) oder Beschaffungen, Neubauten usw.". Es wäre jedoch irrig anzunehmen, daß hierin die Ausgaben für Schlepperersatz vollständig enthalten wären; denn der Posten „Unterhaltung der Fahrzeuge, Dienst- und Wohngebäude" ist nicht etwa geringer geworden oder gar aufgehoben, sondern hält ungefähr die frühere Höhe, 1930 mit 660 000 Reichsmark. Bemerkenswert ist, daß die nach 25 Jahren Dienstzeit durch Neubauten ersetzten Schlepper nicht etwa aus dem Verkehr gezogen werden, sondern „solange wie irgend möglich" noch weiter verwendet werden[28]. Nach allem ist die Grenze zwischen Substanzerhaltung und Substanzvermehrung (bzw. -verbesserung) anders zu ziehen, als dies offiziell von seiten der Verwaltung geschieht.

Um die absoluten Aufwendungen für die Abschreibungen „in natura" zu erkennen, müssen wir aus den betreffenden Haushaltsposten aussondern: einerseits, was Unterhaltungskosten im eigentlichen Sinne (Reparaturen) sind, andererseits die Aufwendungen für Substanzvermehrung. Danach ergeben sich nach den Voranschlägen, auf das jeweils erhöhte Anlagekapital bezogen, folgende Abschreibungsquoten:

1927	5 % = 10 %	der	gesamten	Ausgaben
1928	4 % = 9 %	"	"	"
1929	5 % = 10 %	"	"	"
1930	4 % = 8 %	"	"	"
1931	6 % = 12 %	"	"	"

mithin eine durchschnittliche Abschreibung von 4,8 %, jeweils auf das schon erhöhte Kapital bezogen.

Es wird angemessen sein, die 4 % übersteigenden Beträge als Substanzverbesserung anzusehen und dem Kapital zuzurechnen, was wir bei Ermittlung der Höhe des Anlagekapitals durchzuführen versucht haben.

Die Verquickung von Unterhaltung und Ersatzbeschaffung[29] im Haushalt des Schleppmonopols verbietet eine genaue Analyse der *Unterhaltungskosten im enge-*

[28] W. E. B. Nr. 42, 1929, S. 376.

[29] Für die finanzstatistische Erfassung ist ja auch noch die Schwierigkeit zu berücksichtigen, daß die Verwaltung aller Wahrscheinlichkeit nach nicht Jahr für Jahr bei den Zuweisungen an den Erneuerungsfonds oder Unterhaltungsfonds dieselben Grundsätze angewandt hat, sondern die Grenze der Begriffe Erhaltung usw. je nach der Finanzlage weiter oder enger gezogen hat.

ren Sinne. Die Unterhaltung der Fahrzeuge erfolgt zum größten Teil auf der Werft des staatlichen Maschinenbauamtes in Herne, zum kleineren auf der des Maschinenbauamtes in Minden. Die beiden Ämter belasten das Monopol nur mit den Selbstkosten[30]. Zu unterhalten sind ferner die Anlagen an Land, von denen das Schleppmonopol manche gemeinsam mit Behörden der Wasserstraßenverwaltung benutzt, wie Fernsprechanlagen, Hafeneinrichtungen, Dienstgebäude sowie Siedlungen für das Schleppamtspersonal. Eingedenk unserer oben erwähnten Vorbehalte geben wir nachstehend die Ausgaben für „Unterhaltung" wieder, in denen also auch Aufwendungen für Erhaltung und Erweiterung stecken (in 1000 RM):

Rechnungs-jahr	Löhne	Sachkosten	zus	in % der Gesamtausg.
1927	.	.	594	13
1928	.	.	556	12
1929	.	.	656	12
1930	258	402	660	8
1931 Voranschl.	210	549	759	13

Man wird aus dem Vorstehenden also höchstens durchschnittlich bis zu 400 000 Mark für Unterhaltungskosten im engeren Sinne annehmen dürfen, wenn man etwa 3000 Mark pro Schlepper und Jahr annimmt. Wir glauben, daß die Zahl von 3000 eher zu hoch gegriffen ist. Vergleichsweise sei erwähnt, daß für 1928 die Unterhaltungskosten der 6 Schleppdampfer auf dem Elbe-Trave-Kanal mit 17 950 Mark veranschlagt worden sind, wobei zu berücksichtigen ist, daß es sich um ziemlich alte Fahrzeuge (bis zu 27 Jahren) handelt[31].

Wenn wir die Frage zu beantworten suchen, welche Bedeutung dem Verwaltungsaufwand im Haushalt des Schleppmonopols zukommt, so bieten sich als Wegweiser zweierlei Unterscheidungen an: die nach Personal- und Sachaufwand einerseits, die nach den Kosten für die Betriebsverwaltung und für die allgemeine Verwaltung andererseits. Eine Unterscheidung in letzterer Hinsicht, so erwünscht sie wäre, läßt sich kaum durchführen. Zu den Verwaltungsaufgaben gehören: die büromäßige Betriebsleitung an Land, die Kassenverwaltung einschließlich der Abwicklung der

[30] W. E. B. Nr. 5, 1925, S. 55.
[31] Akten der H. K. Lübeck.

Stundungskonten, Betriebs- und Verkehrsstatistik, Schlepptarif- und Havariebearbeitung, Lohntarif- und Arbeitsstreitigkeiten, Sozialversicherung mit Unfallangelegenheiten, technisches Versuchswesen, die mit der Unterhaltung der Schlepper verbundenen Büroarbeiten, Mitwirkung bei Ausschreibung und Überwachung von Neubauten, Auswertung der Altgeräte und schließlich Personalangelegenheiten[32]. Wie soll man all diese Tätigkeiten aufspalten in solche des Betriebes und solche der allgemeinen Verwaltung, abgesehen davon, daß es an ausreichendem Zahlennachweis fehlt? Eher möglich ist eine Teilung in die Verwaltungskosten der Ortsinstanz und die der Zentrale, wenn die Aufgabenkreise genau abgegrenzt und die Zuständigkeiten bekannt sind.

Den Hauptanteil an den Verwaltungskosten haben Gehälter und Löhne. Diese wiederum machen etwa ein Fünftel (nach Voranschlag von 1929 22%) des gesamten Personalbedarfs aus. Kommt dieses Verhältnis in der Kopfzahl des Personals nicht ebenso zum Ausdruck, so liegt das daran, daß diesem Konto die Besoldung der höchstqualifizierten Kräfte zur Last fallen; so befinden sich in dieser Gruppe auch fast alle Beamtengehälter. Das in der Verwaltung tätige Personal zählte 1929[33] 72 Köpfe oder 11% des Gesamtbestandes. Innerhalb der Verwaltungsausgaben verteilen sich die Kosten zwischen Sachbedarf und Personalaufwand etwa wie 1 : 5 oder 1 : 6. Auf die Verwaltungsausgaben im ganzen entfallen ungefähr 10 bis 15% der gesamten Aufwendungen. 1929 waren es 11%. Es ist aber zu berücksichtigen, daß Schwankungen dieses Anteils, die sich im Laufe mehrerer Jahre ergeben, zum größten Teil auf Veränderungen der übrigen Ausgaben beruhen, wogegen die Verwaltungskosten — das liegt in der Natur der Sache — in ihrer absoluten Höhe sich ziemlich gleich bleiben, jedenfalls unter den verschiedenen Kostenkategorien die stabilste darstellen. Änderungen treten hauptsächlich nur infolge von Gehaltsneuregelungen ein. Nun ist aber eigentlich zu diesen regelmäßig in Höhe von 650—700 000 Mark in dem Etat ausgewiesenen Verwaltungskosten[34] noch ein Anteil an den „sonstigen Kosten" zu rechnen, die in Höhe von rund 175 000 RM wiederkehren. Unter diesen Titel fallen Ausgaben wie solche

[32] Aufzählung in W. E. B. 42, 1929, S. 375.

[33] ebenda.

[34] Dieser Titel erschöpft mithin die erwähnte Aufzählung der Verwaltungsaufgaben nicht.

auf dem Gebiete der Unfallversicherung oder wahrscheinlich solche des technischen Versuchswesens, die als Aufwendungen für allgemeine Zwecke des Schleppmonopols anzusehen sind. Hierher gehören auch die Kosten des Verfahrens der Zulassung von Selbstfahrern. Die Umsatzsteuer von den Schlepplöhnen, die 1929 nach dem damaligen Steuersatz etwa 50 000 RM betrug, fällt nach dem UStG. v. 16. 10. 1934 ab 1. 1. 1935 weg. Kosten für Versicherung gegen Bruch und Haftpflicht entstehen zwar nicht mehr in Form von Prämien, da das Schleppmonopol seit dem 1. 4. 1929 aus der privaten Versicherung ausgeschieden ist; es müssen jedoch auch unter der Herrschaft des Grundsatzes der Selbstversicherung laufend für die entstehenden Schäden bzw. Ersatzverpflichtungen Beträge bereitgestellt werden, wenn schon gegen früher eine Ersparnis eingetreten sein mag. Die Havariekosten betrugen 1929 30 000 Mark. Welcher Anteil nun von den „sonstigen Kosten" auf diese fortlaufend entstehende Ausgabe entfällt, ist nach dem vorliegenden Zahlenmaterial völlig unsicher, doch wird eine Schätzung von etwa 150 000 Mark nicht allzusehr fehlgehen. Rechnet man diesen Betrag zu den bisherigen sogenannten Verwaltungskosten, so erhöht sich der oben genannte Anteil für 1929 auf 13 % der Gesamtausgaben.

An dieser Stelle seien, obwohl den Rahmen der Verwaltungsaufwendungen überschreitend, einige Bemerkungen eingefügt über die Personalpolitik des Schleppmonopols. Unverkennbar ist das Streben, zur Erhöhung der Beweglichkeit die Anstellung im Beamtenverhältnis möglichst zu vermeiden. Für die vorwiegend in der Verwaltung beschäftigten planmäßigen Beamten sah der Voranschlag für 1927 293 000 Mark, für nichtplanmäßige 17 000 Mk vor; das waren vom Gesamtpersonalbestand nur 14 %.

Als Anteil der Personalaufwendungen an den Gesamtkosten wird man etwa 45 % annehmen dürfen, (Voranschläge 1927 und 1928 50 %, 1929 47 %, Ist-Ergebnis 1927 42 %), wobei dieser Satz naturgemäß von der schwankenden Größe des Erweiterungsaufwandes beeinflußt ist. Die Bezüge betrugen einschließlich der Zulagen und Sozialbeiträge:

	1927 Voranschlag		1927 Ist-Ergebnis		1929 Voranschlag	
	in 1000 ℳ	%	in 1000 ℳ	%	in 1000 ℳ	%
Beamte	300	14	300	12	350	13
tarifliche Angestellte	200	9	200	8	200	8
Arbeiter	1700	77	1950	80	2050	79
Zusammen . . .	2200	100	2450	100	2600	100

1930 machte der Personalbedarf 2,29 Mio RM = 50 % der Gesamtausgaben aus. Die Wochenlöhne betrugen am 1. 7. 1927:

	Schleppamt Hannover RM	Schleppamt Duisburg RM
Dampfschiffs- u. Motorschleppschiffsführer	48,—	52,20
Maschinisten	48,—	52,20
Motorbootsführer u. Kahnschiffsführer	45,—	48,60
Heizer	37,50	40,80
Bootsleute	33,—	35,40

Zum Vergleich sei erwähnt, daß der allgemeine Lohntarif für die Reichswasserstraßenverwaltung zum gleichen Zeitpunkt in Gruppe 1 folgende Wochenlöhne vorsah: in Hannover 40,80 RM, in Münster 39,40 RM.

Zu den Betriebskosten zählen neben den Löhnen für das im Betriebe, genauer gesagt auf den Fahrzeugen, beschäftigte Personal zwei Hauptposten, die Betriebsstoffe und die Kosten für die Anmietung von Aushilfsschleppern. Soweit also der Verkehr mit eigenen Betriebsmitteln bewältigt wird, kommen nur Löhne für das Schiffspersonal einerseits und Kosten für Kohle, Gasöl, Schmieröl, Petroleum, Putzstoffe, Seife, Soda, Farben, Firnis, Taue usw. andererseits in Betracht. Die Anmietung von Privatdampfern fand vor Einsetzen des Verkehrsrückganges in größerem Umfange statt; auf Anmietungskosten entfielen im Durchschnitt dieser Jahre annähernd 15 % der Betriebskosten, auf Löhne dagegen 55 %, auf Betriebsstoffe 30 %. Nach den Ist-Ergebnissen für 1927, 1929 und 1930 betrugen zu Lasten des Betriebes (in 1000 RM) die Kosten für

	1927	1929	1930[35]
Löhne rund	1800	1900	1800
Betriebsstoffe	1000	900	1000
Mietschlepper	400	550	80[36]
zusammen	3200	3350	2880
= % der Gesamtausgaben	54	52	53

Im Fahrdienst waren durchschnittlich etwa 550 Beamte und Arbeiter beschäftigt, das sind 85 % des Gesamtpersonals. Jeder Motorschlepper pflegt eine dreiköpfige Besatzung zu haben, Dampfer haben vier Mann Besatzung.

Augenscheinlich hängt die Ausgabengestaltung und damit die Rentabilität des Schleppmonopols in hohem Grade

[35] „mutmaßliches Ergebnis" (Reichshaushaltsplan 1932/33).
[36] geschätzt.

von den Betriebskosten ab. Zugleich steht die Höhe der letzteren weitgehend unter dem Einfluß des Verkehrsumfanges, eine Eigenschaft, die sie vor allen anderen Ausgabeposten auszeichnet. Wir werden daher die Betriebskosten näher analysieren, wenn wir die Betriebsergebnisse zu den Verkehrsleistungen in Beziehung setzen.

Die Einnahmen des Schleppbetriebes sind in erster Linie die Schlepplöhne. Dagegen treten andere Einnahmen wie Abgaben der Selbstfahrer an das Schleppmonopol, Erträge aus gelegentlicher Schleppervermietung, Mietseinkünfte und Einnahmen aus Verkäufen von Altstoffen und Altgeräten, ganz zurück[37]. Sie machen zusammen nur etwa 2% der Gesamteinnahmen aus. Diese haben sich in den letzten Jahren wie folgt entwickelt:

Rechnungsjahr	insgesamt 1000 Mark	davon Schlepplöhne in 1000 Mark
1926/27	6 439	6 647[38]
1927/28	5 916	5 750
1928/29	5 268	5 150
1929/30	6 556	6 407
1930/31	5 548	5 472

Der Schlepplohntarif unterscheidet zwischen Tragfähigkeits- und Ladungsabgabe. Jene wird von jedem geschleppten Fahrzeug für jede Tonne Tragfähigkeit und jedes km erhoben, diese für jede Gewichtstonne Ladung und jedes km Schleppleistung. Leerkähne haben also nur die erstere Abgabe zu zahlen. An Tragfähigkeitsabgaben kamen im Rechnungsjahr 1929 4,712 Mio. Mark oder 73,5% der gesamten Einnahmen auf, an Ladungsabgaben 1,694 Mio. Mark. Die an die Ladung anknüpfende Gebühr hat also nur Zuschlagscharakter; das finanzielle Rückgrat des Tarifs bildet die Tragfähigkeitsabgabe. Der Ladungszuschlag ist — entsprechend den Abgabentarifen für die Reichswasserstraßen und in Anlehnung an das Vorbild des Eisenbahngütertarifs — in sechs Güterklassen gestaffelt. Die niedrigste Klasse, in der sich Kohle und Erze befinden, erbrachte 55,6% (941 000

[37] W. E. B., Nr. 42, 1929, S. 375.

[38] Hier läßt sich die Ist-Zahl aus dem Reichshaushaltsplan nicht mit der in den uns vorliegenden Unterlagen enthaltenen in Einklang bringen. Wir möchten annehmen, daß die Angabe der Schlepplohneinnahme jedenfalls richtig ist.

Mark) der Ladungseinnahme, während sie an den tatsächlich geschleppten Ladungs-tkm mit 79,6 % beteiligt war. Umgekehrt verhält es sich mit den hochwertigen Gütern der Klasse I, die 8,3 % der Einnahmen brachten, obwohl sie tonnenkilometrisch nur 3,5 % der Leistungen beanspruchten.

Der Tarif hebt ferner hervor den Verkehr auf dem Rhein-Herne- (bzw. Wesel-Datteln-) Kanal, sofern es sich nicht um Durchgangsverkehr handelt, der über Bergeshövede hinaus geht (Tarif 1a). Dieser sog. westliche Verkehr ist im Gegensatz zu allem übrigen Verkehr mit doppelten Sätzen belastet. Er erbringt 3.531 Mio. Mark = 55,1 % der Gesamteinnahmen, die Tragfähigkeitseinnahme 57,5 % der Tragfähigkeitseinnahmen überhaupt, wogegen der Anteil an den Tragfähigkeits-tkm überhaupt nur 40,5 % ausmacht. Die westlichen Ladungseinnahmen machen 48,5 % der Ladungseinnahme überhaupt aus, wogegen der Anteil an den Ladungs-tkm überhaupt nur 34,6 % beträgt.

Solche Verhältniszahlen geben wichtige Anhaltspunkte für die Erkenntnis, aus welchen Quellen die Schlepplohneinnahmen fließen. Für das auf Wirtschaftlichkeit des Schleppbetriebes gerichtete Bestreben ist es selbstverständlich nicht gleichgültig, ob die Einnahmen auf Grund einheitlicher Preisbemessung für eine einheitliche Leistung oder auf Grund differenzierender Behandlung der Verkehrstreibenden erzielt werden. Unter der Herrschaft des letzteren Grundsatzes ergibt sich, daß der Verkehr des Rhein-Herne-Kanals, dessen Länge knapp ein Zehntel sämtlicher Monopolstrecken umfaßt, nahezu die Hälfte aller Einnahmen des Schleppmonopols aufbringt. Schon verkehrsmäßig nimmt der Rhein-Herne-Kanal ja eine überragende Stellung ein, für die Finanzen des Schleppmonopols steigt sie aber noch erheblich.

Um das Fazit unserer bisherigen Darlegungen zu ziehen, müssen wir versuchen, eine Vorstellung von der Realverzinsung des im Schleppmonopolbetrieb investierten Kapitals zu gewinnen. Bis zum abgelaufenen Rechnungsjahr 1930/31 hat die Verwaltung für die Aufwertung der Abfindung für Überlassung des Schleppbetriebes an das Reich etwa 600 000 Mark bezahlt, ohne daß über die Endgültigkeit dieser Zahlungen entschieden ist. Lassen wir diesen Posten auf der Passivseite außer acht und stellen wir die Ausgaben einschließlich laufender Unterhaltungskosten und Abschreibungen den Einnahmen gegenüber, so ergibt sich (in Mio RM) für:

	Einnahmen	Ausgaben	Überschuß	Anlagekapital	Verzinsung
1929/30	6,5	5,7	0,8	10,0	8%
1930/31	5,5	5,3	0,2	11,0	2%

Es ist hierbei zu berücksichtigen, daß möglichst alle Ausgaben für Substanzverbesserung und Erweiterung ausgeschieden und dem Überschuß zugerechnet worden sind, da ja zur Errechnung der Verzinsung die Art der Verwendung des Überschusses grundsätzlich ohne Belang ist, es also gleichgültig ist, ob der Überschuß — was meistens der Fall war — investiert wurde oder zur Speisung von Reservefonds diente. Unter Abschreibung wird nur die Ersatzbeschaffung für die durch gewöhnliche Abnutzung entstehende Wertverminderung verstanden.

Eine solche Schätzung leidet unter zweifacher Unsicherheit: 1. hinsichtlich der Höhe des Anlagekapitals, 2. hinsichtlich der Ausgaben. Wenn man geneigt ist anzunehmen, daß der Kapitalwert zu hoch und die Ausgaben zu niedrig gegriffen sind, so wird man doch berücksichtigen müssen, daß sich auch aus der einzigen veröffentlichten Gewinn- und Verlustrechnung eine recht hohe Verzinsung des Anlagekapitals errechnen läßt. Sie weist zum 31. 3. 1931 aus:

Soll	In 1000 RM (abgerundet)		Haben	
1. Verwaltung, Unterhaltung und Betrieb			1. Schlepplöhne	5 472
a) Verwaltung	386		2. Mieten für die Dienstwohnungen u. sonstige Einnahmen	75
b) Pensionslast	73			
c) Unterhaltung	691			
d) Betrieb	3 213	4 365		
2. Allg. Unkosten, (Steuern, Versuche zur Verbesserung des Schleppbetriebes usw.)		100		
3. Zinsen		456		
4. Abschreibungen		428		
5. Zuweisung an die Abschreibungs- u. Erneuerungsrücklage		87		
6. Vortrag für 1931		108		
zusammen		5 547	zusammen	5 547

Zählt man lediglich die Zinsen und den Vortrag für 1931 zusammen[39], so ergibt sich für das auf 8,5 Mio RM abgeschriebene Kapital eine Rente von 6,6%.

Wir haben versucht, ein äußeres Bild von der betriebswirtschaftlichen Eigenart des staatlichen Schleppbetriebes zu zeichnen. Es gilt nunmehr, zu den Bedingungen vorzudringen, unter denen es steht, um unterscheiden zu können, was in diesem Fall „Milieu" und was „Charakter", was eigene Substanz des Monopols und was Stärke oder Schwäche der verschiedenen Faktoren ist, mit denen es der Betrieb zu tun hat. Man kann sich nicht dabei beruhigen, lediglich das Ergebnis der Wirtschaftsführung festzustellen, sondern muß an dieses Ergebnis eine doppelte Frage richten: Inwieweit ist es der eigenen Anstrengung dieser Unternehmung, inwieweit dem Nachgeben der zu überwindenden Widerstände zu verdanken? Und inwiefern hängen eigene Leistung und Gunst oder Ungunst der Umstände mit dem besonderen Charakter des Monopols zusammen?

b) Die Bedingungen der Wirtschaftlichkeit.

Die Abhängigkeit vom Verkehr: Wir wenden uns nunmehr der Besprechung derjenigen Tatsachen zu, die teils jenseits der Schleppbetriebsorganisation sozusagen die Ebene bestimmen, auf der das Monopol arbeitet, teils mit der Organisationsform des Schleppmonopols gegeben sind und das Wirtschaftsgebaren auf diesem Wege beeinflussen, mit anderen Worten: Wir fragen nicht mehr nur nach der betriebswirtschaftlichen Rentabilität, die einmalig und zufällig sein kann, sondern nach der nachhaltigen volkswirtschaftlichen Produktivität. Denn: So wenig die Höhe der Ausgaben an sich das betriebswirtschaftlich günstige Ergebnis des Schleppmonopols zu beeinträchtigen vermag, so wenig können wir uns bei dessen Feststellung beruhigen, müssen vielmehr die Frage nach „absoluten" Maßstäben erheben, um die Höhe der Ausgaben selbst beurteilen und messen zu können. Es wäre ja denkbar, daß das Monopol auf einer

[39] In den Zinsen sind, wie der Haushaltsplan 1932/33 bemerkt, 124 000 RM zur Abführung an das Reich enthalten. Abweichend von der Bilanz nennt der Haushaltsplan als Überschuß — auf 1931 übertragen— einen Betrag von 197 000 RM!

sehr hohen Kostenbasis einen ständigen Gewinn erzielt, eben kraft seiner Monopolstellung. Um die Kostenbasis als hoch erkennen zu können, bedarf es des Vergleichens. Maßstab für unmittelbare Vergleiche könnten nur Schleppbetriebe sein, die unter völlig gleicher Voraussetzung arbeiten. Daran fehlt es freilich. In Deutschland käme für einen Vergleich nur in Betracht: der Betrieb auf dem Elbe-Trave-Kanal, der vor allem mit ganz andersartigen Verkehrs- und Betriebsverhältnissen zu rechnen hat, derjenige auf dem Teltow-Kanal, der ein anderes technisches Schleppsystem anwendet, und schließlich der Privatschleppbetrieb auf dem Dortmund-Ems-Kanal. Besteht dort Gemeinsamkeit des Monopolcharakters, so fehlt dieser gerade hier, wo die technischen und betrieblichen Bedingungen einander sehr ähneln, zumal beide Betriebe streckenweise auf ein und demselben Kanal tätig sind. Unter solchem Vorbehalt mag nachstehend eine Art Etatskritik des Schleppmonopols versucht werden.

Unsere bisherigen Ausführungen lassen erkennen:

1. die Verwaltungskosten im weitesten Sinne erfordern einen auf die Dauer annähernd unveränderlichen Betrag.
2. Die Kosten für Substanzerhaltung bewegen sich proportional der Größe des Anlagekapitals, insofern es nicht unter dem Druck wirtschaftlicher Umwälzungen, unvorhergesehener Verkehrseinschrumpfung oder technischen Fortschrittes notwendig werden sollte, verstärkte Abschreibungen vorzunehmen.
3. Die laufenden Unterhaltungskosten erfordern ebenfalls einen jährlich ungefähr gleichbleibenden Betrag. Immerhin kann der Altersaufbau des Schlepperparks Abweichungen hervorrufen, indem ältere Schlepper mehr Unterhaltungsaufwand erfordern als neuere; in einem längeren Zeitraum kann sich jedoch bei stetiger Erneuerungspolitik ein Ausgleich einstellen.
4. Der einzige in größerem Umfange wirklich elastische Ausgabeposten sind die Betriebskosten, wobei wiederum zwischen dem noch ziemlich starren Personalaufwand einerseits und den Kosten für Betriebsstoffe und Mietschlepper andererseits unterschieden werden muß. Die beiden letzteren hauptsächlich sind zur teilweisen Kompensierung von Einnahmeausfällen infolge Verkehrsrückganges einschränkungsfähig.

5. Die Einnahmen bewegen sich im großen und ganzen direkt proportional dem Verkehr. Der Tarifaufbau, der hauptsächlich die geschleppte Tragfähigkeit belastet, lockert diesen Zusammenhang höchstens insofern, als er die Schleppeinnahmen von Änderungen in der Ausnutzung des Kahnraumes durch Ladungsgut bis zu einem gewissen Grade unabhängig macht. Änderungen in der Zusammensetzung der Verkehrsgüter brauchen hier nicht berücksichtigt zu werden.

Dem Zusammenhang zwischen Kosten und Verkehrsumfang[40] gilt zunächst unsere Aufmerksamkeit. Zur Beziehung der Kosten auf den Verkehr bedient man sich, wie früher erwähnt, des Schlepptonnenkilometers als Rechnungseinheit. Damit das Schlepp-tkm wirklich eine Einheit auch für die Kostenberechnung darstelle, müßte die kilometrische Länge selbst einheitlich sein, d. h. der Kanal müßte überall gleiches Profil aufweisen, die Schleusen müßten sich auf die ganze Strecke gleichmäßig verteilen. Dies ist nicht der Fall. Der Anteil der Leerfahrten entzieht sich unserer Kenntnis völlig. Die Unterschiede in der Auslastung der Züge werden durch die Kombination von Ladungs- und Tragfähigkeits-tkm nur schematisch berücksichtigt.

Es wäre also zu prüfen, welche Bedeutung es hätte, wenn die Kurve der Lastleistungen (etwa der PS-Fahrstunden) abweichend von der der Nutzleistungen (tkm) verliefe. Für die Frage der Wirkungen von Verkehrsschwankungen auf die Wirtschaftlichkeit des Schleppbetriebes wird man vielleicht, ohne sich eines schlimmeren Fehlers als einer Ungenauigkeit schuldig zu machen, annehmen dürfen, daß der in Rede stehende Einfluß sich auf Nutz- wie Lastleistungen wie auf Leerfahrten gleichmäßig fortpflanzt. Die wesentlichste Ungenauigkeit bestände dann darin, daß in verkehrsarmen Zeiten in Wirklichkeit eine größere Anzahl von km und tkm für Leerfahrten und schlecht ausgenutzte Schleppzüge dem Betriebskonto zur Last fiele. Wenn wir uns trotz aller Bedenken von der Nutzleistungseinheit nicht freimachen, so ist zu beachten, daß der dabei sich ergebende Kostensatz, auf die Lastleistungseinheit umgerechnet, je nach dem Umfang der Leerleistungen sich ermäßigen würde.

[40] Die Ursachen der Verkehrsänderungen interessieren hier noch nicht: ob Konjunktur oder Saison oder Naturereignisse.

Im Haushaltsjahr 1929/30 leistete das Monopol 1,827 Mia. Schlepp-tkm. Nimmt man als Höchstsumme der Ausgaben (einschließlich Schlepperersatz ohne Ausscheidung der Substanzverbesserung) 5,750 Mio. Mark an, so ergibt sich ein Satz von 0,315 Pfennig je Schlepp-tkm, bei 4,85 Mio. RM Ausgaben (also unter Ausschluß auch der Kosten für Ersatz) 0,265 Pfennig[41], bei 3,250 Mio. RM reinen Betriebskosten 0,178 Pfennig. Wir möchten den Ausgangswert von 4,85 Mio. RM als geeignetste Grundlage ansprechen. Für das Rechnungsjahr 1927/28 mit dem schwächeren Verkehr von 1701 Mio. Schlepp-tkm ergibt sich ein Kostensatz von 0,280 Pfennig/tkm, wenn man eine Ist-Ausgabe in Höhe von 4,755 Mio. Mark zugrunde legt. Diese Summe entspräche in etwa derjenigen für 1929 von 4,85 Mio. RM. Wahrscheinlich umfaßt sie mehr Ausgabeposten als diese.

Eine Verkehrssteigerung von 7,5 % hat also die Einheitskosten um 5,4 % gesenkt. Wahrscheinlich ist die Senkung infolge des eben angegebenen Umstandes geringer gewesen. Wir können annehmen, daß diese Veränderlichkeit die größtmögliche darstellt. Ihre untere Grenze finden wir, wenn wir annehmen, daß nur die Kosten für Betriebsstoffe sich mit den Schwankungen des Verkehrs, und zwar direkt proportional ändern. Wahrscheinlich werden sich auch andere Kostenbestandteile unter dem Einfluß der Verkehrsschwankungen ändern, namentlich die Löhne (einschl. der Überstundenvergütungen) für das Betriebspersonal und die Unterhaltungskosten. Da von hier aus aber nur geringfügige Korrekturen zu erwarten sind, darf man zunächst die Verallgemeinerung wagen, daß nur bei den Betriebsstoffen eine proportionale Veränderlichkeit vorliegt, wenn auch streng genommen dieses günstige Verhältnis nur bei Motorschleppern gegeben ist, und bei Dampfern erhöhte Bereitschaftskosten sich auch im erhöhten Verbrauch von Betriebsstoffen äußern. So werden ja Kohlen nicht nur zum Schleppen, sondern auch für Leerfahrten, Eisbrechen, Liegezeiten, Anheizen, Kochen, Raumheizung usw. verbraucht. Schwächt der letztere Umstand also die Reagibilität der Betriebsstoffkosten auf Verkehrsschwankungen ab, so wird diese Abschwächung

[41] Für den Ems-Weser-Kanal steht eine Zahl von 0,238 Pfennig je Schlepp-tkm, die von gleichartigen Ausgaben auszugehen scheint, zur Verfügung. Auf reine Betriebskosten entfallen nach der gleichen Quelle 0,155 Pfennig. Für die geringe Höhe dieser Zahlen spricht die betriebliche Gunst der betreffenden langen schleusenlosen Kanalstrecken.

aber überkompensiert durch die ersterwähnten Einflüsse auf Löhne und Unterhaltungskosten. Man wird also die Grenze der Elastizität ungefähr richtig ziehen, wenn man alle Kostenarten als starr behandelt und nur die Betriebsstoffausgaben im Verhältnis des Verkehrsumfanges variiert. Geht man von dem 1929[42] gegebenen Verhältnis aus, nämlich

1827 Mio. tkm — 4,85 Mio. RM Kosten oder 0,265 Pfg./tkm.
so ergibt sich bei

1200 Mio. tkm	— 4,54	„	„	„	„	0,378	„	„
2000 „ „	— 4,94	„	„	„	„	0,247	„	„
2200 „ „	— 5,03	„	„	„	„	0,229	„	„

Eine 66,7 %ige Verkehrssteigerung bedeutet demnach eine 34,6 %ige Senkung der Einheitskosten und eine weitere Verkehrssteigerung von 10 % eine weitere Kostensenkung um 7,3 %. Diese theoretischen Beispiele können aber nur dann gelten, wenn sie innerhalb einer Intensitätsstufe (Sax) bleiben, d. h. wenn die Bewältigung des zusätzlichen Verkehrs ohne Vermehrung der Betriebsmittel möglich ist. Nun liegen Unterschiede von 800 Mio. tkm unter dieser Voraussetzung wohl außerhalb des Bereiches praktischer Möglichkeit. Eine Vorstellung von dem Abstand der „Nutzenschwellen" innerhalb derer mit wachsenden Leistungen die Kosten pro Einheit sinken, bekommt man, wenn man sich vergegenwärtigt, daß z. B. von 1929/30 auf 1930/31 der Schlepperpark verbessert und erweitert worden ist, während gleichzeitig die Schleppleistungen von 1827 auf 1493 Mio. tkm zurückgingen. Von dem niedrigen Stand von 1930 aus gerechnet kann mithin mindestens eine Vermehrung der Leistungen um etwa 400 Mio. tkm mit absinkenden Einheitskosten erfolgen, ohne daß Einstellung neuer Schlepper notwendig wäre.

Wie weit sich der Spielraum der Elastizität der Kosten unter dem Einfluß des Verkehrsumfanges erweitern läßt, hängt wie gesagt noch davon ab, um wieviel die Elastizität der Personal- und Unterhaltungskosten[43] die „Starrheit" des

[42] Im Rahmen der tonnenkilometrischen Berechnungen sind stets Rechnungsjahre gemeint. Die früher angegebenen Verkehrszahlen bezogen sich dagegen auf Kalenderjahre.

[43] Der Verkehrsumfang beeinflußt natürlich auch den Umfang der Verwaltungsarbeiten in Zentrale und Schleppamt sowie Hebestellen, was sich aber in der Regel kostenmäßig nicht weiter auswirken wird, abgesehen von geringen Materialersparnissen bzw. -mehraufwendungen.

Betriebsstoffverbrauchs übertrifft. Ins Gewicht fällt nur eine etwaige Einschränkung des Personalaufwandes bei Verringerung des Verkehrs und umgekehrt. Man kann von vornherein vermuten, daß eine Anpassung an eine Verkehrsvermehrung durch Neueinstellungen[44] leichter, d. h. schneller vonstatten geht, als im umgekehrten Falle der Verkehrseinschrumpfung. Mitte 1931, also im Zeichen stärksten Verkehrsrückganges, zählt das im Fahrdienst beschäftigte Personal rund 540, was gegen 1929, das Jahr des für das Schleppmonopol größten Verkehrs eine Verringerung um vielleicht 30 bis 40 Köpfe bedeutet, also aufs Jahr umgerechnet eine Ersparnis bis zu 100 000 RM. Berücksichtigt man gebührend die Schwerfälligkeit, mit der sich dieser Anpassungsprozeß notwendigerweise vollzieht, so stellt er immerhin eine beachtliche Verstärkung jener Tendenz zur Elastizität dar.

Es ist aber noch die Rolle der Anmietung von Privatschleppern hervorzuheben, die das Gesagte in der einen oder anderen Weise korrigieren wird. Die Verwaltung bedient sich der Aushilfsdampfer planmäßig zur Bewältigung des Spitzenverkehrs in bestimmten Verkehrsbeziehungen, weil sie diese Form für wirtschaftlicher hält als die Verwendung eigener Schlepper, die sie für diese Zwecke erst anschaffen müßte. Der Vorteil der Mietschlepper besteht darin, daß diese das Monopol nur in dem Maße belasten, in dem sie Nutzleistungen produzieren. Mietschlepperfahrten kommen fast ausschließlich im Bezirk des Schleppamts Duisburg, also zwischen dem Rhein und Münster, in Betracht. Am wichtigsten sind sie im Verkehr mit der Rheinreede, wo besonders starke Schwankungen auftreten[45]. Nun liegt es nahe anzunehmen, daß in Zeiten geringen Verkehrs die Verwaltung — da ihre eigenen Schlepper dann zum Teil keine Beschäftigung haben — die Anmietung von fremden Schleppern einschränkt oder gar aufgibt. Hierzu ist festzustellen, daß zwar in einigen Verkehrsbeziehungen der Bedarf nach Schleppkraft sich häufen und zeitlich zusammendrängen kann — in welchem Falle ja gerade Mietschlepper herangezogen werden — daß damit aber keineswegs auch die allgemeine Verkehrsentwicklung parallel zu gehen braucht. Zudem sind

[44]) Wird der gewachsene Verkehr mit den vorhandenen Booten ohne Neueinstellungen bewältigt, so können die Lohnkosten infolge Überstundenvergütungen steigen.

[45] W. E. B. Nr. 7, 1930, S. 56.

die plötzlichen Anforderungen der genannten Art oft nicht voraussehbar. Die Charterung der fremden Schlepper erfolgte früher z. T. langfristig. Im Laufe des Jahres 1930 wurden die Dauermietschlepper völlig durch eigene ersetzt, da einige neue eigene Schlepper in Betrieb genommen wurden und der Verkehr zurückgegangen war[46]. 1932, als der Verkehr sich auf 14 Mio. t gegen 18 Mio. t 1927 verringert hatte, wurden überhaupt keine Mietschlepper mehr beschäftigt.

Die verfügbaren Zahlen über Schlepperanmietung lassen keinen Zusammenhang mit der Entwicklung der Verkehrsleistungen erkennen:

Rechnungsjahr	Ausgaben f. Mietschlepper in 1000 RM	geleistete Schleppt-km insgesamt in Mio RM
1925/26	264	1 287
1926/27	567	1 728
1927/28	402	1 701
1928/29	817	1 458
1929/30	566	1 827

Es ist hierbei zu berücksichtigen, daß die hohen Ausgaben 1928/29 sich aus einem längeren Streik des Schleppmonopolpersonals im Jahre 1928 erklären, während dessen Dauer Mietschlepper den gesamten Verkehr bewältigen mußten. Im allgemeinen geht das Bestreben der Verwaltung dahin, die Verwendung von Mietschleppern auf wenige Verkehrsbeziehungen zu beschränken. Stehen diese Dampfer doch nicht unbegrenzt zur Verfügung! Gerade in Zeiten des Verkehrsrückganges ist ihr Angebot am größten.

Die Anpassungsfähigkeit der Betriebskosten, praktisch der Betriebsstoffkosten, legt nach überschläglicher Prüfung nahe anzunehmen, daß eine Einschränkung der laufenden Ausgaben (ohne Erweiterungen) um etwa 10 % noch im Bereich der Möglichkeit liegt. Ein Verkehrsrückgang mit parallel gehendem Einnahmerückgang, gegen den die Einsparungsmöglichkeit an Betriebsstoff nicht genügend ins Gewicht fällt, ist aber durchaus nichts Seltenes. Hier zeigt sich die jedem Verkehrsmittel innewohnende Eigentümlichkeit, daß die Kosten ganz überwiegend eine starre unbewegliche Masse darstellen, die einem Verkehrsrückgang ebenso wehrlos preisgegeben ist, wie sie aus einem Verkehrsaufschwung mühelosen zusätzlichen Ge-

[46] W. E. B. Nr. 56, 1930, S. 56.

winn erzielt und dies um so mehr, je größer das investierte Kapital ist. Jede weitere Anschaffung eines Schleppers beraubt das Schleppmonopol eines entsprechenden Stückes jener Elastizität gegen Verkehrsschwankungen. Je kapitalintensiver der Betrieb ist, je größer aber auch die Verwaltungskosten sind, auf desto mehr Schlepp-tkm, d.h. Einnahmen, müssen jene überragenden festen Kosten umgelegt werden, um beide zur Deckung zu bringen.

Immerhin ist das Schleppmonopol ein verhältnismäßig arbeitsintensiver Betrieb; entfallen doch rund 50% der Gesamtausgaben auf Gehälter und Löhne. Man könnte meinen, daß die Anpassungsfähigkeit an beträchtliche Verkehrsrückgänge, die die Stillegung von Schleppern und die Entlassung des Fahrpersonals rein wirtschaftlich (soziale Rücksichten einmal außer acht gelassen) ermöglichen, entsprechend höher sei. Es ist jedoch zu bedenken, daß — abgesehen von dem Einfluß der Ausgaben für Mietschlepper — jener Anteil auf einer absoluten Überhöhung des Personalaufwands beruht. Man rechnet allgemein mit einem niedrigeren Arbeitskostenanteil. So gibt Geile[47] für die Rheinschleppschiffahrt (Dampfbetrieb!) „für Lohn- und Reisekosten" 26% der Gesamtkosten an; auch wenn man die Instandhaltungskosten in voller Höhe hinzuzählt (14%), so bleibt der Anteil doch noch beträchtlich hinter dem des Monopols zurück. Teubert[48] rechnet 29% für Löhne und Gehälter bei Motorschleppern in der Rheinschiffahrt.

Umgerechnet auf das Schlepp-tkm ergeben sich die nachstehenden Einnahmebeträge, denen wir die Ausgaben im weitesten Sinne je Schlepp-tkm gegenüberstellen[49].

Rechnungsjahr	Einnahmen Pfg.	Ausgaben Pfg.
1926/27	0,385	0,344
1927/28	0,338	0,346
1928/29	0,353	0,352
1929/30	0,351	0,354
1930/31	0,368	0,372

[47] Zeitschr. f. handelswiss. Forschg. 1928, S. 542.

[48] S. 852.

[49] Die Unterschiede in den Einnahmen von Jahr zu Jahr erklären sich vor allem aus Änderungen der Ausnutzung der Kahntragfähigkeit und in geringerem Grade aus dem Wandel in der Zusammensetzung der verschieden tarifierten beförderten Güter; schließlich sind noch Tarifänderungen von Einfluß, so vornehmlich die 10proz. Erhöhung Ende 1928.

Die Abhängigkeit von natürlich-technischen Gegebenheiten der Kanalschiffahrt: Auf dem Wege zum Ziele sparsamster Wirtschaftsführung bemüht sich die Schleppbetriebsleitung namentlich um größtmögliche Steigerung des Wirkungsgrades der Schleppkraft. Hierbei befindet sie sich in stetem Ringen mit zwei Hemmnissen: denjenigen der baulichen Verhältnisse des Kanals und denjenigen der Kahnform. Fahrwasser sowie Form der zu schleppenden Schiffe wirken durch ihren Einfluß auf den Nutzeffekt der Schleppleistung, damit aber unmittelbar auf den Kohlenverbrauch der Dampfer; sie nötigen dadurch wiederum zur Innehaltung einer optimalen Fahrgeschwindigkeit, von der schließlich die Umlaufszeit und die Ausnutzung der Schlepper abhängen. Welche Unterschiede im Kohlenverbrauch durch Unterschiede in Kanalprofil und Kahnform begründet sein können, hat ein Vergleich des Elbe-Trave-Kanals mit dem Ems-Weser-Kanal gezeigt, wo der Kohlenverbrauch je Schlepp-tkm in dem Vergleichsjahr nur 21,6 kg je Schlepp-tkm gegen 40 kg bei den lübischen Schleppern betragen hat[50]. Wenn auch die Beschaffenheit der Dampfer selbst sich hierin auswirkt, so sind doch jedenfalls die für Elbkähne unzulänglichen Abmessungen des Elbe-Trave-Kanals, seine Krümmungen und die ungünstige Bauart der Kähne von Einfluß.

Das Gebiet des Schleppmonopols umfaßt sehr verschiedenartige Kanalteile. Für den Ems-Weser-Kanal hat vor mehreren Jahren Regierungs- und Baurat Dr.-Ing. Petzel[51] eingehende Versuche und Berechnungen angestellt. Messungen des Schleppwiderstandes ergaben als erforderliche Schleppkraft je Ladungstonne:

Schiffsart	bei Geschwindigkeit von 4 km kg	bei Geschwindigkeit von 5 km kg
Elbkähne	0,96	1,39
Weserkähne	0,90	1,46
Holländerkähne	0,77	1,04
Rheinkähne	0,68	1,01
Kanalkähne	0,66	0,94
im Mittel	0,794	1,168

[50] Akten der Handelskammer Lübeck 1929.

[51] Der Schleppbetrieb auf dem Rhein-Weser-Kanal 1923.

Die geringste Schleppkraft erfordert hiernach das Dortmund-Ems-Kanalschiff. Es ergab sich weiter:

Von 100 geschleppten Kähnen sind:[51a]	für 100 geschleppte Kähne beträgt die für eine Ladungs-t erforderliche Schleppkraft bei 4 km in kg	bei 5 km in kg
55 Elbkähne	52,80	76,45
20 Weserkähne	18,00	29,20
8 Holländerkahne . .	6,16	8,32
15 Rheinkähne	10,20	15,15
2 Kanalkähne	1,32	1,88
für 100 Kähne	88,48	131,00
im Mittel je Ladungs-t.	0,88	1,31

Um die Geschwindigkeit von 4 auf 5 km zu erhöhen, müsse die je Ladungstonne aufzuwendende mittlere Zugkraft mithin um 49 % erhöht werden. Die Abkürzung der Umlaufszeit der Schlepper betrage zwar im günstigsten Fall 18 %, die Erhöhung der Geschwindigkeit auf 5 km erfordere aber infolge Verringerung der Leistung des einzelnen Schleppers insgesamt eine Vermehrung der Schleppkraft um 22 %. Eine Erhöhung der Schleppgeschwindigkeit werde mithin die Wirtschaftlichkeit des Betriebes beeinträchtigen[52]. Die seit 1926 eingeführte durchschnittliche Fahrgeschwindigkeit von 4,5 km stellte, denn auch nach Ansicht der Verwaltung eine Maßnahme dar, die um einer allgemein erwünschten Verkehrsbeschleunigung willen getroffen wurde; das Streben nach größtmöglichster Steigerung der Geschwindigkeit hat sich seitdem noch stärker durchgesetzt.

Bemerkenswert sind ferner Petzels Untersuchungen über die Einwirkung verschiedener Wasserspiegelsenkungen bzw. -hebungen auf die Schleppkosten. Die Ergebnisse sind aus der folgenden Tabelle zu ersehen, wobei der Schleppwiderstand bei 1,85 m Kahntiefgang = 100 gesetzt wird:

	Wasserstand bez. auf N. N.	Wasserquerschn. d. Kanals qm	Kahntiefgang m	Schleppwiderstand	mittlerer Kohlenverbr. des Dampfers f. 1000 tkm in kg.
1. 5. – 31. 7. 1919	+ 50,00	71,78	1,85	100	24,0
1 8. – 31. 8. 1921	+ 49,90	68,62	1,85	115	27,3
1. 9. – 31. 10. 1921	+ 49,80	65,50	1,75	115	27,2
1.11. – 31. 12. 1921	+ 49,80	65,50	1,85	136	32,4

[51a] Die Zahlen über die Zusammensetzung der Flotte sind veraltet.
[52] a. a. O. S. 10.

Die Anzahl der Schleusen beeinflußt durch die an ihnen entstehenden Aufenthalte die Umlaufszeiten der Schlepper, also namentlich die festen Kosten. 1928 bei 275 Fahrtagen hat ein Schlepper auf dem Elbe-Trave-Kanal nur 9440 km zurückgelegt gegen 11 150 km auf dem Ems-Weser-Kanal bei nur 260 Fahrtagen. Der Unterschied ist hauptsächlich darin begründet, daß beim Elbe-Trave-Kanal auf 65 km sechs Schleusen von geringen Abmessungen zu durchfahren sind, wogegen die 200 km lange Strecke Münster—Hannover völlig schleusenfrei ist[53]. Dem Ems-Weser-Kanal steht als anderes Extrem im Bereich des Schleppmonopols der Rhein-Herne-Kanal mit seinen sieben Haltungen gegenüber. Da hier zugleich Massenverkehr auftritt, hat sich für die Schlepper der Pendelbetrieb[54] als zweckmäßig erwiesen, wobei die Schleppzüge mit Schleppwagen in die Kammer gezogen werden. Zur Beschleunigung und besseren Ausnutzung von Dampfern und Schleppwagen vermeidet man meist die Mitwirkung des Schleppwagens bei der Ausfahrt, damit dieser um so früher mit dem Verholen des nächstfolgenden Schleppzuges beginnen kann. Die Ausfahrt erfolgt also schon im Anhang des ablösenden Pendeldampfers. Der Pendelbetrieb, der nicht nur erhöhte Schleppbereitschaftskosten, sondern auch erhöhte Organisationskosten[55] erfordert, ist wirtschaftlich nur durchführbar, wo ein bedeutender und regelmäßiger Verkehr zu bedienen ist. Diese Vorbedingungen scheinen — allerdings mehr hinsichtlich der Massenhaftigkeit als der Regelmäßigkeit — im Rhein-Herne-Kanal gegeben. Trotzdem wird man mit höheren Kosten pro Dampferkilometer rechnen müssen als auf den übrigen Kanalstrecken, wo tagelanges Fahren ohne andere Unterbrechung als durch die Nachtruhezeit möglich ist und die Regel bildet. Die Vorteile einer Beschäftigung in der Langstreckenfahrt liegen

[53] Akten der Handelskammer Lübeck 1929.

[54] Der reine Pendelbetrieb ist wieder aufgegeben worden zugunsten folgender Einteilung: Mündung bis Schleuse II, Schleuse II bis IV und IV bis VII.

[55] Streng genommen wären die Kosten für die maschinellen Zugvorrichtungen und Leitwerke, soweit die Schleusen im Interesse des Schleppbetriebes damit ausgerüstet sind, dem Schleppbetrieb anzulasten. Tatsächlich belasten sie aber den allgemeinen Kanalhaushalt, da die Monopolverwaltung die Ansicht vertritt, daß sie nur auf freier Strecke zu schleppen habe. Fahre der Schlepper mit durch die Schleuse, um so besser für den Schiffer.

darin, daß sich die Degression der festen Kosten hier am stärksten auswirken kann.

Abgesehen von Schiffswiderstand, Kanalquerschnitt, Anzahl und Leistungsfähigkeit der Schleusen ist schließlich noch die Art der Führung des Kanals für die Kostengestaltung des Schleppbetriebes von Bedeutung. Scharfe Krümmungen und Engpässe, wie sie der Dortmund-Ems-Kanal aufweist, behindern das Überholen der beladenen Schleppzüge durch schnellfahrende Leerzüge, vermindern auch die Fahrgeschwindigkeit der überholten Schleppzüge, beeinträchtigen also alles in allem den Ausnutzungsgrad der Schlepper; dies um so mehr, je dichter der Verkehr auf einer solchen Wasserstraße von ungenügender Kapazität ist. Noch schwerwiegender ist (wie auf dem Dortmund-Ems-Kanal) die Notwendigkeit, die Anhanggröße mit Rücksicht auf die baulichen Verhältnisse beschränken, also darauf verzichten zu müssen, Schlepperstärke und Anhanggewicht richtig aufeinander abzustimmen. Da neuere Kanalschlepper 2500—3000 kg Zugkraft zu haben pflegen, ein kg Zugkraft aber durchschnittlich eine Tonne Ladung schleppen kann, so müßte der Anhang wirtschaftlicherweise mindestens 2500 t oder, bei einer Kahnraumausnutzung von 90%, 2800 t der Tragfähigkeit groß sein. Die neueren Teile des Mittellandkanals gewähren dem Monopol in dieser Beziehung mehr Spielraum als der Dortmund-Ems-Kanal, bis hier der Ausbau Wandel schafft.

Die Abhängigkeit von der Organisationsform: Die Besonderheit der Organisation des Schleppbetriebes ist für dessen Kostenverursachung und Wirtschaftlichkeit von dreifacher Bedeutung: 1. wegen ihres Monopolcharakters, 2. wegen ihrer Beschränkung auf reine Schleppgeschäfte, 3. wegen ihrer Verbundenheit mit der Kanalverwaltung.

Theoretisch wäre staatliche Schleppschiffahrt auch ohne Ausstattung mit dem ausschließlichen Betriebsrecht denkbar. Wenn wir uns dies vorstellen, erkennen wir sofort, welche Vorteile ein Monopol für die Betriebsergebnisse haben muß. Die Vorteile liegen in erster Linie in der Freiheit der Preisbemessung für die Leistungen, die bei einem lediglich auf höchsten Reinertrag bedachten Unternehmen nur in diesem Ziel ihre Grenze fände. Für den Staat als Unternehmer wäre dies grundsätzlich ebenfalls die obere Grenze. Die untere ist im vorliegenden Falle praktisch die Deckung der Kosten.

Die Kosten selbst aber werden durch die Monopolstellung ebenfalls beeinflußt. Es fallen weg alle Kosten für Werbung, die das der Konkurrenz ausgesetzte Unternehmen aufzuwenden hat. Es ist ferner zu vermuten, daß die Einheitlichkeit der Leitung eine bessere Ausnutzung des Schlepperparkes gestattet als es das Nebeneinander vieler einzelnen Unternehmungen vermöchte; denn jene hat auf Grund der einlaufenden Anmeldungen den großen Vorteil eines gleichzeitigen Überblickes über die Anforderungen, sodaß die Betriebsmittel planmäßig an den Orten dringendsten Bedarfes in der erforderlichen Anzahl zusammengezogen werden können. Zudem erleichtert die Berechenbarkeit und die Größe der Schleppkraftnachfrage (es sind ja — wenn man vom Dortmund-Ems-Kanal absieht — die gesamten Verkehrsmengen) die Bildung von gut ausgelasteten Schleppzügen entweder schon vom Ausgangshafen ab oder von einem Sammelpunkt aus. Daß hier eine Rationalisierungsmöglichkeit vorliegt, erkennt man auch aus ähnlichen Bestrebungen in der freien Schiffahrt wie der Bildung von Schleppkonventionen, z. B. in der Rheinschiffahrt.

Dem unstreitigen Plus dieses planvollen Vorgehens, das auf dem Gebiete der Fahrkosten zu verzeichnen ist, entsprechen aber auf der anderen Seite Mehrkosten schon deshalb, weil ja die Kosten der zentralen Organisierung selbst gedeckt werden müssen. Diese entstehen sowohl im Bereich der „Verwaltung" als auch in dem des „Betriebs", soweit dieser vom Lande aus geleitet wird[56]. Die beste Organisation wird sodann Reibungsverluste in der Zusammenarbeit der einzelnen Instanzen nicht vermeiden können.

Die Frage, in welchem Umfange die eine Seite die andere überwiegt, ließe sich nur auf Grund genauen Zahlennachweises beantworten. Wenn die Verwaltungskosten mit 10 bis 15% der Ausgaben und wenn die Personalausgaben überhaupt ziemlich hoch erscheinen, so wird man die Zentralisierung des Betriebes und der Verwaltung dafür nur teilweise verantwortlich machen. Es ist bemerkenswert, daß die Verwaltungskosten bei dem ebenfalls einheitlich geleiteten Schleppbetrieb des Elbe-Trave-Kanals nur etwa 8% betragen, obwohl hier in der Gesamtsumme der Ausgaben keiner-

[56] Die Kosten der Betriebsstellen sind vorwiegend Betriebskosten, zum geringeren Teil Verwaltungsaufwendungen (z. B. Führung der Statistik).

lei Erneuerungs- und Erweiterungskosten enthalten sind. Die Kompliziertheit der Verkehrsverhältnisse auf den westdeutschen Kanälen rechtfertigt zweifelsohne eine höhere Summe zugunsten des Reichsmonopols. Jedoch ist der Vergleich ein Beleg dafür, daß zusammengefaßte Organisation, die an sich allerdings gegenüber der freien Konkurrenz die Verwaltungsarbeit vermehrt, in verschieden hohem Grade diesen Mehrbedarf erzeugt. Ein Teil des Mehrbedarfs wird der Einrichtung des dreiteiligen Behördenaufbaues zuzuschreiben sein.

Ein weiterer Teil wird auf den Mehraufwand entfallen, der sich aus den Mehrleistungen ergibt, die das Monopol als öffentliches Unternehmen übernehmen muß (s. u.). Eine Quelle der Ausgabensteigerung ist ferner mit der allerdings unwägbaren arbeitspsychologischen Tatsache gegeben, daß eine Reihe von Funktionen von beamteten Kräften ausgeübt werden. Arbeitstempo, Beweglichkeit und Anpassungsfähigkeit sowie Wagefreudigkeit des Beamten können gar leicht denen des privaten risikobehafteten Unternehmers nachstehen und an ihrem Teil den Wirtschaftserfolg des Unternehmens schmälern. Es ist allerdings zu beachten, daß mit der bürokratischen Form sich keineswegs schon jener nachteilige bürokratische Inhalt einstellt[56a]. Gegenkräfte werden vor allem ausgelöst durch das Bewußtsein, unter der stetigen Kontrolle und Kritik der Schiffahrttreibenden zu stehen. Günstig wirkt ferner der Umstand, daß die Bezüge der oberen Beamten meist niedriger sind als in vergleichbaren gemischtwirtschaftlichen oder Privatunternehmungen.

Als öffentlichem Monopol ist dem Schleppmonopol die Beförderungspflicht auferlegt, die in gewissem Umfange die Betriebskosten steigert. Teubert[57] meint schon 1905:

> „Wenn unter sonst gleichen Umständen die Schleppkosten beim Monopolbetrieb etwas höher werden als bei freiem Wettbewerb, so liegt das daran, daß der Staat zu gleicher Zeit die gewünschte Schleppkraft zur Verfügung stellen, also eine größere Kraftmenge in Reserve halten muß als ein privater Unternehmer, der seinen Betrieb nach Belieben einstellen kann."

Der Charakter des öffentlichen Monopols vereitelt es auch, etwa den Betrieb völlig einseitig und ausschließlich auf seinen eigentlichen Zweck, die Schleppschiffahrt, als Tages-

[56a] Wie Herr Regierung- und Baurat Skalweit mitteilt, ist bei Einrichtung des Betriebes 1914 von maßgebender Stelle der größte Wert darauf gelegt worden, jede bürokratische Bindung zu vermeiden.

[57] Z. f. B. 1905, S. 104.

aufgabe zu konzentrieren und alle Aufgaben und Ausgaben zu vermeiden, die schon mehr in den Bereich der staatlichen Hoheitsverwaltung hineinragen. Über die unmittelbaren Betriebserfordernisse hinaus gehen z.B. manche Ausgaben für technische Versuche, für statistische Arbeiten wie die Führung einer Kahnumlaufsstatistik. Die Grenze ist natürlich schwer zu ziehen. Einen Standpunkt zur Beurteilung könnte man gewinnen, wenn man sich die Frage vorlegt, welche der Aufgaben etwa ein gut geleitetes privates Schleppschiffahrtsunternehmen im Rahmen seines Betriebes übernehmen würde und in welchem Verhältnis etwa der Aufwand für die an sich ja notwendigen technischen Versuche der interessierten Lieferindustrie zur Last gelegt werden würde.

Als greifbarster Nachteil, der sich aus der Eigenart des öffentlichen Unternehmens ergibt, muß die Bindung an manche Vorschriften des Reichsangestelltentarifs gelten, der auf die Bedürfnisse eines Schiffahrtsbetriebes nicht zugeschnitten ist.

Das Monopol beschränkt sich auf das Schleppen. Reine Schleppbetriebe bilden im freien Schiffahrtsgewerbe die Ausnahme. Es herrscht hier der Typ der Reederei, der neben der Schleppkraft über Kahnraum — sei es eigenen, sei es gemieteten — sowie vielleicht auch über Güterboote verfügt, womöglich noch speditionsmäßige Verrichtungen übernimmt. (Der wichtige Fall der mit Produktionsunternehmungen verbundenen Kohlenreedereien bleibt hier außer Betracht.) Der Reeder bedient sich häufig des Partikulierschleppers, der für ihn in Miete fährt. Wegen der wirtschaftlichen Abhängigkeit des Partikuliers in diesem Verhältnis muß man dann den Reeder als den Unternehmer betrachten.

Die Feststellung der grundsätzlichen Verschiedenheit im Aufbau führt zu dem entscheidenden Punkt, an dem eine transzendente Kritik des Monopolhaushaltes einsetzen muß. Wenn das Prinzip des Nur-Schleppbetriebes gegen die gemischte Unternehmung Nachteile in sich schließt, so hat unter diesen auch das Monopol zu leiden. Es ist hier noch nicht der Ort für eine grundsätzliche Gegenüberstellung. Immerhin sind einige Hinweise erforderlich. Geschieht beim Monopol die Anpassung an den Bedarf in fast strategischer Weise mittels einer wohl durchdachten zentralen Organisation, so ist sie hier organisch in dem Augenblick gegeben, in dem die Reederei den Frachtvertrag abschließt, also so früh wie überhaupt nur möglich, lange bevor das Schleppmonopol etwas von dem betreffenden Transport erfährt oder erfahren haben kann. Mit der Disposition über den Kahnraum erfolgt gleichzeitig und einheitlich auch die Anweisung an den benötigten Schlepper. Nun kann ja das Unternehmen den Schleppbedarf nicht immer mit eigenen oder ständig gecharterten Betriebsmitteln decken, sodaß es sich zur Ergänzung an den offenen Schleppmarkt wenden muß. Tritt hierdurch eine Verzögerung oder Verteuerung ein? Die Wahrscheinlichkeit besteht in der Tat, daß infolge der Abhängigkeit vom Zufall der Weg über den offenen Schleppmarkt nicht so sicher den Erfolg verbürgt, nicht so sparsam und schnell die Betriebsmittel da einsetzen läßt, wo sie gebraucht werden. Die Kosten werden sich erhöhen, soweit auf diesem Wege die Leerleistungen größer sind als beim Monopol, wobei hier selbstverständlich nur an den absoluten Verbrauch gedacht ist, ohne Rücksicht darauf, welchem Unternehmen er zur Last fällt.

Von erheblichem Einfluß auf die Bedingungen, unter denen die Wirtschaftlichkeit des Schleppbetriebes zustande kommt, ist der Umstand, daß dieser den Dienst nicht völlig selbst versieht, sondern sich — wenigstens zeitweise — durch Anmietung von Privatschleppern ergänzt[58]. Er genießt also die Vorteile der zentralistischen Organisation, ohne zugleich deren Nachteile in vollem Umfange zu verspüren. Er erzielt die Leistungen eines Monopols, indem er die bei gebietsmäßig vollständigem Monopol gegebenen Belastungen auf den offenen Schleppmarkt abwälzt. Er genießt die Ersparnisse dieses Systems an Betriebskosten, ohne die Mehrkosten für die Bereitstellung eines größeren Schlepperparkes zu tragen. Die Entlastung, die dem Monopolhaushalt hierdurch zuteil wird, entfiele sofort, wenn der Schleppdienst auf allen Wasserstraßen monopolisiert würde.

Haben wir hier den Fall vor uns, daß sich zwar die gesamte Nachfrage des Monopols bedienen muß, nicht aber umgekehrt das Monopol die gesamten angebotenen Schleppmittel selbst stellen muß, so ist eine „Unvollständigkeit" des Monopols darin zu erblicken, daß sich auf dem Dortmund-Ems-Kanal ein beträchtlicher Verkehr dem Schleppzwang entzie-

[58] Es wäre auch denkbar — allerdings entgegen den bestehenden Lohntarifvorschriften — dem Wechsel des Verkehrs statt durch Anmietung von Hilfsdampfern durch häufigeren Besatzungswechsel zu begegnen. Da dies aber eine erhöhte Anzahl eigener Schlepper voraussetzt, betrifft die Ersparnis nur die festen Betriebskosten, wogegen die Kapitalkosten steigen, so daß das Mietschlepperverfahren vorteilhafter scheint.

hen kann und auch tatsächlich entzieht; hier ist also die zu befriedigende Nachfrage vom Monopol unvollständig erfaßt. Dieser Umstand wirkt sich — wie schon gezeigt — als eine Belastung für den Monopolhaushalt aus (ebenso wie der Privatschiffahrt aus dem Nebeneinander Nachteile erwachsen).

Eine Mehrleistung und -ausgabe nimmt das Monopol hingegen in folgender Beziehung auf sich: Es besteht ein Interessengegensatz zwischen dem Kahnverfrachter und dem Schleppunternehmer hinsichtlich der Fahrgeschwindigkeit. Alle bisherigen Schleppversuche und Kostenberechnungen haben gezeigt, daß Erhöhung der Fahrgeschwindigkeit über einen optimalen Punkt, der auf dem Mittellandkanal etwa bei 4 km liegt, für den Verbrauch des Schleppers nachteilig ist, wogegen der Kahn mit seinen hohen Kapitalkosten auf Beschleunigung drängt. Dieser Interessengegensatz muß zwar auch bei privater Schleppschiffahrt ausgefochten werden, um insgesamt das jeweils günstigste Ergebnis herauszufinden. Im Zustande der Verselbständigung der Verfügung über die Schlepper kommt er aber in einer Form zum Austrag, die zwei generelle Fronten einander gegenüberstellt, ohne daß noch eine individuelle Lösung für den einzelnen Transport je nach Bedürfnis möglich wäre. Die in der Schleppordnung vorgesehene Möglichkeit der Beauftragung eines Sonderschleppers für eilige Fälle schafft dafür nur einen schematischen und unzulänglichen Ersatz bei unverhältnismäßiger Verteuerung. Die Monopolverwaltung hat sich dafür entschieden, im Interesse der Kahnschiffahrt die Schleppgeschwindigkeit höher anzusetzen, als es die Rücksicht auf die Wirtschaftlichkeit des eigenen Unternehmens empfohlen hätte, höher auch, als es die Privatschiffahrt unter ähnlichen Fahrwasserverhältnissen zu tun pflegt.

Eine Beeinträchtigung erfährt die Wirtschaftlichkeit des Monopols von der Einnahmeseite her dadurch, daß ein zwar kleiner, aber stetig wachsender Verkehrsanteil sich dem Schleppzwang entzieht. Die Selbstfahrer, die unter der Herrschaft der Dampfkraft auf den natürlichen Strömen immer eine gewisse Rolle behielten, dringen im Zeichen des Motors auch auf den künstlichen Wasserstraßen mehr und mehr vor. Zwar ergreift die Motorisierung ja auch die Schlepper, doch läßt die geringe Raumbeanspruchung des Motors die bei der Dampfmaschine übliche fahrzeugmäßige Zerlegung in Kahnraum und Traktion nicht mehr so vorteilhaft erscheinen.

Die Wirkung auf das Schleppmonopol besteht in betriebstechnischer Hinsicht wahrscheinlich zunächst in einer Behinderung durch die zunehmende Zahl der Selbstfahrer vor allem an den Schleusen, da nicht einfach ein Ersatz von Schleppkähnen durch Selbstfahrer stattfindet. Vielmehr muß man mit einer Zunahme der Gesamttonnage auch auf die Dauer rechnen, da die durch den Motor erzielte Verkehrsverbilligung oder -verbesserung eine Verkehrszunahme erwarten läßt. Die weitere Wirkung ist die Abnahme des zu schleppenden Kahnraumes, sodaß der Schleppdienst zunehmende Betriebseinschränkung vornehmen muß, wenn nicht gar sich völlig erübrigt.

Jedem privaten scheint ein staatlicher, gar mit Monopol ausgestatteter Schleppbetrieb wenigstens darin überlegen zu sein, daß sein Zusammenwirken mit der allgemeinen Wasserstraßenverwaltung sowie die Planmäßigkeit seines Vorgehens eine bessere Ausnutzung, größere Schonung und damit höhere Wirtschaftlichkeit des Kanals gewährleisten. Da ein solcher Erfolg nicht dem Schleppbetrieb selbst zugute käme, muß dieser Sachverhalt insofern hier ausscheiden. Immerhin ist er auch für den Schleppbetrieb nicht bedeutungslos. Nur eine zentralistische Organisation kann — theoretisch — die Schleppzüge in gleichmäßiger Geschwindigkeit und in solchen Abständen den Schleusen zuführen, daß sich möglichst an jede Schleusung eine Gegenschleusung anschließt und so hier neben einer sparsamen Verwendung der Wasservorräte die Abwicklung erleichtert und beschleunigt wird[59]. Da die Kanalverwaltung auf ihre Schwesterbehörde im Sinne größter Schonung von Sohle und Böschung ganz anders einwirken kann als auf eine Vielzahl von privaten Unternehmern, ergibt sich auch die Möglichkeit, die Belange des Kanals beim Bau neuer Schlepper bei deren Form und anderen technischen Eigenschaften stärker zu berücksichtigen. Vom isolierten Standpunkt des Schleppbetriebes betrachtet, liegt hierin eine Tendenz zur Kostensteigerung. Z.B. hat jene Rücksicht zweifelsohne zu einer Beschleunigung der Motorisierung, also vorzeitiger Abschreibung der Dampfer oder Dampfmaschinen geführt. Eine Ersparnis tritt hingegen dadurch ein, daß Schlepplohn- und Schiffahrtabgabenerhebung vereinigt sind, ein Vorteil, der beiden

[59] Vergl. Peters, Artikel Binnenschiffahrt, Handwörterb. d. Staatswiss. 4. Aufl. 1924, S. 881.

Ämtern zugute kommt, ferner dadurch, daß manche Beamte der Kanalverwaltung in Personalunion Funktionen des Schleppbetriebes übernehmen, was namentlich die Betriebsaufsicht angeht. Eine gegenseitige Abhängigkeit dergestalt, daß der Kanal- und Schleppbetrieb nur in der vorliegenden Organisationsform das Höchste mit geringsten Aufwendungen leistet, ist nur auf dem Rhein-Herne-Kanal anzunehmen.

Es handelt sich bei den erwähnten Faktoren nur um Möglichkeiten, von denen nicht vorauszusagen ist, ob sie sich auswirken werden. Dies hängt allzusehr von den Umständen und Personen ab, zumal eine Harmonie der Interessen von Schlepp- und Kanalverwaltung keineswegs immer selbstverständlich ist. Namentlich bestehen natürliche Meinungsverschiedenheiten zwischen Schlepp- und Wasserbauämtern über die erwünschte Zahl der Anhänge. Die Wirtschaftlichkeit des Schleppbetriebes heischt eine Vermehrung der Zahl der angehängten Kähne, wogegen die Wasserbauverwaltung hiervon eine erhöhte Beschädigung der Kanalufer, besonders an den stark gekrümmten Strecken befürchtet[60]. Es ist keine Frage, daß ein Staatsbetrieb den Wünschen der Wasserstraßenverwaltung mehr Gehör schenken kann als Privatbetriebe, jedoch ist ihre Berücksichtigung eher dort zu erwarten, wo die beiderseitigen Betriebsinteressen parallellaufen, als dort, wo sie einander widerstreiten. Insgesamt wird man im vorliegenden Falle eine für den Monopolschleppbetrieb günstige Wirkung auf das Wirtschaftsergebnis annehmen dürfen.

Die Abhängigkeit von der Tarifpolitik: Der Sinn einer Rentabilitätsberechnung, die in dem Zahlenwert der Verzinsung des Anlagekapitals gipfelt, ist immer der Vergleich mit den erzielbaren Kapitalrenten in demselben Wirtschaftszweige, dem das betreffende Unternehmen angehört, oder in anderen. Ihre stillschweigende Voraussetzung ist aber, daß das untersuchte Unternehmen von rein kaufmännischen Grundsätzen, insbesondere dem Streben nach größtmöglichem Reinertrag, beherrscht wird. Ist das nicht der Fall, erhält der gefundene Zins einen problematischen Charakter.

Den staatlichen Schleppbetrieb leitet zwar nicht gesetzlich, jedoch praktisch das Kostendeckungsprinzip. Daß das Gewinnprinzip nicht zur Entfaltung kommen kann, beweisen Form, Aufbau und Höhe des Tarifs. Die gesetzlich festgeleg-

[60] Heute (1934) ist dieser Zusammenhang bedeutungslos.

ten Grundsätze der Tarifgleichheit und -öffentlichkeit verbieten der Betriebsleitung die Ausnutzung individueller oder konjunktureller Situationen, die ihr innerhalb der durch die Konkurrenz anderer Verkehrsmittel gezogenen Grenze ihre monopolistische Machtstellung an sich nahelegen könnte. Die wichtigste betriebsfremde Rücksicht, die ihr im Aufbau des Tarifs auferlegt ist, liegt in der Pflicht zum Schutze des östlichen Verkehrs mit um die Hälfte niedrigeren Sätzen, als sie der westliche Verkehr tragen muß. Die starke Betonung der Tragfähigkeitsabgaben, die im westlichen Verkehr 4 mal, im östlichen 2½ mal soviel erbringen wie die Ladungsabgaben, trägt ebenso wie der rein kilometrische Aufbau weitgehend den Schleppkosten Rechnung, eine Richtschnur, die ein lediglich auf Reingewinn bedachter Monopolist wohl ebenfalls nicht einhalten würde. Das in der Staffelung der Ladungs-tkm-Gebühr zum Ausdruck kommende Wertprinzip hat die charakteristische Form monopolistischer Preisstellung, die die Abnehmer nach Maßgabe ihrer Kaufkraft heranzuziehen sucht. Setzt man den tkm-Satz der Klasse I = 100, so ergibt sich (für beide Verkehrsbeziehungen) folgende horizontale Staffel

I	II	III	IV	V	VI
100	82	67	48	36	23

wobei, um nur die wichtigsten Güter zu nennen, Maschinen sich in I befinden, Eisenblech, Platten, Draht, Getreide in III, Röhren, Stabeisen in IV, Halbzeug, Roheisen in V, Eisenerz und Kohle in VI. Der Umfang der Staffel entspricht im wesentlichen derjenigen des Eisenbahngütertarifs vor dem 1. 11. 31, der allerdings zwischen der höchsten und niedrigsten Klasse noch eine weitere einschiebt. Wirtschafts- und verkehrspolitischer Zielsetzung dienen noch wichtige Ausnahmetarife wie die für Erz im Verkehr von und für Kohle im Verkehr nach deutschen Seehäfen mit einer Ermäßigung des Ladungszuschlages um ⅔.

Die Höhe des Tarifs, genauer: seine bisherige finanzielle Ergiebigkeit, gestattet zwar über die unmittelbare Kostendeckung hinaus eine Betriebsmittelvermehrung und die Bildung von Überschüssen. Doch ist letzteres mehr ein für den Fiskus erfreulicher Nebenvorteil, auf dessen Erzielung die Tarifpolitik nicht planmäßig gerichtet ist.

Die Starrheit der Preisbemessung in der Tarifform verhindert zwar die Ausnutzung günstiger Angebotssituationen, besonders bei ansteigender Konjunktur, aber auch ein Abgleiten der Preise im umgekehrten Falle. Dieser Umstand betont die Abhängigkeit der Einnahmen von den Veränderungen des Verkehrs, da er nichts anderes besagt als den Verzicht auf den mildernden Einfluß elastischer Schlepplohngestaltung. In den letzten Jahren des Verkehrsabstiegs ist das Hochhalten der Schlepplöhne für den Monopolhaushalt aber eine starke Stütze gewesen.

Die große finanzielle Bedeutung der Tragfähigkeitsabgabe macht das Wirtschaftsergebnis verhältnismäßig unabhängig von der jeweils gegebenen Ausnutzung der Kähne, ja sogar von dem Umfang der Leerraumbewegungen. Durchschnittlich entfallen die Transporte zu einem Drittel auf Leerkähne. In ungünstigen Zeiten stellt sich für die Schiffer der Zwang ein, Ladung zu suchen, wo immer sie sie zu finden hoffen. Dies bedeutet Vermehrung der Leerfahrten und zugleich der Kosten für die Schiffer. Das Monopol hat geglaubt, dieser Härte durch eine Tarifsenkung für Leerraum begegnen zu sollen. Aus dieser und den übrigen Auflagen erwächst dem Monopolhaushalt eine Belastung, für die in den übrigen Tarifpositionen ein Ausgleich geschaffen wird, sodaß das Tarifniveau insgesamt über die Höhe steigen muß, die einer Abstellung lediglich auf die Kosten[61] entspräche.

3. Die verkehrspolitische Aufgabe.

Wir haben bisher alle Maßnahmen und Umstände von Belang unter dem Gesichtspunkt betrachtet, welche Rolle sie für den Schleppbetrieb spielen. Nunmehr gilt es, weiter zu fragen, welchen Zwecken das Schleppmonopol seinerseits dienstbar ist.

Es sind zwei Hauptzwecksetzungen, die schon die Begründung des Schleppmonopols so uneinheitlich erscheinen ließen und auch heute noch miteinander im Widerstreit liegen. Auf der einen Seite wollte man eine Steigerung der Leistungsfähigkeit des Kanalbetriebes durch Verbesserung des Schleppdienstes auf dem Wege des Monopols[62] erreichen — was stillschweigend eine Verbilligung des Transportes in

[61] An sich schließt Abstellung auf Kosten eine Differenzierung nicht aus, sondern ein; nur wird letztere dann nicht von andersartigen Differenzierungsrücksichten durchkreuzt.

[62] Nach den Ausführungen des Berichterstatters der Kanalkommission, H. d. A. Nr. 594, 1904/05, S. 159.

sich schloß — auf der anderen Seite nannte man in einem Atemzuge die wirtschaftspolitischen Möglichkeiten, die sich dem Staat eröffneten, wenn er nicht in seiner Eigenschaft als Betriebsleiter, sondern als Lenker der Politik und Eigentümer der Staatsbahnen auftrat. Dem ersten Ziel entsprechend hätte für die Tarifpolitik das Prinzip der Kostendeckung maßgebend sein müssen. Bei der Betonung des zweiten Zieles hätte man die Linie der Selbstkosten geflissentlich übersehen, hätte sich je nach Bedarf bald darüber, bald darunter bewegt, wenn nicht als drittes Ziel das fiskalische Streben nach Überschüssen sich noch eingemischt hätte, um eine einheitliche Zwecksetzung von vornherein unmöglich zu machen. Die Frage ist nicht endgültig geklärt worden, weder im Schleppmonopolgesetz noch auch später in einem amtlichen Dokument irgendwelcher Art.

Immerhin scheint als Mindestforderung allgemein anerkannt zu sein — obwohl das Gesetz dies nicht ausdrücklich vorschreibt — daß der Schleppbetrieb die Kosten decken müsse. In der Begründung zum Schleppmonopolgesetzentwurf (§ 6) hieß es, daß eine Garantie für die Betriebs- und Unterhaltungskosten nicht verlangt worden sei, da die Einnahmen aus der Schleppgebühr „diese Kosten von Anfang an decken dürften"[63].

Bei dem völligen Fehlen programmatischer authentischer Richtlinien ist man darauf angewiesen, die in der Praxis befolgten Grundsätze des Reichsverkehrsministeriums rückschließend zu interpretieren. Auch hier erkennt man, daß es solche Grundsätze für die Verwaltungspraxis eigentlich gar nicht gibt, daß die maßgebenden Erwägungen vielmehr selbst wandelbar sind. Dem Prinzip der Kostendeckung kommen sie zur Zeit am nächsten. Die erwünschte Kostendeckung umschließt die Erneuerung und eine dem Verkehrszuwachs angemessene Erweiterung, einschließlich Verzinsung; hinzu tritt der an das Reich abzuführende Überschuß.

Der Schlepplohntarif, der das Monopol zum Werkzeuge der Verkehrspolitik macht, ist nach Gesagtem einer Gestaltung unter verkehrspolitischen Gesichtspunkten nur insoweit zugänglich, als sie den rechnerischen Erfolg des Tarifs in Höhe der Kostenaufbringungssumme nicht gefährdet. Es genügt, wenn der Tarif insgesamt die Kosten deckt. Es bleibt also der Spielraum, für bestimmte Güter und bestimmte Ver-

[63] H. d. A. Nr. 625, 1912/13, S. 15.

kehrsbeziehungen den Schlepplohn unter Selbstkosten zu senken, wenn dafür andere Güter und andere Verkehrsbeziehungen das erforderliche Mehr erbringen, um die Kostendeckung im ganzen zu gewährleisten. Der Rahmen der Tarifpolitik ist aber auch in anderer Beziehung ziemlich eng gespannt: Immer bleibt in jeder Verkehrsbeziehung als Obergrenze diejenige Höhe der Gesamtfracht einschließlich Schlepplöhne zu berücksichtigen, die gerade noch eine Konkurrenz gegen die Eisenbahn gestattet, wenn nicht das Schleppmonopol durch Hochhaltung der Schlepplöhne eine Abwanderung vom Wasserwege hervorrufen will — was sinngemäß selbstverständlich nicht in Betracht kommen kann. Damit gerät die Tarifpolitik in eine doppelte Abhängigkeit: 1. von der jeweiligen Lage am Kahnfrachtenmarkt; je niedriger die Kahnfracht (einschl. Abgaben), um so höher kann der Schlepplohn sein, wobei hier nicht erörtert werden soll, inwieweit wechselseitige Beeinflußbarkeit vorliegen kann; 2. von der Höhe der Eisenbahnfrachten, sowohl was den Normaltarif wie die Ausnahmetarife angeht.

Die wichtigsten Aufgaben, die der Tarif in den angedeuteten Grenzen in der besprochenen Hinsicht erfüllen will, sind:

1. Anlehnung an die Grundsätze für die Gestaltung der Schiffahrtsabgabentarife,
2. Unterstützung der deutschen Handelspolitik,
3. Wahrung eines angemessenen Verhältnisses zur Eisenbahnfracht zwecks Erhaltung der Wettbewerbsfähigkeit der betreffenden Wasserstraße,
4. Fortbildung des Grundsatzes der Werttarifierung beim Ladungszuschlag im Sinne einer den Wettbewerbsverhältnissen der verschiedenen Güter angepaßten Einstufung,
5. Förderung der deutschen Seehäfen,
6. Förderung des Ost-West-Verkehrs zur Erzielung größerer Ausgeglichenheit der beiden Richtungen.

Nach Vollendung des Mittellandkanals wird als wichtige weitere Aufgabe die Pflege der durch diesen erschlossenen Verkehrsbeziehungen hinzukommen.

Zur Erkenntnis der Reichweite der Tarifmaßnahmen ist es wichtig zu wissen, daß der Schlepplohn bei Massengut etwa die Hälfte der reinen Kahnfracht oder $^1/_5$ der gesamten Transportkosten (einschl. Abgaben und Umschlag) ausmacht. Zu einer wirksamen Durchsetzung ihrer Ziele fehlt der Tarifpolitik also der Nachdruck, der im westlichen Verkehr allerdings größer ist.

Die Einheit der Verkehrspolitik, die das Schleppmonopol einst, wenn nicht herstellen, so doch anbahnen sollte, sucht heute andere Wege. In der Form der Vereinigung von Eisenbahn- und Wasserstraßenabteilung im früheren preußischen Ministerium der öffentlichen Arbeiten schien größere Gewähr für Einheitlichkeit gegeben als nach dem Kriege, da das Reichsverkehrsministerium für die Wasserstraßen (so auch für das Schleppmonopol) Betriebsverwaltung und Aufsichtsbehörde zugleich, für die autonome Reichsbahn aber nur Aufsichtsinstanz mit beschränkten Befugnissen war. Daß sich also nicht nur kein Fortschritt, sondern sogar ein Rückschritt vollzogen hatte, vermochte auch das Schleppmonopol.nicht aufzuhalten. Auch nach der Wendung durch das Gesetz vom 21. 4. 1934, das dem Ministerium die Verantwortung für die Einheitlichkeit der Verkehrspolitik auferlegte, ist die verkehrspolitische Bedeutung des Schleppmonopols nicht gestiegen. Gar leicht gerät es zudem in eine sachlich nicht gerechtfertigte Abhängigkeit. Ein Beispiel hierfür bildete eine 10proz. Erhöhung der Schlepplöhne, die auf Verlangen der Reichsbahn erfolgte, nachdem diese ihre Frachten am 1. 10. 1928 entsprechend gesteigert hatte. Daß eine andere Rücksicht als die rein schematische Anpassung an das neue Terifniveau der Reichsbahn für diese Maßnahme mitgesprochen hätte, ist nicht bekannt geworden.

Die Funktion der Ergänzung der Handelspolitik ist unterbunden, da diese und die agrarpolitischen Maßnahmen das heimische Getreide, auf das es ja geschichtlich und praktisch hauptsächlich ankommt, ausreichend schützen, ohne der Unterstützung durch Frachtverteuerung für fremde Erzeugnisse zu bedürfen.

Eine letzte wichtige Einengung erfährt die tarifpolitische Handlungsfreiheit noch durch diejenigen Elemente im Tarifaufbau, die das Prinzip von Leistung und Gegenleistung verwirklichen wollen und in diesem Umfange eben die Berücksichtigung allgemeiner verkehrspolitischer Tendenzen beeinträchtigen. Wenn der Nachdruck auf der Abgabe von der Tragfähigkeit liegt, also das beladene Schiff nicht im Verhältnis seines Ladungsgewichtes mehr zahlen muß als das leere, so kommt hierin die Absicht zum Ausdruck, ein Äquivalent für die Schleppleistung einzuheben. Die Rücksicht auf die Leistung äußert sich allerdings nur im Einteilungsprinzip, indem nur innerhalb des westlichen und östlichen Verkehrs jeweils die Sätze in ihrer Relation das angegebene Verhältnis von Ladung und Tragfähigkeit widerspiegeln; sie ist aber nicht bestimmend für die Höhe der Sätze[64].

II. Auf dem Elbe-Trave-Kanal.[65]

Als im Jahre 1900 der Ausbau der alten Stecknitzfahrt zum heutigen Elbe-Trave-Kanal vollendet war, übertrug der Lübische Staat der Handelskammer Lübeck die Führung des Schleppbetriebes, den er in einem Staatsvertrag mit dem an dem Kanalbau ebenfalls beteiligten Preußen in Regie übernommen hatte. Man hatte sich zu einer öffentlichen Bewirtschaftung der Schleppkraft entschlossen, weil nicht zu erwarten war, daß der freie Wettbewerb die Erreichung des mit dem Kanal erstrebten Zieles sicherstellen würde.

Die Eröffnung des Nord-Ostsee-Kanals (1895) hatte die beiden großen deutschen Nordseehäfen in einem für Lübecks Verkehrsstellung bedrohlichen Umfange in den Ostseeverkehr eindringen lassen. Bremen und vor allem Hamburg machten Miene, Lübeck sowohl aus dem deutsch-

[64] Wenn es im Tätigkeitsbericht der Reichswasserstraßenverwaltung 1921—25 (RWB 7, 1926, S. 78) heißt, die Ladungsabgaben seien u. a. nach der Leistungsfähigkeit der einzelnen Kanalstrecken abgestuft, so ist das in dieser Form irreführend. Die Unterscheidung zwischen westlichem und östlichem Verkehr hatte lediglich verkehrspolitische Motive. Es ist Zufall, daß sie mit einem Unterschiede in der Leistungsfähigkeit des Schleppbetriebes auf dem Rhein-Herne-Kanal einerseits und auf den übrigen Kanalstrecken andererseits zusammentrifft. Wäre jenes wirklich ihr Zweck, dann dürfte sie nicht die einzige Unterscheidung dieser Art sein, die wir im Tarif finden, und müßte sie auf dem Rhein-Herne-Kanal eher Anlaß einer Ermäßigung sein.

[65] Benutzt wurden: Cords, Der Elbe-Trave-Kanal und seine wirtschaftliche Bedeutung. Schmollers Jahrbuch 1905, S. 237—275. Derselbe, Lübeck und der Elbeverkehr. Sonderdruck aus Mitteilungen der Handelskammer Lübeck 1929. Hammermann, Der Elbe-Trave-Kanal (Probleme der Weltwirtschaft 20), Jena 1914. Akten der Handelskammer Lübeck. — Wir widmen dem lübeckischen Schleppbetrieb im Rahmen unserer Darstellung geringere Aufmerksamkeit, als er verdiente. Dies läßt sich nur damit rechtfertigen, daß die ausführlichere Würdigung des westdeutschen Betriebes bereits das Wesentliche an konkreter Anschauung vermittelt, das zur Ausbeutung für die grundsätzliche Untersuchung erforderlich ist.

nordischen als auch aus dem West-Ost-Verkehr zu verdrängen. Hamburg kam dabei, was vor allem für Massengüter wichtig war, die Lage an der Elbmündung zustatten. Aber auch der Wettbewerb Stettins machte sich bemerkbar. Hilfe in dieser Not sollte und konnte der Elbe-Trave-Kanal bringen, der aus der Elbe bei Lauenburg abzweigt und nach 67 km den Seehafen Lübeck erreicht. Da er für die größten Elbekähne (1200 t) zugänglich ist, kann er technisch als die Ostseemündung der Elbe gelten. Ihn auch wirtschaftlich dazu zu machen, war das Bestreben der lübischen Verkehrspolitik, die daher die Schiffahrtsabgabentarife so niedrig wie möglich ansetzen und es ebenso vermeiden mußte, durch zu hohe Schleppkosten von der Benutzung des Kanals abzuschrecken. Fahrten nach Lübeck sind für die Elbschiffahrt ohnehin weniger verlockend als nach Hamburg, wo die Aussicht auf Rückladung stets ungleich größer ist. Die auf volle Selbstkostendeckung bedachte private Schleppschiffahrt hätte Schleppsätze fordern müssen, die die geschilderten verkehrspolitischen Interessen Lübecks nicht genügend gewahrt hätten.

Bei dieser Sachlage — wenn man nicht die Übernahme einer Abgabengarantie vorzog — war die Einrichtung eines öffentlichen Schleppdienstes fast eine Selbstverständlichkeit, über die ein Meinungsstreit nicht entstanden ist. Ein Symptom hierfür ist der Umstand, daß gerade diejenige Stelle den Betrieb in die Hand nahm, die unter anderen Umständen — wie im Westen — die geborene Gegnerin eines Schleppmonopols sein mußte: die Berufsvertretung der gewerblichen Wirtschaft.

Es handelt sich zwar um ein Monopol für die Vorhaltung der Schleppkraft, aber nicht um einen Schleppzwang im Sinne eines Fortbewegungszwanges. Der Selbstfahrerverkehr unterliegt keinerlei Beschränkung, und auch das alte Treidelrecht wurde von dem Schleppmonopol nicht berührt[66]. Der Wettbewerb ist also nur im Bereiche der Schleppschiffahrt selbst ausgeschaltet, während das Prinzip des Schlep-

[66] Vor dem Kriege war sogar in geringerem Umfange auch eine freie Schleppschiffahrt zugelassen, die von Reedereien im Liniendienst betrieben wurde und sich allerdings auf das Schleppen eigener Ladung durch eigene Ladeschleppdampfer beschränken mußte. (Hammermann, S. 54). Auch heute noch genießt die Eilschleppschiffahrt eine Ausnahmebehandlung.

pens als solches dem Wettbewerb der selbstfahrenden Güterboote unterliegt.

Die Schleppschiffahrt hat hier verkehrsmäßig bei weitem nicht die überragende Bedeutung wie auf den westdeutschen Kanälen. Vom Gesamtverkehr entfielen auf den Regieschleppbetrieb:

1900	von der Tragfähigkeit	72%,	von der Ladung	72%
1905	„ „ „	59%,	„ „ „	55%
1910	„ „ „	68%,	„ „ „	68%
1912	„ „ „	82%,	„ „ „	82%

Der Schleppverkehr gliederte sich 1928 wie folgt: (in 1000 t)

	zu Berg		zu Tal	
	Tragfähigkeit	Ladung	Tragfähigkeit	Ladung
Durchgangsverkehr	519	182	565	318
Teilstreckenverkehr	543	350	428	38

Auffallend ist die sehr ungünstige Mengenbilanz bei Zurückbleiben des Bergverkehrs. Dies gilt insbesondere auch von der wichtigsten Verkehrbeziehung: derjenigen mit der Mittelelbe, von wo Lübeck zur Hauptsache Salze empfängt, um Holz dorthin zu senden.

Die Kammer, der im Lübecker Hafen auch Kaiverwaltung und Eisbrechdienst obliegen, führt den Betrieb mit sieben dem lübischen Staat gehörenden Dampfern. Besondere Anforderungen erwachsen dem Schleppbetrieb aus den starken Verkehrsschwankungen, die zur Hauptsache mit den Wasserstandsbewegungen der Elbe zusammenhängen. 1928 z. B. schwankte die Zahl der geschleppten Kähne zwischen 192 im Januar und 1914 im August. Aber auch von Jahr zu Jahr wechselt der Verkehr stets sehr stark. Dem trägt die Betriebsleitung in Zeiten der Verkehrszunahme durch Anmietung privater Schlepper Rechnung. Besonders ungünstig ist für die Wirtschaftlichkeit des Schleppbetriebes der geringe Umfang und das stoßweise Auftreten des Durchgangsverkehrs, der zudem auf der Strecke Lauenburg-Güster meist mit dem Ortsverkehr belastet werden muß. Durchschnittlich umfassen die Schleppzüge im Durchgangsverkehr drei Kähne mit zusammen 1120 t Tragfähigkeit und 650 t Ladung, im Verkehr zwischen Güster und Lauenburg 6 Kähne mit 2000 t Tragfähigkeit und 1100 t Ladung. Im Sommer hingegen ergibt sich ein Durchschnittsanhang von 5 Kähnen mit 2000 t

(1200 t Ladung) zwischen Lübeck und Lauenburg und 9 Kähnen mit 3000 t (1700 t Ladung) zwischen Güster und Lauenburg. Betriebserschwerend wirkt die Unzulänglichkeit der 6 Schleusen, die eine Zerlegung der Schleppzüge erfordern; da Leitwerke fehlen, ist das Hineinbringen der Fahrzeuge umständlich und zeitraubend. Auch die ungünstigen Formen der meisten Kähne erhöhen die Schleppkosten, für die der Kanalquerschnitt zu klein ist, so daß das Überholen vor allem an den zahlreichen Krümmungen mit Schwierigkeiten verknüpft oder gar unmöglich ist. Die durchschnittliche Fahrgeschwindigkeit beträgt denn auch nur 4 km.

Unter Berücksichtigung der Ungunst all dieser Verhältnisse ist es gelungen — was Sachverständige auf Grund eingehender Prüfung bestätigt haben — bei befriedigenden Leistungen ein verhältnismäßig günstiges Wirtschaftsergebnis zu erzielen, vor allem dank größter Sparsamkeit in der Verwaltung, aber auch im Betriebe. Die bei einer Handelskammer gegebene ständige enge Fühlung mit Verfrachtern und Schiffahrt hat ein hohes Maß an kaufmännischer Beweglichkeit und Anpassungsfähigkeit an die Verkehrsbedürfnisse ermöglicht. Förderlich ist einem solchen Erfolge aber vor allem der Geist des Dienstes an der ihr anvertrauten Wirtschaft, der in der Regel in einer Handelskammer lebendig ist. Die organisatorische Aufgabe wird durch den vergleichsweise geringen Umfang des Unternehmens erleichtert; übertrifft doch die Verkehrsleistung des westdeutschen Monopols die des Lübecker Betriebes um fast das 20fache.

Die eigentlichen Schleppkosten sind außerordentlich hoch. Neben den Verkehrsschwankungen sind hierfür hauptsächlich verantwortlich: der infolge Überalterung geminderte Wirkungsgrad der Dampfer und die zeitweise hohen Einstandspreise für Brennstoff. Verwendung von Gasöl statt Kohle erschien dann gerade in diesem Gebiet als eine beträchtliche Ersparnis. Das Verhältnis von Einnahmen und Ausgaben wird unberechenbar, weil mitunter einschneidend beeinflußt von dem Auftreten des Niedrigwassers auf der Elbe, indem dieses eine Erhöhung der Tragfähigkeitstonnen, die für den Schleppbetrieb, und eine Verminderung der Ladungstonnen, die für die Schleppeinnahmen maßgebend sind, bewirkt. Die Gesamtkosten werden nur bei sehr gutem Verkehr gedeckt, obwohl der Schlepptarif vergleichsweise hoch angesetzt ist. Eine Verzinsung des Anlagekapitals wird nicht erwirtschaftet.

In den Jahren 1927—29 ergaben sich folgende Einnahmen und Ausgaben: (in 1000 RM)

	1927	1928	1929
Einnahmen:			
Schlepplöhne	282,6	212,2	173,7
Schiffahrtsabgaben	30,3	53,2	60,0
zusammen:	312,9	265,4	233,7
Ausgaben:			
1. Verwaltung:			
Schleppbetriebsstelle Lübeck	18,1	20,3	20,2
Büro Lauenburg	3,0	3,1	3,0
2. Besatzung der Schiffe	79,4	85,2	80,2
3. Unterhaltungs- u. Betriebskosten	115,3	92,1	75,5
4. Aushilfsdampfer, Miete	33,5	11,1	5,2
5. Außergew. Schleusungen, Verschied.	32,6	3,3	2,8
6. Schiffahrtabgaben	30,3	53,2	60,0
zusammen:	312,4	268,3	246,8

Die Erhebung der Schiffahrtabgaben ist mit der Zahlung des Schlepplohnes in einem Umsatz vereinigt; die Erhebungskosten der Schiffahrtabgaben sind in den Verwaltungskosten des Schleppbetriebes enthalten, wogegen dem Schleppbetrieb die unentgeltliche Benutzung der Fernsprechanlagen des Kanals zugute kommt. Das anteilige Verhältnis der Abgaben zu dem von den Schiffahrttreibenden zu entrichtenden Gesamtbetrag hat sich wiederholt geändert, und zwar — auf Wunsch des Rechnungshofes — im Sinne einer Steigerung des Abgabenanteils; 1931 betrug dieser 35% der Gesamtbelastung. Dementsprechend sind in dem am 1. 1. 1930 in Kraft getretenen Tarif die selbstfahrenden Fahrzeuge einer Abgabe von 35% der Gesamtabgaben unterworfen worden[67]. Wenn man trotzdem vermieden hat, die Gesamtbelastung entsprechend zu erhöhen, so mußte sich das Wirtschaftsergebnis des Schleppbetriebes auch von dieser Seite her verschlechtern.

Die eigentümliche Verquickung mit dem Kanalhaushalt beeinflußt auch — was zu beachten ist — die Entschlüsse der Schleppbetriebsverwaltung hinsichtlich ihrer Wirtschaftsführung, insbesondere der Erneuerung der Fahrzeuge. Zu

[67] Elbe-Wasserstraßenbeirat 1930—34, Drucksache Nr. 7, S. 69.

deren Modernisierung und Umstellung auf Gasölmotore mit dem Ergebnis erhöhter Wirtschaftlichkeit besteht solange kein Anreiz, solange Unklarheit darüber herrscht, ob die erzielten Ersparnisse zu Schlepplohnsenkungen verwendet werden können oder vom Reichsfiskus in Gestalt einer Erhöhung des Schiffahrtabgabenanteils beansprucht werden. Erst eine endgültige Regelung dieses Beteiligungsverhältnisses, die vermutlich im Rahmen einer Verwaltungsreform bei den Reichswasserstraßen erfolgen wird, kann sichere Kalkulationsgrundlagen schaffen.

Lediglich mit einer Festlegung der Höhe der Schiffahrtabgaben ist aber noch keine Bestimmung über die Gestaltung der Schlepplohnsätze getroffen. Jene zieht dieser nur eine obere Grenze. Wenn es die verkehrspolitischen Interessen Lübecks gebieten, bleibt immer noch die Möglichkeit, die Schleppsätze unter die Kosten zu senken. Es entsteht die Frage, ob die Unterordnung der Schlepptarife unter das verkehrspolitische Interesse, die Lübeck keinesfalls preisgeben kann, in jedem Falle eine Abstellung auf Zuschußbedarf zur Folge haben muß. Ist es sinnvoll, die Kostendeckung des Schleppbetriebes zu vernachlässigen, solange überhaupt noch Scihffahrtsabgaben erhoben werden? Die Frage muß auch dann verneint werden, wenn man eine einheitliche Tarifpolitik auf diesem Kanal für erforderlich hält, vor allem, wenn man der Meinung ist, daß ein Verzicht auf Kostendeckung eher bei der Fahrbahn als beim Fahrzeug vertretbar ist. Es sei hier an die abgabenpolitische Behandlung des Dortmund-Ems-Kanals erinnert, der auf *diese* Weise gegen den Wettbewerb des Rheines geschützt wird wie der Elbe-Trave-Kanal mit Hilfe der Abgaben *und* Schlepplöhne gegen denjenigen der Elbe.

Zusammenfassend stellen wir auf dem Elbe-Trave-Kanal den typischen Fall der Unterordnung des Schleppinteresses unter das Kanalinteresse fest, wie sie nur in der Form des öffentlich subventionierten Betriebes möglich ist. Die öffentlichen Aufwendungen für Kanal- und Schleppbetrieb stehen in einem Zweckzusammenhange mit demjenigen für den Seehafen und die Seeschiffahrtsstraße Lübeck-Travemünde. Freilich ist nicht gesagt, daß das Bedürfnis nach einer regelmäßigen, schnellen und vor allem billigen Verkehrsbedienung auf der verhältnismäßig kurzen Anschlußstrecke der Elbe nach Lübeck unter den geschilderten Umständen die Form des öffentlichen Monopols zwingend gefordert hätte. Eine subventionierte Privatschiffahrt, die in sich wettbewerbsmäßig organisiert wäre, könnte den erstrebten Zweck wahrscheinlich ebenfalls erreichen. Allein —abgesehen von der geschichtlichen Motivierung für die Ablehnung dieser Möglichkeit — die Schwierigkeit, den öffentlichen Zuschuß auf mehrere Unternehmungen ohne Gefährdung der im Wettbewerbe liegenden Erfolgchancen angemessen zu verteilen, läßt es geraten erscheinen, das Prinzip privaten Wettbewerbes völlig aufzugeben, wenn schon ein die Kosten deckendes Entgelt nicht zu erzielen ist. Immerhin kann bis zu einem gewissen Grade Senkung der Schiffahrtabgaben denselben Erfolg haben wie eine künstliche Schleppkraftverbilligung.

Dritter Abschnitt.

Die Bedeutung des Schleppmonopols.

Wenn wir uns der drei Themafragen erinnern, so ist ohne weiteres deutlich, daß das bisher erforschte Tatsachenmaterial noch keine befriedigende Antwort zuläßt. Es bedarf des Vergleichens. Unmittelbare Vergleichsmöglichkeiten sind aber nirgends gegeben, da den bekannten Schleppmonopolorganisationen gleichartige Arbeitsbereiche einer privaten im Wettbewerb untereinander stehenden Schleppschiffahrt nicht an die Seite gestellt werden können, weil die Unterschiede in den Fahrwasserverhältnissen, im Schiffsmaterial und in der Verkehrsstruktur zu groß sind, als daß sie sich ausschalten ließen, und vor allem weil eine private Nurschleppschiffahrt nicht existiert. Auch für die Gegenüberstellung der Zusammenarbeit von Schleppmonopol[1] und privater Kahnschiffahrt einerseits und der Zusammenarbeit von privater Schlepp- und Kahnschiffahrt andererseits fehlt eine geeignete Vergleichsbasis. Vor allem ist überdies völlig außer Betracht geblieben, daß wir ein strenges Schleppmonopol in der Wirklichkeit gar nicht vorfinden.

Wir werden daher wohl oder übel, wenn auch in engster Anlehnung an das Tatsachenmaterial, Ergänzungen mit Hilfe allgemeiner Gedankengänge vornehmen müssen. Dadurch erlangen wir aber auch den Vorteil größerer Allgemeingültigkeit der Ergebnisse, die nicht stets dem Einwand ausgesetzt sind, nur für einen bestimmten Fall und eine bestimmte Wasserstraße gültig zu sein.

[1] Im 2. Abschnitt haben wir das Wort „Schleppmonopol" abkürzend für den „staatlichen Schleppbetrieb auf den westdeutschen Kanälen (Mittellandkanal)" gebraucht, sofern der Zusammenhang nichts anderes ergibt. Nunmehr kehren wir wieder zur allgemeinen Bedeutung des Wortes zurück.

I. Als Schleppschiffahrtsform.

1. Betriebsgröße und Kostenstruktur.

Will man der Frage „Monopol oder Wettbewerb in der Schleppschiffahrt" mit den Mitteln der Wirtschaftstheorie beikommen, so muß man sich an das erinnern, was diese grundsätzlich über die eigentümlichen Wirkungen der freien Konkurrenz sowie über die Bedingungen und Folgen ihrer Ablösung durch monopolistische Zusammenfassung aussagt. Alsdann hat man in diese Aussagen die besonderen Voraussetzungen unseres Wirtschaftszweiges einzuführen um festzustellen, welche Geltung jene hier beanspruchen können.

Man wende nicht ein, dies sei ein überflüssiges Beginnen, da es freie Konkurrenz kaum noch gebe. Es handelt sich zunächst um die möglichst reinliche Gegenüberstellung der beiden einander entgegengesetzten Prinzipien. Zum Monopol gehört der Wettbewerb wie das Licht zum Schatten. Man kann das Wesen des Monopols gar nicht erfassen, wenn man nicht die Möglichkeit des Konkurrenzprinzips voraussetzt. Ob diese Möglichkeit voll realisiert ist, ist eine andere Frage, mit der wir uns noch zu beschäftigen haben werden. Jedenfalls beruht die tatsächliche Preisbildung, auf die es entscheidend ankommt, in unserer heutigen Volkswirtschaft noch durchaus auf dem Wirken eines Wettbewerbes, mag dieser auch mehr oder minder beschränkt sein. Entscheidend ist aber die Preisbildung deswegen, weil ohne sie jede wirtschaftliche Rechnung unmöglich wäre, also auch jeder Vergleich der Wirtschaftlichkeit, ja die Feststellung dieser selbst, im Dunkeln tappen würde.

Von welcher Tragweite die Frage nach der Anwendbarkeit der Erkenntnisse über das Konkurrenzsystem ist, wird sich erst völlig erweisen, wenn wir die isolierte Betrachtung der Schleppschiffahrt erweitern und fragen, wie sich die Schlepporganisation in den gesamtwirtschaftlichen Rahmen einfügt. Die Antwort muß begreiflicherweise verschieden ausfallen, je nachdem man das Schleppmonopol als ausnahmsweise Teilmonopolisierung eines Wirtschaftszweiges oder als Sonderfall und konsequente Durchführung eines in der Volkswirtschaft häufigen oder gar herrschenden Aufbauprinzips auffaßt.

Wir haben zunächst aber den Gewerbezweig „Schleppschiffahrt" für sich allein ins Auge zu fassen und zu fragen, was innerhalb dieses Bereiches das Schleppmonopol von der Konkurrenz unterscheidet. Erst dann, wenn wir sozusagen die innenpolitische Gestaltung des Schleppmonopols untersucht haben, haben wir das Schleppmonopol in den Gesamtzusammenhang des volkswirtschaftlichen Konkurrenzsystems hineinzustellen und nach den „außenpolitischen" Beziehungen des Schleppmonopols zu fragen, wenn wir wissen wollen, in welchem Grade eine solche Teilmonopolisierung auf einem einzelnen Tätigkeitsfeld sich von den Einflüssen jenes Gesamtzusammenhanges zu emanzipieren vermag und welche Folgen sich an die Emanzipation für das Schleppmonopol selbst und für die damit verbundenen Glieder der Volkswirtschaft verknüpfen.

Für die isolierte Betrachtung der Schleppschiffahrt hat man von Erwägungen auszugehen, die Gemeingut der heutigen Volkswirtschaftslehre sind. Wo mehrere Unternehmer dieselbe Güterart[2] nach Maßgabe des Bedarfs erzeugen, pflegt sich unter der Herrschaft des Wettbewerbes ein Preis herauszubilden, der sich den Kosten des zu günstigsten Bedingungen arbeitenden Unternehmers anzugleichen strebt. Doch kommt die Angleichungstendenz unter folgenden Voraussetzungen zum Stillstande: Sofern die Produktionsbedingungen der einzelnen Unternehmer verschieden sind, wird innerhalb jedes Betriebes die Stückkostenkurve anders verlaufen, d. h. die Kurve, die anzeigt, in welchem Grade die Kosten pro Erzeugungseinheit mit wachsendem Gesamtabsatz des Unternehmens sinken; bei welcher Absatzmenge die geringsten Kosten pro Erzeugungseinheit entstehen; über welchen Punkt hinaus wiederum eine Einheitskostensteigerung eintritt. Die Konkurrenz zwingt jeden Unternehmer zu einem Produktionsumfange, der innerhalb der Grenze der abnehmenden Einheitskosten bleibt. Wir haben dann mehrere Unternehmer nebeneinander von gleicher oder verschiedener Produktionsgröße, deren jede für sich betrachtet optimal ist. Die Konkurrenz bewirkt also nicht nur — allgemein gesprochen — die Ersetzung von Unternehmungen mit höheren Kosten durch solche von niedrigeren

[2] Gemeint sind beliebig vermehrbare Güter, wobei beliebige Vermehrbarkeit hier lediglich die Möglichkeit bezeichnen soll, zu gleichbleibenden Preisen der Produktionsfaktoren das betreffende Gut bereitzustellen.

Kosten (unter Ausschaltung des Unternehmergewinnes), sondern sie bürgt zugleich dafür, daß die übrigbleibenden Unternehmungen die in sich wirtschaftlichste Dimension haben. Wenn die Gunst des Unternehmens mit den niedrigsten Kosten so stark überwiegt, daß es die ganze Nachfrage zu befriedigen vermag, ohne die Grenze der abnehmenden Einheitskosten überschreiten zu müssen, wird es als einziges das Feld beherrschen.

Eine solche einzige Unternehmung als Resultat des Wettbewerbskampfes ist nicht mit einem Monopol zu verwechseln, da jede Produktionseinschränkung und Preiserhöhung durch das Auftreten neuer Konkurrenten zunichte würde. Die einzige Unternehmung ist nur dank ihrer Tüchtigkeit und Leistungsfähigkeit als Siegerin aus dem Kampf hervorgegangen und würde selbst ihre beherrschende Stellung erschüttern, wollte sie die Bedingungen ihres Aufstieges gleichsam nachträglich wieder abändern. Sie ist überlegen kraft ihrer Leistungsfähigkeit, und sie würde die Überlegenheit sofort wieder einbüßen, wenn sie die Leistungsfähigkeit herabmindern, in ihren Anstrengungen nachlassen wollte.

Wann der Fall des einzigen Unternehmens eintritt, ist eine Tatfrage und neben dem Nachfragecharakter hauptsächlich von der technischen Eigentümlichkeit des betreffenden Produktionszweiges abhängig. Wenn festgestellt ist, was es mit der Betriebsgröße[3] unter den Bedingungen der Konkurrenz für eine Bewandtnis habe, so ist damit noch nichts über das Kostenniveau in seiner Beziehung zu demjenigen eines Monopols gesagt, da ein Unterschied hierin gerade im Konkurrenz- oder im Monopolcharakter begründet sein kann. Immerhin ist die Klärung der Frage nach dem Großbetriebe in der Schleppschiffahrt unumgänglich.

Die allgemeine Theorie liefert also den wichtigen Ausgangspunkt, daß eine schlechthinige und unbegrenzte Überlegenheit des Großbetriebes — eine notwendige, wenn auch nicht hinreichende Bedingung für die Wirtschaftlichkeit des Monopols in einem Gewerbezweige — keinesfalls von vornherein angenommen werden kann und ferner einen Hinweis darauf, worin eine möglicherweise vorliegende Überlegenheit des Großbetriebes Maß und Ziel findet.

Wenn wir versuchen, diese Grunderkenntnisse auf unseren Fall anzuwenden, so steht dem jedenfalls nicht im

[3] In diesem Zusammenhange decken sich die Begriffe „Betrieb" und „Unternehmung" ihrem Umfange nach.

Wege, daß es sich im Verkehrsgewerbe und speziell in der Binnenschiffahrt nicht um Waren, sondern um Dienste handelt. Was üblicherweise zunächst für die industrielle Produktion gesagt ist, gilt grundsätzlich auch für die Produktion von Verkehrsleistungen. Der Unterschied liegt nur in der verschiedenen Form der Kostenkurven. Man hat sich gewöhnt, im Verkehrswesen im Anschluß an Sax von Intensitätsstufen zu sprechen, innerhalb deren die Produktion der Leistungen zu abnehmenden Einheitskosten erfolgt, sowohl was ein Verkehrsmittel im ganzen, wie was das einzelne Unternehmen einer Verkehrskategorie betrifft. In diesem Zusammenhange interessiert nur die innerbetriebliche Intensität der Kapitalanwendung und die ihr entsprechende Kostengestaltung.

Wir haben uns zunächst einen Überblick über die Faktoren zu verschaffen, von denen Kosten und Leistungen im Schleppschiffahrtsbetriebe abhängen, um im Anschluß hieran zu prüfen, welche dieser Abhängigkeitsverhältnisse sich mit der Betriebs- und Unternehmungsgröße ändern.

Ein klares Bild der Kostenstruktur gewinnt man, wenn man die Ausgaben, die der Schlepper in der Ruhe verursacht, von denjenigen trennt, die durch die Fahrt entstehen[4].

Dementsprechend unterscheidet Geile Bereitschaftskosten und Betriebskosten[5]. Zu den Bereitschaftskosten[6], die fixer Natur, d. h. unabhängig vom Beschäftigungsgrad sind, sind hiernach zu zählen: Kosten für Instandhaltung, allgemeine Verwaltung, Versicherung, Abschreibung, Verzinsung. Zur Instandhaltung zählen die Grundüberholungen, Großreparaturen und die ständigen Unterhaltungsarbeiten. Außerordentliche Erneuerungen, deren Nutzen sich über eine längere Zeit erstreckt, sind als Anlagezugang

[4] W. Geile, Das Selbstkostenproblem in der Rheinschleppschiffahrt, Zeitschrift f. handelswissenschaftliche Forschung, 1928, S. 529 ff. Sowie Geile-Weyhenmeyer, Binnenschiffahrt. Schriftenreihe Einheitsbuchführungen. R. K. W. Veröffentlichungen Nr. 47, Dortmund 1929.

[5] Schütte, Kalkulation und Preisbildung in der Elbschiffahrt, Diss., Berlin 1932, S. 58, faßt Schiffskosten, die entstehen, wenn das Schiff außer Dienst ist, mit den Betriebskosten zu Bereitschaftskosten zusammen und stellt diese den eigentlichen Fortbewegungskosten gegenüber. Der Sache nach korrekt, doch unglücklich in der gewählten Formulierung.

[6] Genauer: Bereitschaftskosten im weiteren Sinne oder Vorbereitungskosten.

aufzufassen und belasten anteilmäßig den Aufwand für Abschreibungen.

Die Betriebskosten, die unmittelbar durch die Betriebsführung entstehen, lassen folgende Eigentümlichkeiten erkennen:

1. Die Lohn- und Reisekosten weisen mit zunehmender Leistung eine Degression der Grundlohn- und Reisekosten auf, bis eine Leistungssteigerung nur noch mit progressiv steigenden Überstundenvergütungen erkauft werden kann, was die ursprüngliche Degression in eine Proportionalität und schließlich in eine Progression verwandelt, wenn die Mehrarbeitsvergütungen überwiegen. Der für den Betrieb günstigste Beschäftigungsumfang liegt in der Zone der proportionalen Kosten.

2. Die Kosten der Betriebsverwaltung an Land sind fix, also mit zunehmender Leistung degressiv.

3. Die Kohlenkosten sind schwach degressiv bei steigender Leistung, insofern es gelingt, die unproduktiven Liege- und Bekohlungszeiten abzukürzen. Hierin beruht z. T. der Vorteil der Langstreckenfahrt. Steigerung der Leistung über die größte zeitliche Ausnutzung hinaus, etwa durch Steigerung der Fahrgeschwindigkeit, biegt die Degression in eine Progression um. Der Kohlenverbrauch verläuft ungefähr proportional den aufgewandten Fahrstunden; sinkendem Effekt entspricht also eine Steigerung der Kosten pro Leistungseinheit. Bei Motorschleppern paßt sich der Treibstoffverbrauch noch stärker der Fahrzeit an, da im Gegensatz zur Dampfmaschine hier während der Schleppbereitschaft kein Treibstoff benötigt wird.

4. Beim Materialverbrauch überwiegen die proportionalen Kosten für Betriebsmittel (Schleppstränge und Schmiermittel); der fixe Charakter der beiden anderen Bestandteile, nämlich das Ausrüstungs- und Instandhaltungsmaterial, machen die Materialkosten insgesamt leicht degressiv.

Die Betriebskosten nehmen unter dem Einfluß der fixen Kostenelemente einen zunächst stark, dann schwächer werdenden degressiven Verlauf, um sich in der optimalen Beschäftigungsspanne einer gewissen Proportionalität zu nähern. Praktisch wird der Betrieb nie aus der Degression herauskommen.

Wir ergänzen das Gesagte durch ein für die westdeutschen Kanäle typisches Beispiel, aus dem die Abhängigkeit der Kosten vom Beschäftigungsgrad hervorgeht.

Die durchschnittliche Jahresleistung eines Dampfschleppers von 150 PS möge 12 Mio Ladungs-tkm betragen, die Höchstleistung dagegen 18 Mio tkm (bei 260 Betriebstagen [7] zu 12 Fahrstunden bei 4 km Reisegeschwindigkeit); für die Durchschnittsleistung entstehen dann folgende Kosten: [8]

	RM
Bereitschaftskosten	
Unterhaltung	3 000
Erneuerung (4,5% von 80 000 RM Anschaffungswert) [9]	3 600
Verwaltung [10] einschl. Steuern	2 500
Versicherung	2 000
	11 100
Betriebskosten:	
Arbeitslöhne mit Sozialbeiträgen	12 700
Kohle	6 900
Schmier-, Putz- und Farbstoffe	700
Jahreskosten insgesamt:	31 400

Wir variieren in dieser Rechnung, der tatsächliche Verhältnisse zugrunde liegen, die Brenn- und Betriebstoffkosten entsprechend einer Änderung der Leistung [11], wobei wir annehmen, daß einer Leistung von 1000 tkm ein Kohlenverbrauch von 25 kg und dem Kohlenverbrauch jeweils Betriebsstoffkosten von 10 % entsprechen. Es ergibt sich sodann für die Höchstleistung:

		RM
18 Mio tkm (450 t Kohle zu 23 RM)	=	10 350
Betriebsstoffe: 10 %	=	1 035
feste Kosten wie oben		23 800
		35 185

Beziehung der Gesamtkosten auf die Leistung zeigt folgende Degression (in Pfg. je tkm):

bei	8 Mio.	tkm	0,361	
„	9 „	„	0,328	
„	10 „	„	0,301	
„	12 „	„	0,262	= Durchschnitt.
„	14 „	„	0,233	
„	16 „	„	0,212	
„	18 „	„	0,195	= Vollausnutzung.

[7] Von den 365 Kalendertagen sind abgezogen: 39 freie Tage der Besatzung, 30 Eistage, 17 Tage für Kesselreinigen, 19 Reparaturtage.

[8] Basis 1929.

[9] Genauer ist getrennte Abschreibung von Schiffskörper und Maschinenanlage. Aus der Praxis ist ein Satz von 4 % für ersteren (Wertanteil: 42%), von 10% für letztere (Wertanteil: 58%) bekannt. S. a. S. 90.

[10] Hier ausnahmsweise auch die Betriebsverwaltung einbegriffen.

[11] Obwohl, wie erwähnt, hier streng genommen keine Proportionalität vorliegt.

Soweit die vorliegenden Erfahrungen eine Beurteilung zulassen, vermindert sich beim Motorschlepper die Bedeutung des Brennstoffverbrauchs nicht unerheblich, so daß die festen Kostenbestandteile noch mehr das Übergewicht bekommen, mithin die Degression wächst. Es sei nur auf ein Beispiel verwiesen, das zahlenmäßige Anhaltspunkte bietet und bei dem es sich um den Umbau eines Dampfers in einen Motorschlepper (auf dem Rhein-Herne-Kanal) handelt[12]:

	vor	nach dem Umbau
Maschinenleistung	90 PSi	270 PSe
geleistete Schleppstunden	896	1 071
geschleppte tkm in Mio	3,75	10,6
Verbrauch an Brennstoff je 1000 tkm	23,5 kg	2,8 kg Gasöl
Verbrauch an Maschinenöl für 1 000 tkm	57,0 g	30,0 g
Zylinderöl do.	25,0 g	—
Ersparnis an Personalkosten	—	2800—3000 RM
Kosten der Brenn- und Betriebstoffe je 1 000 tkm (Basis Nov. 1928) . .	0,56 RM	0,295 RM

Die Preisschwankungen namentlich für Gasöl machen die Berechnungsgrundlage zwar unsicher, doch scheint an der Tendenz selbst kein Zweifel erlaubt.

Es ergibt sich also bei gegebener Stärke eines Schleppers der nicht weiter verwunderliche Tatbestand, daß es eine Sache steigender Ausnutzung ist, wenn die Kosten je Nutztkm[13] sinken sollen. Mangelnde Ausnutzung aber besteht entweder im Stilliegen oder in ungenügender Auslastung während der Fahrt, sei es, daß der Anhang zu klein ist oder gar fehlt, wenn zwischen zwei Reisen Leerfahrten erforderlich werden. Zeitliche und mengenmäßige Ausnutzung verschränken sich hier.

Es kann als erwiesen gelten, daß mit wachsender PS-Zahl des Schleppers und entsprechend größerem Schleppgewicht die Schleppkosten je tkm abnehmen. Nun sind dem Bestreben, möglichst starke Schlepper zu verwenden, ziem-

[12] Werft, Reederei, Hafen 18, 1929.

[13] Geile-Weyhenmeyer haben als betriebswirtschaftlich beste Leistungseinheit, auf die die Kosten zu beziehen sind, das Verhältnis von PS-Fahrstunden und tkm aufgestellt. Dies mag für manche Untersuchungszwecke vorteilhaft sein, für unsere Fragestellung ist die Beziehung auf das Schleppgewicht mal Schleppstrecke, zunächst bei gegebener Fahrgeschwindigkeit, angemessen.

lich enge technische Grenzen gezogen, vollends auf Kanälen, deren Abmessungen meist nur geringen Spielraum lassen. Die neueren Motorschlepper auf den westdeutschen Kanälen zählen 160 e. PS. Stärken von mehr als 300 e. PS. kommen hier nicht in Betracht, wogegen auf dem Rhein Schleppboote von 1350—1800 PSi nicht selten vertreten sind.

Die Skala der verschiedenen PS-Klassen ist nicht weit genug gespannt, um wirtschaftlich wichtige Unterschiede zwischen dem Betrieb mit dem schwächsten und demjenigen mit dem stärksten Schlepper zu kennzeichnen. Zwar würde der größte Rheinschlepper ein Kapital von etwa 800 000 RM erfordern; zwar entfallen von den starken Radschleppern auf dem Rhein 90% auf die Großbetriebe[14] und gehören die meisten und stärksten Radschlepper auch auf Elbe und Oder den Reedereien, wogegen Schraubenschlepper vielfach von Kleinschiffern betrieben werden. Aber auf Kanälen ist ein Betrieb mit einem einzigen starken Schlepper fast ebenso weit vom Großbetrieb entfernt wie derjenige mit dem schwächsten. Kapital- und unternehmungsmäßig spürbar wird hier ein Unterschied zwischen Groß- und Kleinbetrieb erst, wenn eine Mehrzahl von Schleppbooten in einer Hand vereinigt dem Einzelunternehmer gegenüberstehen. Die Bewirtschaftung einer Mehrzahl von Schleppschiffen aber begründet die Notwendigkeit eines Unternehmungssitzes, dessen der Einzelunternehmer gut entraten kann, weil er — Unternehmer und Kapitän in einer Person — Schleppgeschäfte abschließt, wo er sich gerade befindet.

Unter den verschiedenen Kostenarten gewinnen nunmehr die V e r w a l t u n g s - oder allgemeinen Handlungsunkosten besondere Bedeutung. Betrachtet man n u r die übrigen Kosten, also diejenigen, die an das Dasein und die Verwendung der Schleppschiffe geknüpft sind, so ergibt sich scheinbar die Möglichkeit, für jedes Unternehmen, gleichgültig über wieviel Boote es verfügt, die Kosten jedes der Boote zu addieren, ohne daß ersichtlich wäre, daß die Kosten je Leistungseinheit dadurch irgend eine Änderung erfahren könnten. Allein, die Sorge für größtmögliche Ausnutzung jedes Dampfers einer Reederei erfordert eine planmäßig leitende Tätigkeit, verursacht „Verwaltungskosten". Die Organisation, die einerseits für ausreichende Beschäftigung der Schlepperflotte des Unternehmens insgesamt und anderer-

[14] T e u b e r t, 2. Aufl., Seite 820.

seits für die zweckmäßigste Einteilung und Ausnutzung der Betriebsmittel Vorkehrungen trifft, hat die Möglichkeit, ein solches Zusammenwirken der Schlepper herbeizuführen, das einen höheren Erfolg verspricht, als er jedem Schlepper, der isoliert seiner Beschäftigung nachgeht, für sich allein beschieden ist. Die Vorteile großbetrieblicher Zusammenfassung sind mithin völlig anderer Natur — und dementsprechend anderen Ausmaßes — als wir sie im Bilde der industriellen Erzeugung gewohnt sind. Die Kurve sinkender Stückkosten bei wachsender Produktionsausdehnung, d. h. Erweiterung der Anlagen, nimmt, aufs Ganze gesehen, im Industriebetrieb bis zum Kulminationspunkt stetig zu. In der Schleppschifffahrt hingegen lassen sich die Einheitskosten lediglich durch Vermehrung der Betriebsmittel nicht senken — vorausgesetzt jeder Schlepper erreicht infolge voller Auslastung für sich das Kostenminimum. Unter der Annahme ausreichender Beschäftigung — die man bei der Betrachtung der industriellen Erzeugung gerade beibehalten muß, um die Eigenart der Kostendegression recht einleuchtend zu machen — scheint hier im Gegenteil der Einzelunternehmer im Vorteil, da er sich nicht mit den Kosten eines Landapparates zu belasten braucht, scheint also nicht der geringste Anreiz dafür zu bestehen, eine Mehrzahl von Schleppern in einer Hand zu vereinigen.

Die Sachlage ändert sich erst, wenn ausreichende Beschäftigung nicht gesichert ist, sondern selbst erst das Ziel der unternehmerischen Tätigkeit bildet, einer Tätigkeit in doppelter Beziehung: Sicherung eines (möglichst großen) Beschäftigungsumfanges und möglichst rationelle Einstellung der Schleppmittel. Erst die — tatsächlich gegebene — Notwendigkeit und Möglichkeit, durch überlegte Anordnung, zentrale Lenkung, die Reisen der Schlepper so einzuteilen und diese selbst nach ihrer Maschinenstärke so anzusetzen, daß ihre Liege- und Wartezeiten minimal und ihre Auslastung (ihre Anhänge) maximal werden, kann Chancen zur Kostensenkung in sich schließen und einen Anreiz darstellen, vom Einzelbetrieb zum Großbetrieb überzugehen. Und wenn wir da, wo die Wasserverhältnisse eine Zusammenballung der Zugkraft gestatten, die starken Schlepper in den Händen von Großunternehmungen finden, so liegt die Erklärung hierfür in der besseren Beschäftigungsmöglichkeit dank der hier vorhandenen Landorganisation. Es ist ein Nebenerfolg der Vorkehrungen zur Sicherung der Beschäftigung, wenn die Großunternehmungen dadurch in den Stand gesetzt werden, sich die rein betrieblich bedingten Kostenvorteile starker Schlepper zunutze zu machen.

Die Sicherung der Kontinuität der Beschäftigung im Großbetriebe bringt es ferner mit sich, daß die erforderlichen Grundüberholungen der Fahrzeuge planmäßig erfolgen, so daß ein gleichzeitiger Ausfall[15] mehrerer Schlepper vermieden wird. Der Einzelbetrieb scheidet während einer solchen Zeit selbstredend völlig am Markte aus.

Der Kostenvorsprung des Großunternehmens wird dann deutlich, wenn der Einzelunternehmer gezwungen ist, sich zwecks Beschaffung von Schleppgut gegen Zahlung einer Provision der Vermittlung eines Maklers zu bedienen. Die Berechnungsart dieser Gebühr bedingt eine leicht proportionale Tendenz — je mehr eine Vermittlung in Anspruch genommen werden muß um so stärker — wogegen die Verwaltungskosten des Großunternehmens sich degressiv auswirken.

Auch wenn die Provisionsbeträge absolut geringer sind als die entsprechenden Verwaltungskosten einer Reederei, hat der Partikulier dafür nur eine geringere Aussicht auf volle Ausnutzung seines Dampfers als die in ständiger Fühlung mit den Verfrachtern an Land arbeitende Reederei. Seine festen Kosten schlagen daher stärker zu Buch. Diesen Nachteil kann er wiederum zum mindesten teilweise dadurch wettmachen, daß er an Unternehmerlohn spart. Bei der Reederei, deren kaufmännische Leitung an Land sitzt und sich auf ein Netz von Agenten und Niederlassungen in den Häfen stützt, mag mit der Leistungsfähigkeit dieses Hilfsapparates auch die Gesamtmenge des Schleppgutes durchschnittlich pro Schlepper größer sein, als sie der Einzelunternehmer je erreicht, wobei zu beachten ist, daß die Ausnutzung der einzelnen Schlepper dabei noch sehr verschieden sein wird.

Wir versuchen, die Kurve der Gesamtkosten solcher Schleppunternehmungen, die über mehrere Schlepper verfü-

[15] Von welcher Bedeutung die Ausfallzeiten sind, ermißt man an einer Berechnung, die das Vorarbeitenamt für den Schleppbetrieb auf dem Hansakanal angestellt hat. Zur Bewältigung eines Jahresverkehrs von 4760 Mio. tkm seien 190 Schlepper mit einer Jahresleistung von je 25 Mio. tkm erforderlich. Es seien geeignete Liegeplätze für 58 Schlepper vorzusehen, da von den 190 Booten stets 10 % in Kesselreinigung oder Reparatur, 5 % in der Ausrüstung und Schleppbereitschaft und 30 % in Sonntagsruhe liegen.

gen, in ihrem mutmaßlichen Verlauf zu verdeutlichen. Um die Verwaltungskosten zu erfassen, behilft man sich in den bekannten Selbstkostenschätzungen des Schleppbetriebes in der Regel damit, jene in Prozent des Anschaffungswertes eines Schleppers auszudrücken. Prietze[16] gibt für Kanalschlepper 4%, Teubert[17] allgemein 1—1½% an, welch letzterer Satz wenigstens für die großen Dampfer ausreiche. Die Praxis rechnet u. W. eher mit dem höheren Satz. Es bedarf keines Beweises, daß für unseren Zweck solche Angaben zu unbestimmt sind, abgesehen davon, daß die etwaige Annahme, die Verwaltungskosten verhielten sich proportional zur Anzahl der Schlepper, offensichtlich falsch wäre.

Wird ein Schleppbetrieb so groß, daß zu seiner Führung ein Apparat an Land nötig wird, so ist leicht einzusehen, daß die Kosten dieses Apparates im Anfang, d. h., wenn die Zahl der Schlepper noch verhältnismäßig gering ist, pro Schlepper am höchsten sind. Zwar werden sie absolut mit zunehmender Zahl der Schlepper im großen ganzen ebenfalls zunehmen, jedoch nicht so stark. Wir dürfen annehmen, daß der Verwaltungsaufwand in gewissen Stufen einer Vermehrung des Schlepperparkes folgt und nur innerhalb dieser Stufen trotz Schleppervermehrung nicht zu steigen braucht, sodaß innerhalb einer Stufe jeweils die oberen Grenzwerte die niedrigsten Verwaltungskosten je Dampfer darstellen[18].

Wir haben uns also die Kurve der Verwaltungskosten je geschlepptes tkm innerhalb eines Betriebes bei zunehmender Zahl der Schlepper prinzipiell fallend zu denken, wenn auch in Abständen die Neueinstellung von Schleppern die sinkende Tendenz durch ein vorübergehendes Steigen unterbrechen wird.

Nun ist aber der Sinn der Verwaltungskosten gerade der, eine möglichst gute Ausnutzung der Dampfer herbeizuführen bzw. nicht zu verhindern. Das geschieht vom Land aus. Sowohl nach innen durch eine rationelle Betriebsleitung, wie nach außen durch „Akquisition". Wenn auch die Kosten für Betriebsleitung in gewissem Umfange dem Einfluß der Akquisitionstätigkeit und deren Erfolgen unterliegen, so kann man sie doch praktisch bei gegebener Betriebsgröße als unverän-

[16] Die Wasserwirtschaft Deutschlands, Bd. III, S. 48.

[17] II, S. 442.

[18] Der Verwaltungsaufwand folgt auch Einflüssen des Verkehrsumfanges, die sich aber nicht einheitlich auswirken und hier außer Betracht bleiben müssen.

derlich ansehen. Wenn wir also die Kurve der Verwaltungskosten je Leistungseinheit mit der Betriebskostenkurve vereinigen, erhalten wir eine Gesamtkostenkurve, deren Verlauf davon abhängt, in welchem Maße es gelingt, durch möglichst wenig Verwaltungsaufwendungen eine möglichst hohe Ausnutzung der Schlepper zu erzielen. Hier kommt dem Großbetriebe der Umstand zugute, daß eine größere Anzahl von unterwegs befindlichen Schleppern die Zuweisung von Schleppgut insofern erleichtert, als die Wahrscheinlichkeit gleichmäßiger Verteilung der Dampfer über die Beförderungsstrecke wächst; das Dirigieren an die Stelle des Bedarfs ist mit geringeren Zeit- und Kraftverlusten möglich, wenn die Leitung wahlweise von mehreren Punkten aus einen Schlepper dorthin entsenden kann, statt etwa — im entgegengesetzten Falle — nur von dem Punkt aus, an dem sich ein einziger Schlepper nach Durchführung seiner Reise zufällig befindet. Man kann damit rechnen, daß diese Annehmlichkeit um so größer ist, je mehr Schlepper zum Betrieb gehören. Für die Organisation an Land wird man mit einem Mindestaufwand zu rechnen haben, der auch zur Beschäftigung einer Mindestzahl von Fahrzeugen treibt, sodaß sich vom Einzelbetrieb zur kleineren Reederei ein beträchtlicher Sprung ergibt. Die Verwaltungskosten sind, für sich betrachtet, stark degressiv. Ob diese Degression aber ausreicht, um insgesamt der Reederei vor dem Einzelbetrieb einen Vorsprung zu gewähren, hängt vom Dasein oder Fehlen von Verwaltungskosten (Gebühren) beim Einzelbetrieb zwar ebenfalls ab, jedoch zur Hauptsache von der Beschäftigungsmöglichkeit.

Die Gesamtkostenkurve, auf die Leistungseinheit bezogen, wird daher bei einem Minimum (Einzelunternehmer) beginnen, um bei geringsten Betriebsgrößen, die schon einen Verwaltungsapparat benötigen, zu einem Maximum anzusteigen, von wo ein allmähliches Absinken zu beobachten sein wird — unterbrochen infolge der stufenweise fortschreitenden Ausdehnung des Verwaltungsapparates — bis zu einem zweiten Minimum, das möglicherweise etwas unter dem ersten Minimum liegt, also das Optimum darstellt und dort liegt, wo die Einheitskosten wieder zu steigen beginnen, wenn die Organisation bei einer bestimmten Betriebsgröße gleichsam eine Eigengesetzlichkeit gewinnt, was sich etwa in wachsender Unübersichtlichkeit auswirkt. Denn das ist die obere Grenze der wirtschaftlichen Betriebsgröße, wenigstens theoretisch.

Unter den bisherigen Voraussetzungen — einheitliche,

ausreichende Fahrbahn, einheitliche Geschwindigkeit, zeitliche Stetigkeit der Nachfrage — ergibt sich zusammenfassend etwa folgendes: Der Großbetrieb hat nur dann vor dem Kleinbetrieb die niedrigeren Einheitskosten voraus, wenn es ihm mittels seiner Landorganisation gelingt, eine bessere Ausnutzung seiner Schlepper zu erzielen, und zwar eine um soviel bessere Ausnutzung, daß die dadurch erzielte Betriebskostendegression den Mehraufwand an Verwaltungskosten übersteigt. Die verbesserte Ausnutzung der Dampfer muß die Fahrkosten also in stärkerem Maße senken, als die „festen" Kosten durch die Einrichtung des Landapparates gestiegen sind. Die fixen Kosten des Landapparates, genauer deren hoher fixer Anteil, sind dabei selbst ein starker Antrieb zur Ausnutzung der Schleppmittel, sozusagen in Umkehrung ihres Zweckcharakters wirken sie wie eine causa finalis, schreien nach „Sättigung". Beim Wettbewerb der Betriebe mit Landorganisation u n t e r e i n a n d e r erscheint der noch übersichtliche Betrieb mit den meisten Schleppern jedenfalls als der überlegene, da sich die überwiegend fixen Verwaltungskosten auf eine größere Anzahl von Dampfern, bzw. Schleppleistungen verteilen, ganz abgesehen von der für den größeren Betrieb größeren Wahrscheinlichkeit einer regelmäßigen Beschäftigung der Dampfer. Die größte Konkurrenzfähigkeit zeigen daher der Partikulierschlepper einerseits und die große Schleppreederei andererseits, wogegen das mittlere und das Riesenunternehmen geringere Aussichten haben, die günstigsten Einheitskosten zu erzielen.

Es bedarf aber einer weiteren A n n ä h e r u n g an die W i r k l i c h k e i t, sowohl was die Fahrbahn, wie was die Nachfrage nach Schleppleistungen betrifft.

Die Beschaffenheit der F a h r b a h n, eine der wichtigsten Arbeitsvoraussetzungen, ist tatsächlich oft unzulänglich und wechselt streckenweise. Es nützt daher streng genommen wenig, wie bei einem Modellversuch einen Kostenvergleich für einheitliche und ausreichende Fahrwasserverhältnisse durchzuführen, da die Anwendbarkeit der Ergebnisse gering wäre. Da es nun für jeden Wasserquerschnitt ein technisch bestes Verhältnis von Schleppgeschwindigkeit und Schleppgewicht (Größe des Anhanges), das die geringsten Zugkosten erfordert, gibt, muß es ständig wechseln. Kann der Schlepper auch nicht allen, manchmal vielleicht geringfügigen Veränderungen folgen, so muß er doch nach einer grundsätzlichen Anpassung an solche Verschiedenheiten trachten, die

Geschwindigkeit entsprechend regulieren, seinen Anhang entsprechend vergrößern oder verringern. Besteht hierfür eine Nötigung, was nicht selten eintritt, während ein und derselben Reise, so versagt der Einzelunternehmer, soweit er nicht zum Zwecke eines streckenweisen Verholens Doppelfahrten ausführen kann, deren Mehrkosten die erstrebte Ersparnis aber nicht aufzehren dürfen. Ein Betrieb mit mehreren Schleppbooten ist hier offensichtlich in günstigerer Lage. Wo solche Fahrwasserunterschiede von größerer Bedeutung sind, wie vor allem auf Strömen, ist es möglich und zweckmäßig, die Stärke der auf den einzelnen Strecken einzusetzenden Schlepper entsprechend verschieden zu bemessen. Nur ein größerer Betrieb ist hierzu in der Lage. Dies ist der einzige Fall einer innerbetrieblichen Spezialisierung, die im Bereiche der Gütererzeugung dem Großbetriebe so beträchtliche Kostenvorteile einträgt.

Von hier aus ist eine allgemein gültige Antwort auf die Frage nach der Überlegenheit des Großbetriebes unmöglich gemacht, da sowohl die Verschiedenartigkeit der einzelnen Glieder des deutschen Wasserstraßennetzes als auch die Tatsache zu berücksichtigen ist, daß es größere Strecken von annähernder Gleichförmigkeit gibt (Mittellandkanal), über die hinaus die Schlepperfahrten auszudehnen vom Standpunkt der Wirtschaftlichkeit kein zwingender Anlaß besteht.

Wichtiger als die örtliche Verschiedenheit ist aber, wenn man das gesamte Wasserstraßennetz betrachtet, die hinzukommende zeitliche Veränderlichkeit infolge der Wasserstandsbewegung. Hiernach kann ein System von Wasserläufen für durchgehenden Verkehr an sich zu einer großbetrieblich disponierenden rationellen Aufteilung der Schleppzüge geradezu herausfordern, und trotzdem setzen die jahreszeitlich bedingten Veränderungen des Wasserspiegels alle derartigen Rechnungen wieder außer Kraft. Wo letzteres der Fall ist, wird der Einzelschlepper dem Großbetrieb nicht mehr nachstehen. Gewiß spielen für die reine Kanalschiffahrt solche Erwägungen regelmäßig keine Rolle, doch gewinnen sie im Wechselverkehr zwischen Strom und Kanal Bedeutung und beeinflussen damit möglicherweise auch die Kalkulationsgrundlage für den reinen Kanalverkehr.

Von höchster Bedeutung für die Entscheidung der Frage nach der Betriebsgröße ist aber die Gestalt der Nachfrage, d.h. des Verkehrsbildes, projiziert auf die räumliche Ausdehnung. Umfang und Zusammensetzung des Verkehrs sowie seine Verteilung auf Zeit und Raum bilden in der Tat den wichtigsten Prüfstein für die Bewährung einer bestimmten Betriebsgröße. Abermals wird deutlich, daß eine einheitliche Antwort auf die Frage des Großbetriebes für die Schleppschiffahrt schlechthin oder auch nur für die Kanalschiffahrt nicht möglich ist. Der rein mengenmäßige Verkehrsumfang einer Wasserstraße ist zunächst die unverrückbare Grenze für die Ausdehnungsfähigkeit eines Schleppbetriebes. Sie entscheidet auch darüber, ob mehrere Unternehmungen unter den Bedingungen eines die größte Wirtschaftlichkeit verbürgenden Wettbewerbes nebeneinander Platz haben. Die Verkehrsmenge ist in Beziehung zu bringen mit einer Strecke, auf der sie befördert wird. Es leuchtet ein, daß eine weitgehende gegenseitige Vertretbarkeit besteht: Das Produkt aus Tonnen und Kilometern kann auf dichtem, aber kurzstreckigem oder auf schwächerem, aber langstreckigem Verkehr beruhen. Unzureichende Beschäftigung in dem einen Verkehrsgebiet kann zur Ausdehnung der Fahrten auf die benachbarten führen, sodaß die Grenzen des Betätigungsfeldes grundsätzlich als elastisch anzusehen sind.

Der Gunst der langen Schleppstrecke, die vor allem dem Partikulier zugänglich ist, steht der Vorteil gegenüber, der möglicherweise durch regionale Zusammenfassung der Betriebsmittel entsteht. Einteilung in Schleppbezirke, eine Art regionalen Clearings der Schlepper, bietet die Möglichkeit eines die Ausnutzung erhöhenden Ausgleiches zwischen Nah-, Bezirks- und Fernverkehr, wobei der Fernverkehr in mehrere Bezirksverkehre zerlegt wird. Rationalisierungserfolge dieser Art aber stehen nur dem Großbetriebe offen. Sie werden gegen die ersterwähnte Gunst das Übergewicht erlangen, wenn die Bezirkseinteilung zugleich durch Fahrwasserunterschiede nahegelegt wird, sich also noch Vorteile aus einer Differenzierung der Maschinenstärke hinzugesellen.

Dort, wo der Verkehr nach Richtungen wenig ausgeglichen ist, zudem sich aus einer Vielzahl von räumlich und mengenmäßig verschiedenen Verkehrsbeziehungen zusammensetzt, sind für die großbetriebliche Organisation gegen den Einzelbetrieb Kostenvorteile zu erwarten. Unregelmäßigkeiten des Verkehrs im zeitlichen Ablauf erschweren wiederum solche auf größtmögliche Ausnutzung der einzelnen Schlepper bedachte Planung und geben der Anpassungsfähigkeit des nicht auf zentrale Befehlsausgabe angewiesenen Kleinbetriebes eine Chance.

Wir haben zuerst, als wir nach der Abhängigkeit der Kostenkurven vom Beschäftigungsgrad bei verschiedenen Betriebsgrößen fragten, vorausgesetzt, daß die Nachfrage nach Schleppkraft unbegrenzt sei, und sodann, als wir die Sicherung ausreichender Beschäftigung für die Schlepper betrachteten, daß die Nachfrage zwar begrenzt, aber konstant sei. Dieser Fall tritt in Wirklichkeit selten ein, vielmehr ist die Anpassung an die von Güterproduktion und -absatz ausgehenden Verkehrsschwankungen eine der wesentlichsten Betriebsaufgaben. Grundsätzlich verschiedenen Charakter haben die Saisonschwankungen einerseits und die Konjunkturschwankungen anderseits. Die Saisonbewegungen kehren ziemlich regelmäßig wieder und sind daher in etwa im voraus berechenbar; die Konjunkturbewegungen mittlerer Wellenlänge ebenso wie die Grundkonjunktur sind weder nach Dauer noch nach Ausmaß vorher bestimmbar. In dem einen Fall handelt es sich darum, die nach einer durchschnittlichen Beanspruchung bemessenen Betriebsmittel an die jahreszeitlich bedingten Veränderungen dieser Beanspruchung anzupassen, sie so einzusetzen, daß der größtmögliche Nutzeffekt erzielt wird. In dem anderen Fall handelt es sich um die richtige Bemessung der Zahl der Betriebsmittel selbst auf längere Sicht und um deren Fortbildung (Vermehrung oder Verminderung bzw. Nichtersetzung) im Einklang mit der allgemeinen Wirtschaftsentwicklung. Da, wie wir sahen, die reinen Schleppunternehmen mit Verwaltungsapparat die höchsten fixen Kosten zu tragen haben, reagieren sie auf Beschäftigungsschwankungen am empfindlichsten. Die Anpassung ist vor allem dann erschwert, wenn Tagesschwankungen eine Rolle spielen, die es verhindern, Schlepper aus dem Verkehr zu ziehen und dadurch wenigstens Löhne und Betriebsstoffe einzusparen. Die größte Elastizität beweist der Einzelbetrieb, der von der Last der Generalien so gut wie frei ist. Hier erweist der Partikulierschlepper seine besondere Stärke. Wenn die Reedereien sich zum Ausgleich der Schwankungen vielfach ergänzungsweise der Partikuliere bedienen, statt selbst ihren Schlepperpark in etwa nach dem Höchstbedarf zu bemessen, so zeigt dieses Verfahren bei allem privatwirtschaftlichen Nutzen doch nur, wo die Schwäche in der Struktur des Großbetriebes liegt.

Wann und unter welchen Bedingungen das Großunternehmen einen Umfang erreicht, der die Kosten infolge übersteigerter Verwaltungsaufwendungen wiederum pro Leistungseinheit anschwellen läßt, bleibt späterer Darlegung vorbehalten. Es genügt hier festzustellen, daß von einer eindeutigen Überlegenheit des Großbetriebes wahrscheinlich nur in einem verhältnismäßig eng umgrenzten Bereich die Rede sein kann. Der Bestätigung dieser Auffassung kann auch die Tendenz der geschichtlichen Entwicklung dienen, die in der Schleppschiffahrt in umgekehrter Richtung verlaufen ist als bei der Kahnschiffahrt und auch als bei den meisten Zweigen gewerblicher Erzeugung:

„Während sich beim Frachtgeschäft mit Lastschiffen der Großbetrieb aus der Kleinschiffahrt entwickelt hat, entstand umgekehrt im Schleppgeschäft zuerst der Großbetrieb und später der Kleinbetrieb."[19]

Die Seltenheit dieses Falles gründet zweifelsohne zur Hauptsache in der technisch-wirtschaftlichen Natur der Schleppschiffahrt.

Kehren wir zum Ausgangspunkt zurück! Nehmen wir das Wirken eines vollkommenen Wettbewerbes an, der die Kostenunterschiede, wie sie sich bei den Unternehmungen verschiedener Größe herausstellen, in idealer Reinheit als Gleichgewichtszustand bei gegebener Nachfrage nach Schleppleistungen hervortreten läßt, so ist das Obsiegen eines einzigen Unternehmens im Zeichen der größten Wirtschaftlichkeit nach allem Gesagten unwahrscheinlich. Es wird nur dann eintreten, wenn die Bedarfsgröße der Leistungsfähigkeit des Unternehmens von wirtschaftlichster Dimension (günstigster Schleppmittelstärke) gleichkommt. Ein ziemlich seltener Fall, da der Bedarf diese Größe fast regelmäßig zu überschreiten pflegt. Jener Fall bedeutet ja, daß ein Verkehr auf einer Wasserstraße von bestimmtem Umfange und bestimmter Art nur von einem einzigen Unternehmen zu niedrigsten Kosten bedient werden kann, daß also für die Befriedigung dieser Nachfrage nur eine einzige Möglichkeit zur Verfügung steht. Unsere Überlegungen haben aber erwiesen: In aller Regel stehen mehrere Möglichkeiten zur Wahl (mehrere Unternehmungen verschiedenen Umfanges), ohne daß die eine allen anderen so schlechthin überlegen wäre, daß sie sie verdrängen und durch die Verdrängung eine insgesamt höhere Wirtschaftlichkeit herbeiführen könnte. Wenn es ein Unternehmen von optimaler Betriebsgröße gibt, so setzt es sich bei vollkommenem Wettbewerb kraft seiner niedrigen Kosten durch, die niedriger sind als die aller anderen Wettbewerber. Nur dieses

[19] Teubert II, S. 820.

Unternehmen selbst hat den absolut optimalen Umfang; übersteigt die Nachfrage seine Leistungsfähigkeit, so müssen je nach Größe der Nachfrage ein oder mehrere weitere Unternehmungen herangezogen werden, sodaß im Gleichgewichtszustande ein oder mehrere Unternehmungen von gleichem, nämlich dem optimalen Umfang, nebeneinander bestehen, gegebenenfalls ergänzt durch ein oder mehrere kleinere Unternehmungen, je nach der Größe des Restes der durch die ersteren Unternehmungen unbefriedigt bleibenden Nachfrage.

Unsere bisherigen Betrachtungen dienten der Klärung der Frage, welche Unternehmungsgröße die Oberhand behält, wenn Kostenunterschiede von Betrieb zu Betrieb nur in den mit der Betriebsgröße sich ändernden Faktoren wurzeln.

Wir hatten infolgedessen bisher angenommen, jede Unternehmung habe mit denselben Einstandspreisen für die Elemente ihrer „Produktion" zu rechnen. Diese Annahme ist zu ungenau; denn es kann sein, daß bestimmte Unternehmer — ohne die „optimale Betriebsgröße" zu haben — dank irgendwelcher besonderer Vorteile die absolut niedrigsten Kosten erreichen. Eine Berichtigung wird daher berücksichtigen müssen, daß vor allen Dingen Löhne und Brennstoffkosten je Einheit von Unternehmung zu Unternehmung variieren können. Hinsichtlich der Lohnkosten ist der Partikulier wie im Kahn- so auch im Schleppbetrieb insofern im Vorteil, als dieser Posten für ihn selbst und vielleicht noch seine mitarbeitenden Angehörigen ein elastisches Existenzminimum darstellt, das regelmäßig unter der starren Höhe der tariflich festgelegten Gehälter und Löhne für das Personal von Reedereien bleibt. Dieser Umstand ist für die Beurteilung der Wettbewerbsfähigkeit des Partikuliers sehr wesentlich; ihm ist es vor allem zuzuschreiben, wenn es diesen Einzelunternehmungen gelingt, auch unter Bedingungen, die ihnen nach ihrer Kostenstruktur ungünstig sind, sich ihren Anteil am Verkehr zu sichern.

Unterschiede in den Brennstoffkosten finden sich grundsätzlich unabhängig von der Betriebsgröße der Unternehmungen, da sie zur Hauptsache auf Verschiedenheiten im Verbrauch der Maschinen und in den Einstandspreisen beruhen. In beiden Hinsichten kommt auch der Kampf des vordringenden Motors mit der Dampfmaschine zur Geltung.

2. Vergleich von Monopol und Konkurrenz.

In doppelter Beziehung sind wir der Wirklichkeit mit unseren Überlegungen immer noch recht fern: in der Annahme des Waltens idealer Konkurrenz und in der Voraussetzung reiner Schleppbetriebe. Bevor wir jedoch eine weitere Annäherung vollziehen, hat eine Gegenüberstellung mit dem Schleppmonopol zu erfolgen, weil nur so das grundsätzliche Wesen des letzteren ganz zu verstehen ist.

Wir sahen, daß der Wettbewerb aus sich heraus nur eine geringe Fähigkeit offenbart, einem beherrschenden Großbetriebe zum Siege zu verhelfen. Diese Neigung ist schon schwach unter der Annahme eines gleichen Ausgangspunktes für Groß- und Kleinbetrieb; sie wird vollends undeutlich durch die Tatsache des Lohnvorsprungs der Kleinen. Die Erfahrung bestätigt, daß von selbst, aus dem Zustande irgendeines Wettbewerbes heraus, nie ein Monopol emporgestiegen ist[20] Wenn wir das Wesen des Schleppmonopols und seine Lebensbedingungen ergründen wollen, so begegnen wir einem grundsätzlich anderen Aufbau, als wir ihn — unbeschadet mancher Ähnlichkeit — vom Schleppgroßbetrieb her kennen. Vor allem ist die Ausstattung mit dem Ausschlußrecht wichtig; das Monopol duldet keine anderen Schleppunternehmungen neben sich, weder gegenwärtige noch zukünftige. Gewiß gehört die Sicherung durch staatlichen Zwang nicht notwendig zum Wesen des Monopols. Gewiß gehören die Begriffspaare Schleppmonopol und Schleppwettbewerb einerseits, Schleppzwang und Schleppfreiheit andererseits zusammen. Es ist indessen überflüssig, bei der elementaren Form zu verweilen und zweckmäßig, unverzüglich das zum Schleppzwang gesteigerte Monopol dem Zustande des Wettbewerbes gegenüberzustellen.

Hier läge der Grundunterschied auch dann, wenn die freie Konkurrenz eine solche Auslese unter den ursprünglich vorhandenen Schleppunternehmern herbeigeführt hätte, daß nur ein großes Unternehmen die Leistungen zu den niedrigsten Kosten vollbringt. Denn die Annäherung an den Fall des Monopols ist hier nur scheinbar, weil und solange die Konkurrenz „latent" wirksam bleibt. Daher bleibt auch die Kostenstruktur des einzigen Unternehmens von der des Monopols

[20] Wenn Schütte (a. a. O. S. 125) berichtet, die großen Elbschiffahrtsgesellschaften verfügten über ein „Schleppmonopol", so ist jedenfalls etwas ganz anderes gemeint.

grundsätzlich verschieden. Das einzige Unternehmen muß nach wie vor zur Akquisition des Transportgutes Aufwendungen machen, da jede Nachlässigkeit in dieser Beziehung neue Konkurrenten herbeilocken würde. Das Monopol dagegen ist gegen das Aufkommen von Außenseitern gesichert, es braucht für die Beschaffung des Transportgutes nicht mehr zu sorgen, da die Ladungen, die auf die betreffende Wasserstraße gelangen, sich der Fortbewegung durch den Monopolisten nicht entziehen können, vorausgesetzt, daß die monopolistischen Schlepplöhne in ihrer Höhe nicht wesentlich von den Konkurrenzschlepplöhnen abweichen, also einen Anreiz zur Abwanderung auf konkurrierende Verkehrswege vermeiden. Der Landapparat des Monopolisten wird ganz in den Dienst der Organisierung des Fahrbetriebes gestellt, wo es sich nur noch darum handelt, eine an sich unabänderliche Güter- bzw. Kahnraummenge möglichst zweckmäßig auf die Betriebsmittel zu verteilen. Der unter beiden Formen angestrebte Zweck, nämlich größtmögliche Ausnutzung der Schlepper, wird im einen Falle durch Verwaltungsmaßnahmen an Land — sozusagen außerhalb des Schleppbetriebes — zu erreichen versucht, im anderen Falle durch planmäßige Organisierung der Schleppzüge selbst, unbeschwert mit der Sorge um die Zuleitung von Schleppgut.

Wir rufen uns noch einmal das Betriebssystem beim westdeutschen Schleppmonopol in Erinnerung: Im Industriegebiet strömt der Verkehr aus mehreren Adern zum Dortmund-Ems-Kanal; dazu kommen Kähne von verschiedenen Umschlagplätzen am Kanal oberhalb Bevergern, wie Münster und Saerbeck. „Mit Rücksicht auf diesen Sammelverkehr werden die aus dem Industriegebiet abgehenden Kähne nicht nach Empfangsrichtungen getrennt, sondern in der Reihenfolge ihrer Anmeldung abgeschleppt; sie treffen also in Bevergern in gemischten Schleppzügen ein und werden erst hier nach den Richtungen Emden und Hannover zerlegt, wobei der von Emden zum Ems-Weser-Kanal gehende Verkehr eingefädelt wird."[21]

Der Posten der Verwaltungskosten im weiteren Sinne erfährt also beim Monopolunternehmen im Gegensatz zum Konkurrenzunternehmen eine Wandlung in dreifacher Hinsicht:

1. Ein Teil fällt beim Monopol fort, soweit diese Kosten im Dienste der Akquisition standen,
2. ein Teil, nämlich zugunsten der Betriebsleitung vom Lande aus, wird von einer bestimmten Größe an vermehrt,
3. neu hinzu kommt möglicherweise ein Aufwand für solche organisatorische Aufgaben, die die Konkurrenz nicht kennt.

[21] Technische Erläuterungen zum Hansakanalentwurf. 1930. S. 81.

Nehmen wir an, die Konkurrenz zeitige als Ergebnis der Auslese nach den niedrigsten Kosten die notwendige Existenz mehrerer Betriebe, die von gleichem oder verschiedenem Umfange sein können. Ist die Ähnlichkeit mit dem Monopol im ersten Fall immerhin groß, so enthüllen sich hier die Verwaltungskosten für den Zuführungsapparat bei den einzelnen Unternehmen zu einem erheblichen Teil als echte Konkurrenzkosten, die nur dadurch entstehen, daß eben mehrere Konkurrenten sich in die Befriedigung der Nachfrage teilen müssen. Diese Kostenteile, zu denen auch der Aufwand für dann überflüssig werdende Betriebsstellen an Land gehört, werden beim Monopol hinfällig. Dafür ist das Monopol, als einziger und daher meist Großbetrieb, u. U. mit Mehrkosten belastet, die aus der größeren Schwierigkeit der rein betrieblichen Organisationsaufgabe bei zentraler Regelung des Schlepperumlaufs entstehen. Es ist wahrscheinlich, daß die Existenz mehrerer Betriebe sich besonders bei größerem Verkehr und ausreichender Fahrbahn als am wirtschaftlichsten erweist. Ein Monopol müßte in diesem Falle solche Dimensionen haben, die die rationelle Ausnutzung der Betriebsmittel erschweren. Dies ergibt sich aus den bisherigen Überlegungen, die um die Kardinalfrage kreisten, ob der einzige Betrieb noch in die Zone der abnehmenden Einheitskosten fällt oder ob er wegen Organisierungsschwierigkeiten der in Frage kommenden Leistungsmenge mit zunehmenden Einheitskosten arbeiten müßte.

Die Unterschiede in der Höhe der Verwaltungskosten im weiteren Sinne bei den verschiedenen Unternehmungsgrößen sind zwar recht bedeutsam. Trotzdem fällt die Entscheidung über die Überlegenheit auf dem Gebiete der Betriebskosten, und zwar zugunsten desjenigen Unternehmens, dem es vermittels seiner Verwaltungsaufwendungen gelingt, die beste Ausnutzung seiner Flotte zu erzielen, die Betriebskosten pro Einheit dadurch zu senken, daß es für maximale Beschäftigung sorgt.

Handelt es sich darum, eine Mehrzahl von Wasserstraßen (Kanälen oder Kanälen in Verbindung mit kanalisierten Flußstrecken) von im einzelnen verschiedenen Abmessungen und verschiedener Verkehrsdichte zu bedienen, so ist ein betriebswirtschaftlicher Vorzug des Monopols darin zu erblicken, daß dieses die Betriebsmittel den unterschiedlichen Fahrwasserverhältnissen am besten anpassen kann. Zwar können auch in Konkurrenz stehende Schleppreedereien ihre Dampfer im Pendelverkehr auf verschiedenen Strecken einsetzen, doch mit der geringeren Aussicht, sie auf den kürzeren Strecken mit zum Teil schwächerem Verkehr besser ausnutzen zu können als im durchgehenden Verkehr. Das Monopol kann dagegen den gesamten auf den Streckenabschnitten aufkommenden Verkehr zusammenfassen.

Diese mit dem Monopol gegebene Möglichkeit rechnet allerdings mit einem gewissen Mindestverkehr des schwächsten Gliedes der miteinander verbundenen Wasserstraßen. Kurs (a. a. O.) erkannte an: „Ist die Strecke so verkehrsarm, daß die Schlepper nicht genügend beschäftigt würden, so liegt auch keine Notwendigkeit für Einführung von Schleppzwang vor." Man kann ergänzen: nicht nur keine Notwendigkeit, sondern auch keine Wirtschaftlichkeit. Es ist aber trotzdem erforderlich, eine solche Wasserstraße zweiter usw. Ordnung in den Schleppmonopolbereich einzubeziehen, wenn auf den damit zusammenhängenden Strecken ein Monopol eingerichtet ist. Der Zuschuß, den die Bedienung dieses Zubringerverkehrs kostet, belastet den Monopolhaushalt entsprechend und kann die wirtschaftliche Zweckmäßigkeit des Monopols auf einem solchen Wasserstraßennetz wieder in Frage stellen. Ein Zuschußbedarf entstünde auch, wenn ein solcher Zweig- oder Stichkanal mit von den Schleppern des zugehörigen Hauptkanals bedient würde, nur liegt dann die Ursache nicht in der geringen zeitlichen Ausnutzung der (vielleicht schwächeren) Schlepper dieses Zuges, sondern in dem hier geringeren Nutzeffekt der (vielleicht stärkeren) Schlepper des Hauptkanals.

Bei allem hat man grundsätzlich zu bedenken, daß die „Freizügigkeit" auf den Wasserstraßen nur eine beschränkte ist, daß man von einem Netz im eigentlichen Sinne wie bei der Eisenbahn gar nicht sprechen kann[22]. Freizügig sind stets nur die kleineren Kähne. Die Verwendbarkeit der Dampfer auf Wasserstraßen von verschiedener Strömung und Abmessung ist sowohl technisch als auch wirtschaftlich noch geringer als die der Kähne.

Wenn die Fahrwasserverhältnisse des Kanals, wo der Einfluß der Natur im Vergleich zum fließenden Strom ganz zurücktritt, mit ihrer Gleichförmigkeit den Großbetrieb begünstigen, so gilt dies auch für das Monopol. Doch bleibt auch hier der Wechsel des Verkehrsumfangs, der den kapital-

[22] Vgl. Wiedenfeld, Transportwesen, S. 63.

intensiven Großbetrieb empfindlicher trifft als den anpassungsfähigen Familienbetrieb, zur berücksichtigen[23].

Man wird also einen bestimmten Schwankungsgrad und einen bestimmten Verkehrsumfang fixieren können, bei denen ein Monopol mit wirtschaftlichem Vorteil eine „Konkurrenz" ersetzen kann. Je gleichmäßiger die Beschäftigung und je näher der Beschäftigungsumfang jener Größe kommt, die man provisorisch als einen „mittleren" Verkehr[24] bezeichnen kann, um so günstiger sind die Vorbedingungen für den zentral zusammengefaßten Monopolbetrieb. Die beiden Erfordernisse können sich in gewissem Umfange gegenseitig vertreten, indem der tatsächliche Verkehrsumfang vom optimalen Umfang um so stärker abweichen kann, je geringer die Verkehrsschwankungen sind. Umgekehrt können die Verkehrsschwankungen größer sein, wenn der Durchschnittsumfang sich mit dem günstigsten deckt.

Die Aufgabe der Anpassung der Betriebsmittel an den Bedarf über längere Z e i t r ä u m e lösen Monopol und Konkurrenz (d. h. die Gesamtheit der konkurrierenden Unternehmungen) auf grundsätzlich verschiedene Weise. Hier folgt das Angebot automatisch, indem die dauernd gestiegene Nachfrage nach Schleppkraft die Schlepplöhne dauernd hochhält, also die Rentabilität der Schleppunternehmen verbessert und zur Vermehrung der Betriebsmittel reizt. Die Vermehrung erfolgt dann entweder durch die bereits bestehenden Unternehmen oder durch neugegründete. Das Monopol hingegen trifft die Entscheidung über eine Betriebsmittelvermehrung unabhängig von der Einwirkung eines solchen von außen kommenden Anreizes. Da ihm das Barometer des freien Preises der Schleppkraft fehlt, muß es den Bedarf etwa auf Grund seiner Betriebsstatistik u n m i t t e l b a r schätzen. Da sich die Konkurrenz in erster Linie von der Preisentwicklung leiten läßt, ist die Reagibilität auf Bedarfssteigerungen außerordentlich groß, zugleich aber auch die Gefahr einer übermäßigen Ausdehnung der Tonnage, da zuweilen eine Bedarfs- und Preissteigerung sich erst nachträglich als kurzfristig enthüllt. Das Monopol seinerseits folgt zwar den Steigerungen der Nachfrage nicht so schnell, da es seine Entschlüsse nach einem anderen Maßstabe als dem der Preisentwicklung faßt, bleibt

[23] Vgl. ebenda S. 67 f.

[24] jeweils bezogen auf die Länge der Fahrbahn von einheitlichen und ausreichenden Abmessungen (= kilometrischer Verkehr oder Verkehrsdichte in diesem besonderen Sinne).

aber dafür vermutlich in höherem Maße vor Fehlinvestitionen bewahrt, wenn es sich nicht auf Spitzenleistungen einrichtet.

Wenn man nach der Tauglichkeit des Schleppmonopols unter dem Gesichtspunkt größtmöglicher Wirtschaftlichkeit des Schleppbetriebes fragt, so ist damit implicite angenommen, daß das Monopolunternehmen keinen Zuschuß erfordert, sondern die Kosten aus Betriebserträgnissen mindestens deckt. Wenn wir bisher stets unsere Unterscheidungen nach den absolut verursachten Kosten trafen, so bedarf diese Betrachtungsweise noch der Ergänzung hinsichtlich der Methoden der Kostendeckung, d. h. der Finanzgebarung. Wenn die reine Konkurrenz in ihrer vollen Konsequenz die Preise auf die Grenzkosten einschließlich Unternehmerlohn herabzwingt, so erübrigt es sich hier, die Preisgestaltung einer besonderen Betrachtung zu unterwerfen. Anders beim Monopol, das, um es der Konkurrenz gleichtun zu können, im allgemeinen auf die Erzielung von Reinüberschüssen (über angemessene Verzinsung hinaus) verzichten muß. Aber auch dann sind noch zwei preispolitische Möglichkeiten gegeben: Preisbemessung in Übereinstimmung mit den auf die einzelne Leistung entfallenden Kosten oder unterschiedliche Preisbemessung für die einzelne Leistung bei Übereinstimmung von Gesamtkosten und Gesamtpreissumme. Im ersteren Falle soll der Preis mit den Durchschnittskosten der Leistung identisch sein, im zweiten Falle teils über, teils unter den Durchschnittskosten liegen. Hätte die Preissenkung für den Teil der Leistungen, die unter den Kosten angeboten werden, eine Ausdehnung der Nachfrage zur Folge und wäre mit einer entsprechenden Ausdehnung der Leistungserzeugung eine Senkung der Einheitskosten verbunden, so wäre der gestiftete Nutzen insgesamt größer als bei Einheitspreis. Denn die Konsumentenrente wäre gewachsen[25]. Im günstigsten Falle kann die fortschreitende Einheitskostensenkung so groß sein, daß der höchste der verschiedenen Preise nicht höher zu sein braucht, als die ursprünglichen Durchschnittskosten. Da Konkurrenzunternehmungen aber zu einem einheitlichen Preise verkaufen (nämlich entsprechend den Kosten des Grenzunternehmens), wären sie gegen das Monopol in einem erheblichen Nachteil. Schiffahrttreibende und Verfrachter brauchten für Schlepplöhne insgesamt beim Monopol nicht

[25] Was hier nicht näher erläutert werden kann. Vgl. z. B. Barone, Theoret. Nationalök. Dtsche Ausg. 1927, S. 183 Anmerkung.

soviel auszugeben wie bei Konkurrenz der Schleppunternehmungen.

Ein solcher allgemeiner Schluß ist nicht zulässig, einmal weil in der Schleppschiffahrt keine durchgehende Degression der Kosten mit wachsender Betriebsgröße festzustellen ist und dann, weil hier die Nachfrage sich durch eine Preissenkung nicht wesentlich anregen läßt. Die Degression ist, wie wir sahen, am stärksten, wenn das Unternehmen bei gegebener Anzahl der Schlepper von geringerer zu besserer Ausnutzung dieser Schlepper fortschreiten kann. Jede Neueinstellung von Schleppern unterbricht aber diese Degression, die mit wachsendem Beschäftigungsumfang wieder herzustellen jedesmal nicht leichter, sondern immer schwieriger wird. Die Grenze der Degression ist so eng gezogen, daß man von einer eindeutigen Tendenz zum einzigen Betrieb nicht sprechen kann. Über die Grenze der abnehmenden Einheitskosten hinaus könnte ja die Produktion der Leistungen nicht ausgedehnt werden, sodaß jenseits dieser Grenze der Politik unterschiedlicher Preise die Grundlage entzogen ist. Was die Voraussetzung abnehmender Einheitskosten betrifft, so ist sie also nur bedingt und in bestimmtem Rahmen gegeben. Die andere Voraussetzung, Elastizität der Nachfrage, ist ebenfalls nicht ohne weiteres erfüllt. Da der Schlepplohn nur einen Bruchteil der Wasserfracht, auf deren Gesamthöhe es allein ankommt, ausmacht, betrüge die Schlepplohnsenkung infolge Differenzierung ihrerseits nur einen Bruchteil hiervon. Die Nachfrage könnte also nur in diesem Umfange auf Schlepplohnänderungen reagieren. So bedeutungsvoll also prinzipiell die mit einem Monopol gegebene Möglichkeit der Preispolitik zum Unterschied von der Konkurrenz sein mag — im vorliegenden Falle tritt sie durchaus in den Hintergrund. Selbst bei der Eisenbahn hat die Ausgleichsmöglichkeit keine tragende Bedeutung, da durchaus die Einnahmen aus geringwertigen Massengütern das finanzielle Rückgrat bilden, wieviel weniger in unserem Verkehrszweige! Im Bezirk des Schleppamts Hannover erbrachte die niedrigste Güterklasse VI im Rechnungsjahr 1929/30 57 % aller Ladungseinnahmen, obwohl der Satz der Klasse VI nur 23 % des Satzes der Klasse I beträgt.

Immerhin sind die Möglichkeiten einer Abweichung vom Einheitspreise keineswegs bedeutungslos. Sowohl bestimmte Güterarten als auch bestimmte Verkehrsbeziehungen lassen sich zu Lasten anderer Güter und Beziehungen willkürlich begünstigen. Ferner läßt sich die Bemessungsgrundlage des Tarifs nach Belieben festsetzen.

Lockerung oder gar Zerreißung des Zusammenhanges zwischen Schleppleistung und Schlepplohn unterscheidet also den Monopoltarif (zwar nur auf Grund der in ihm angelegten Möglichkeit, von der aber regelmäßig Gebrauch gemacht wird) von dem Wettbewerbspreis[26]. Für die Bemessung der freien Schleppsätze pflegen Rücksichten auf Fahrwasserunterschiede maßgebend zu sein, auf der Elbe z. B. entsprechend einer Stromstreckeneinteilung von 1. Hamburg—Magdeburg, 2. Magdeburg—Schandau, 3. Schandau—Schreckenstein[27]. Hingegen ist etwa die doppelte Belastung des westlichen Verkehrs auf dem Mittellandkanal verkehrspolitisch motiviert und nur bei Monopolbetrieb durchführbar.

Die Leugnung einer nennenswerten Vermehrbarkeit des Verkehrs durch Tarifdifferenzierung schließt nicht aus, daß letztere mit dem Erfolge einer Kostensenkung für das Monopol gehandhabt werden kann. Die wichtigsten Fälle sind: Bevorzugung einer Fahrtrichtung, um bei Unausgeglichenheit der Verkehrsbilanz einen Anreiz für bessere Ausnutzung der Kähne mit Rückfracht zu schaffen; Einflußnahme auf den Umlauf der Leerkähne.

Der wichtigste Unterschied zwischen einem Monopoltarif und freien Schlepplöhnen besteht darin, daß ersterer in der Höhe seiner Sätze eine größere Stetigkeit aufweist, wogegen die letzteren mit dem Einfluß von Konjunktur und Saison schwanken[28]. Und die wichtigste Frage, die sich aus diesem Sachverhalt ergibt, lautet: Welche der beiden Preisbemessungsmethoden gereicht der Volkswirtschaft zum größeren Vorteil, speziell unter dem Gesichtspunkt der Konjunkturpolitik? Und die theoretische Antwort: Feste Tarife haben den unbestreitbaren Vorteil, daß sie die industrielle Selbstkostenkalkulation zuverlässiger machen. Indessen sind mit dem Monopoltarif ja nur die Schwankungen in der Höhe des Schlepplohnes ausgeschaltet, nicht dagegen die Schwankungen, von denen sie nur Reflexe sind. Das Wirtschaftsergebnis des Unternehmens ändert sich unter dem Einfluß der Schwankungen von Saison und Konjunktur natürlich auch bei gleichbleibendem Schlepplohne. Ist es nun einfach so, daß der

[26] Es ist dies selbstredend ein Gradunterschied; auch die freie Schleppschiffahrt kennt Abweichungen vom Kostenpreise.

[27] Schütte, a. a. O. S. 125.

[28] Auf Flüssen vor allem unter dem Einfluß des Wasserstandes.

Monopolschlepplohn so hoch sein muß, wie der Durchschnittsschlepplohn einer längeren Periode bei Konkurrenz[20], um die Kosten zu decken? Theoretisch nicht, wenn die Frachtkosten einschließlich der Schlepplöhne ihrerseits die Konjunktur beeinflussen. Vermöge ihrer Starrheit besitzen feste Tarife die Eigentümlichkeit, krisenverschärfend zu wirken. Da sinkende Konjunktur von sinkenden Warenpreisen begleitet ist und steigende Konjunktur von steigenden Warenpreisen, so ergibt sich, daß der gleichbleibende Satz bei Depression den höchsten Prozentanteil am Warenwert hat, bei Hochkonjunktur dagegen den geringsten. Der Absatz der Güter wird also unter dem Druck gleichbleibender Transportaufwendungen gerade dann erschwert, wenn der Produktionsprozeß nach Lage der allgemeinen Konjunktur ohnehin gedrosselt ist, und gerade dann erleichtert, wenn die Umsatztätigkeit der Volkswirtschaft sich sowieso erhöht. Praktisch kann man allerdings die aktive Konjunkturwirksamkeit der Schlepplöhne weitgehend vernachlässigen. Wichtiger ist der Umstand, daß es äußerst schwierig, wenn nicht unmöglich ist, einen festen Schlepplohn so zu bemessen, daß er im normalen Verlauf der Konjunkturschwankungen nicht geändert zu werden braucht. Noch ist die Konjunkturforschung nicht so weit gediehen, daß es möglich wäre, mit einiger Sicherheit die Wellenlänge der normalen Konjunkturzyklen vorauszusehen. Vollends unmöglich ist die Berechnung der Einflüsse der Grundkonjunktur, die die der ersteren überlagern. Monopoltarife pflegen denn auch nicht absolut stabil zu sein, sondern sich statt in unmittelbaren Zickzacklinien der Konjunkturentwicklung in Stufen anzupassen. Inwieweit die Anpassung gelingt, hängt von den Zufälligkeiten menschlicher Voraussicht ab. Die Freiheit der Preisbildung sichert dagegen die Anpassung automatisch, wenn auch deren Schnelligkeit mitunter zu vorübergehenden Irrationalitäten („Ausschreitungen") verleitet, zum Einschlagen von Umwegen, die sich nachträglich als entbehrlich erweisen. Die Summe dieser Ablenkungen wird wahrscheinlich kleiner sein als die infolge mangelnder Voraussicht beim Monopol zu viel oder zu wenig erhobenen Beträge. Das Tarifniveau wird also beim Monopol aus d i e s e m Grunde (wenn nicht andere Gründe, etwa von der Kostenseite her, entgegengesetzt wirken) höher liegen und die Produktionskosten entsprechend stärker belasten als bei elastischer Schlepplohnbildung.

[20] Bei im übrigen völliger Gleichheit der Bedingungen.

Vom Standpunkt der Verfrachter ist natürlich entscheidend, daß eine etwaige innerbetrieblich erzielte Kostensenkung des Schleppunternehmens sich in einer Schlepplohnsenkung auswirkt. Die entgegengesetzten Möglichkeiten sind bei einem Monopol ja naheliegend und auch bei öffentlichem Monopol nicht schon deswegen ausgeschlossen, weil der Staat Leitung und Aufsicht ausübt. Es bedarf schon einer besonderen Auflage, womöglich in gesetzlich zwingender Form, das Unternehmen unter Ausschluß einer Gewinnerzielung zu führen. Allgemeinen Erwägungen ist diese Sachlage nicht zugänglich; man kann also nicht etwa die hier lauernde Gefahr in den Vordergrund rücken und um ihretwillen das Monopol überhaupt ablehnen, auch nicht umgekehrt sie bagatellisieren und das Monopol ungehemmt befürworten. Es ist eine reine Tatfrage, die durch Willensakt der politischen Faktoren entschieden wird. Teubert[80] versichert: „In allen Fällen bestand bei dieser staatlichen Beteiligung bisher niemals die Absicht, sie zu einer Einnahmequelle zu machen; die Tarife wurden vielmehr nur so hoch gehalten, daß die Herstellungs- und Betriebskosten daraus gedeckt werden konnten." Nach dem, was früher ausgeführt wurde, sind hier jedoch Vorbehalte zu machen.

Jedenfalls kann die geschilderte Methode der Preisbemessung in der Regel nur ein öffentliches Monopol anwenden, das die mit der Monopolstellung gegebenen Machtmittel zum Wohle der Volkswirtschaft, d. h. im Interesse einer breiteren Bedürfnisbefriedigung, handhabt, was mit einem Verzicht auf Monopolgewinn zusammenfällt. Das, was sonst das Wesen kapitalistischer Monopole ausmacht, die Erzielung eines maximalen Gewinnes und Festsetzung des Preises beim Cournotschen Punkt, wird hier vermieden. Haben wir bisher den Begriff Monopol stets nur in formalem Sinne, unter Absehung von Inhalten der „Gemeinnützigkeit" oder des „Gewinnstrebens", gebraucht, so muß nunmehr ausdrücklich festgestellt werden, daß unter dem Gesichtspunkt größtmöglicher Wirtschaftlichkeit der Schleppschiffahrt ein Monopol, wenn überhaupt, so nur als gemeinnütziges mit Verzicht auf Monopolgewinn in Betracht kommt. Mit dieser Entscheidung ist die Frage nach der Unternehmungsform von vornherein in eine bestimmte Richtung gedrängt, indem wir nur noch fragen können, welche Unternehmungs-

[80] II S. 616.

form, die jenen gemeinnützigen Zweck garantieren muß, die geeignetste ist. Abgesehen von der Frage der Rechtsform (Gesellschaft des Handels- oder öffentlichen Rechtes), deren Erörterung hier zu weit führen würde, bleibt aber noch die Wahl zwischen privatem, öffentlichem oder gemischtwirtschaftlichem Unternehmen durchaus offen. Ein Privatmonopol kommt nach dem früher Gesagten allerdings nur in Betracht, wenn durch staatliche Aufsicht eine ebensolche Tarifpolitik sichergestellt ist, wie man sie von einem öffentlichen Monopol erwartet.

Die Vorzüge und Nachteile der einen oder anderen Form sind zumeist Vorzüge und Nachteile des „Geistes", der in der betreffenden Form waltet. Doch muß man sich vor dem Mißverständnis hüten, als ob einerlei Form stets nur einerlei Geist haben könnte. Man denke nur an den „kaufmännischen Geist", der seit ihrer Verselbständigung bei der Deutschen Reichsbahn bis zu einem gewissen Grad eingekehrt ist. Überhaupt ist die Parallele in der Entwicklung des Staatsbahngedankens lehrreich. Sarter[31] glaubt eine seit Kriegsende gewachsene Annäherung zwischen Privatbahn- und Staatsbahnauffassung beobachten zu können. Eine Entpolitisierung der Staatsbahnen durch Trennung von Aufsicht und Leitung habe stattgefunden. In den Ländern mit Privatbahnen sei die Einnahmeseite der Eisenbahnunternehmungen durch obrigkeitliche Kontrolle in volkswirtschaftliche Bahnen gelenkt worden, in den Staatsbahnländern werde heute die Ausgabenseite der Eisenbahnen von kaufmännischen Methoden beherrscht. Es ist vielleicht nicht überflüssig, darauf hinzuweisen, daß die Rationalisierung im Sinne kaufmännischer Betriebsführung bei den Staatsbahnen in der Hauptsache eine Frucht des Kraftwagenwettbewerbes ist, und darin eine Bestätigung für die Ansicht zu finden, daß der „kaufmännische Geist" in der Regel nur unter der Einwirkung von Konkurrenz wach wird. Bei einem solchen Monopol ist in dem eigenen Verkehrsbereich zwar die Konkurrenz zwischen den Anbietern derselben Verkehrsmittelgattung, nicht aber die der anderen Verkehrsmittel ausgeschaltet. Für das Schleppmonopol gilt Entsprechendes, wie überhaupt für die Beurteilung der Frage der zweckmäßigsten Organisations-

[31] Die Organisationsformen der Eisenbahnen. Magazin der Wirtschaft Nr. 1, 1931. — Vgl. auch Most, Die gegenwärtige verkehrspolitische Lage (in Heft 1 dieser Sammlung).

form die allgemeinen Argumente und Erfahrungen zu Rate gezogen werden können[32]. Diese versagen dort, wo die Schleppschiffahrt aus der Natur der Sache heraus besondere Aufgaben stellt. Eine Übertragung z. B. der Erfahrungen im Staatsbahnbetrieb auf die Schleppschiffahrt kann daher nur unter Vorbehalt erfolgen; wenn bei jenem die Erfüllung der Aufgaben mit den Mitteln staatlicher Verwaltung befriedigt, so vor allem deswegen, weil der hohe Grad von Berechenbarkeit und fahrplanmäßiger Gestaltbarkeit des Eisenbahnbetriebes ein dankbares Betätigungsfeld bürokratischer Organisationskunst ist. Warum sollte diese Kunst beim Schleppbetrieb nicht gleichartige Erfolge erzielen können? Zumal, wenn sie sich im Rahmen eines autonomen Unternehmens betätigen kann, das aus der „starren Form der reinen Staatsverwaltung"[33] losgelöst nach kaufmännisch-technischen Gesichtspunkten geleitet wird? Können sich hier nicht technische Intelligenz des deutschen Ingenieurs mit der Exaktheit des deutschen Beamten zu größtem Nutzen paaren? Solche Fragen wäre man geneigt zu bejahen, wenn mit dem Schleppen die Verkehrsaufgabe der Binnenschiffahrt gelöst wäre. Das Schleppmonopol aber ist nicht das Monopol eines Verkehrsmittels wie die Reichsbahn das der Schiene, sondern es verfügt nur über die „Lokomotive". Man kann also jene Fragen nicht beantworten, ohne auf den „Zug" Rücksicht zu nehmen.

Es bleibt zunächst festzustellen, daß die Unternehmungsform das Wirtschaftsergebnis des Schleppers nicht unbeeinflußt läßt. Das aus einem elementaren Vergleich zwischen Konkurrenz und Monopol schlechthin, ohne Rücksicht auf die Unternehmungsform des letzteren, gewonnene Bild kann sich daher noch ändern — vielleicht bis zur Umkehrung des Resultates — wenn man die mit der Unternehmungsform verknüpfte Kostenverursachung in Rechnung zu stellen versucht. Welche Unternehmungsform nun die überlegene ist, läßt sich, schon wegen der Ungebundenheit des „Geistes", schwerlich allgemein feststellen. Es gehört hierzu aber auch eine genauere Analyse der „Konkurrenz".

Da Schleppleistungen nicht ein absolutes Kollektivbedürfnis befriedigen und auch die Allgemeinheit sowie Verbreitetheit ihres Nutzens sich nicht ohne weiteres aufdrän-

[32] Da sie aber hinreichend bekannt sind, wird hier auf ihre Wiederholung verzichtet.

[33] Petzel, a. a. O. Seite 32.

gen, ist ihre öffentliche Bewirtschaftung (in einem Monopol) keineswegs selbstverständlich. Wir mußten daher zu ergründen versuchen, ob die Monopolform als solche Kostenvorteile verspricht. Verglichen mit einem Konkurrenzsystem, das die kostenmäßig günstigsten Unternehmungsgrößen sich herauskristallisieren läßt, kann in der Tat bei einem gewissen Verkehrsumfang und einer gewissen Ungunst der Fahrbahn das Monopol solche Vorteile bieten — wenn man lediglich im Rahmen der Schleppschiffahrt urteilt.

II. Als Glied der Binnenschiffahrt.

1. Schleppmonopol als Spezialisierungsfall im Vergleich mit kombinierter Schiffahrt.

Wir haben nunmehr den in der Wirklichkeit weit häufigeren Fall des kombinierten Schleppschiffahrtsunternehmens mit dem Schleppmonopol zu vergleichen, und zwar zunächst ausschließlich in seiner Eigenschaft als Schleppbetrieb, da für unmittelbare Vergleichszwecke nur die Wirtschaftlichkeitsbedingungen der Schleppbetriebsabteilungen der kombinierten Reedereien interessieren können. Erst dann haben uns die aus der Kombination resultierenden anderweitigen Vorteile und Nachteile (für den Gesamtschiffahrtsbetrieb) zu beschäftigen. Wir werden hierbei der Tatsache inne, daß das Schleppmonopol im Bereiche der Schiffahrt den höchsten Grad der Spezialisierung verkörpert. Als Schleppmonopol bedeutet es Zusammenfassung, und zwar betriebliche Vereinigung aller Unternehmungen auf derselben Leistungsstufe (Schleppschiffahrt); als Schleppmonopol bedeutet es hingegen Ausgliederung, Zerlegung der Funktionen nach Leistungsstufen, im Sinne der Verselbständigung einer von diesen.

Einen gewichtigen Grund für die Wahl großbetrieblicher Wirtschaftsweise schaltet es dadurch geradezu aus: die Vorzüge der Integration, der Vereinigung mehrerer Betriebe (verschiedener Arbeitsteilungsvorgänge), die anderwärts, etwa auf dem Gebiete der Kraft- und Wärmeausnutzung in der Eisenindustrie, so bemerkenswerte Erfolge aufzuweisen hat. Schon der Antrieb zur Spezialisierung innerhalb des Bereiches der Schleppschiffahrt im Rahmen des Großunternehmens war gering — wir lernten als einzige die

Möglichkeit der streckenweisen Spezialisierung der Schlepper kennen. Zur Spezialisierung zwischen den Unternehmungen der beiden Betriebszweige besteht vom Standpunkt der Erringung irgendwelcher Kostenvorteile kein Anlaß, wohl aber zur Integrierung. Es ist sicherlich kein Zufall, daß nach dem Aufkommen der Dampfkraft vor allem das reine Schleppunternehmen lebensfähig schien, aber dann mehr und mehr von dem kombinierten verdrängt wurde, sodaß heute die Spezialisierung nach Kahnbetrieb und Schleppbetrieb nur noch bei den Einzelunternehmungen zu finden ist[34].

Zur Kennzeichnung der Unternehmung, die das Schiffahrtsgeschäft in seinem gesamten Umfange zum Gegenstande hat, können wir auf die anschauliche Schilderung des organisatorischen Aufbaues in der Rheinschiffahrt und der Betriebsabwicklung auf der Strecke Ruhrort-Straßburg bei Geile-Weyhenmeyer[35] verweisen, die wir, zum Teil wörtlich, wiedergeben:

Abschluß der Geschäfte meist in der Form der Transportübernahme: Die Reederei verpflichtet sich dem Auftraggeber gegenüber, eine gewisse Menge Ladegut nach einer vereinbarten Bestimmungsstation zu befördern, wobei in der Regel Speditionsspesen, häufig auch Umschlag am Verladeort bzw. am Bestimmungsort und oft auch Vorfracht und Weiterspedition einbezogen werden.

Die Gesamtleistung ergibt sich aus den Leistungen im Dampferbetrieb und denen im Kahnbetrieb zuzüglich der üblichen Nebenleistungen.

Organisatorischer Aufbau:

1. Beschaffung des Transportgutes — Sorge für die Beschäftigung.
2. Disposition über die Flotte — zweckmäßige Einteilung und Ausnutzung der Betriebsmittel.
3. Betriebsbereitschaft — fürsorgliche Instandhaltung und Ausrüstung der Dampfer und Kähne.

Die Dispositionsabteilung teilt die Kähne zu verschiedenen Reisen ein, überwacht die Beladung, versieht die Kähne mit den nötigen Begleitpapieren, stellt die Schleppzüge zusammen und teilt die Dampfer zum Schleppen ein. „Der Dispositionsabteilung stehen am Ort als Kon-

[34] Offenbar unter dem Eindruck, daß die Entwicklung den entgegengesetzten Weg geht, schreibt Geile bezeichnenderweise: „In der Rheinschiffahrt treffen wir bei den Partikulieren meist noch (von mir gesperrt) die Trennung in Frachtschiffe und Schleppboote." Z. f. handelswiss. Forschg. 1928, S. 409. Interessante Mitteilungen über die Anfänge der Schleppschiffahrt auf dem Rhein bei Skalweit, Rheinschiffahrt, Produktion und Handel im Industriegebiet.• Der Rhein 1934, S. 218 f.

[35] Einheitsbuchführungen Binnenschiffahrt S. 7 ff.

troll- und Vermittlungsorgane die Inspektion, auf der Strecke der Nachrichtendienst in Form von eigenen Betriebsstellen, Agenturen oder Vertretungen zur Seite. Die letztgenannten Nachrichtenstellen, die an allen für den Betrieb wichtigen Punkten des Stromgebietes errichtet sind, haben für die Abwicklung des Schiffahrtsgeschäftes bedeutende Funktionen. Sie überwachen den Dampfer- und Kahnumlauf und halten durch eine zwangsläufige Berichterstattung eine ständige Verbindung aufrecht zwischen Fahrzeugen und Dispositionsabteilung." Sobald zum Beispiel ein Schleppzug vom niederrheinischen Ladeplatz zum Oberrhein abgeht, erhalten sämtliche Betriebsstellen bis zu der des Bestimmungsortes einen Schleppbericht. Wenn der Schleppzug eine Betriebsstelle passiert, so gibt diese wiederum an die höher gelegene einen Bergbericht, in dem bereits nachträglich verfügte Änderungen (z. B. Umdisponierungen) enthalten sind. .... Weiterhin haben die Betriebsstellen, in deren Bereich geladen oder gelöscht wird, täglich an alle für die Kahnraumdisposition wichtigen Stellen Lade- und Löschberichte zu senden, die über den jeweiligen Stand der Be- oder Entladung der Kähne Auskunft geben. Dispositionsabteilung und Betriebsstellen wissen zu jeder Stunde den Standort der Fahrzeuge. .... Die Berichte der Betriebsstellen sind auch Kontrollmittel der Anschreibungen der Kapitäne und Schiffsführer. „Diese Nachrichtenorganisation gestattet die für einen Betrieb von gewisser Größe unbedingt erforderliche Dezentralisation der Verfügung über die Betriebsmittel, ohne dadurch eine ständige Kontrolle aller Maßnahmen aufzugeben. Die Betriebsleitung wird von der unmittelbaren Befehlsausgabe entlastet und gewinnt dabei die Möglichkeit einer übersichtlichen Gesamtdisposition."

Dem gewählten Verfahren getreu müßten wir nunmehr das Monopol mit einem Zustande vollkommenen Wettbewerbes der kombinierten Unternehmungen untereinander vergleichen. Hiergegen erhebt sich jedoch eine unüberwindliche Schwierigkeit. Denn der Vergleich setzt einen Wettbewerb von in sich wirtschaftlichen Schleppbetriebsabteilungen voraus, eine offenbar unsinnige Annahme, da eine gesonderte Rentabilität dieser Abteilungen regelmäßig weder erreicht noch erstrebt wird und daher auch das Ausmaß der eigenen Schleppbetriebsmittel einer Reederei sich keineswegs nach einem Erfolg oder Mißerfolg innerhalb des Schleppbetriebes richtet. Wenn wir schließlich berücksichtigen, daß die Reedereien in sehr verschiedenem Umfange, der zudem noch einem zeitlichen Wechsel unterworfen ist, ihre eigene Flotte durch angemietete Fahrzeuge ergänzen, so wird die Unmöglichkeit jenes auf die Schleppfahrt sich beschränkenden Vergleiches vollends deutlich. Wir begnügen uns daher einstweilen damit, die Eigenarten in der Kostenstruktur bei Monopol und Schlepphilfsbetrieb zu begreifen, soweit sie eben nicht schon aus dem Vergleich zwischen reinen Schleppunternehmungen bekannt sind.

Wo die Überlegenheit des einen Betriebes über den anderen von der möglichst genauen Anpassungsfähigkeit an die Nachfrage und ihre Wandlungen abhängig ist, dort hat den Vorsprung die kombinierte Reederei; denn nirgends ist die Fühlung mit dem Bedarf so eng wie hier. Der Vorsprung wird um so größer, je bedeutender das Reedereigeschäft ist, je mehr Kähne, die die Reederei abfertigt, auf ihre eigenen Schlepper entfallen. Freilich muß dann in zunehmendem Maße auch die Anmietung fremder Schlepper ergänzend eingreifen. Ebensowenig wie umgekehrt die Reedereien darauf verzichten, ihre Schlepper in fremden Diensten fahren zu lassen, da der Schlepperumlauf ja nicht einfach an den Kahnumlauf gebunden werden kann — der Schlepper kann die Lade- und Löschzeiten der Kähne natürlich nicht abwarten — und eine Reederei schon über beträchtlichen Kahnraum verfügen muß, wenn sie bei ausschließlicher Beschäftigung für den Eigenbedarf Wartezeiten ihrer Schlepper vermeiden will.

Der Vorteil der gesicherten Beschäftigung im Umfange des Eigenbedarfs zeichnet die kombinierten Unternehmungen vor allen reinen Schleppunternehmungen aus, soweit diese in Konkurrenz auftreten. Vor dem Monopol ist damit an und für sich noch kein Vorsprung gegeben. So weit die Beschäftigungsmöglichkeit der Schlepper durch die eigene Kahnflotte reicht, hat das Schlepperkonto zwar wie beim Monopol nur den auf es entfallenden Verwaltungskostenanteil zu tragen, wogegen die Befriedigung der unbeschäftigten Spitze die vollen Verwaltungskosten eines selbständigen Unternehmens erfordert, also einschließlich des Aufwandes für Transportzuleitung, den das Monopol nicht kennt.

Ein Gegengewicht gegen den Nachteil der teilweisen Abhängigkeit der Schleppbetriebsabteilung von den Zufälligkeiten und Risiken des freien Schleppmarktes ergibt sich aber aus den Dispositionskosten zur Regulierung des Schlepperumlaufs infolge der Personal- und Realunion der beiden Geschäftszweige in der gemischten Unternehmung. Die Trennung der Verfügung über den Kahnraum von derjenigen über die Traktion hat auf dem Gebiete der an Land entstehenden Organisationskosten z. B. den Nachteil, daß der Schriftwechsel über die Abwicklung eines Transportes von zwei Stellen, der Schleppbetriebsleitung und der Reederei, geführt werden muß. Dies braucht nicht gerade zu einer Verdoppelung des sonst vielfach nur bei der Reederei entstehenden Aufwandes zu führen, da ja das Formular- und Rechnungswesen für die Schleppleistung denkbar einfach gehalten sein kann, aber eine Vermehrung bedeutet es zweifelsohne. Parallel hiermit geht auch die Vermehrung der Arbeit der Transportkontrolle, die sich ebenfalls spaltet, nicht um sich zu halbieren, sondern um im ganzen größer zu werden. Bedeutungsvoller als die rechnerische Verteuerung ist die Gefahr von Verzögerungen des Betriebes, die entsprechend der Zunahme des „Reibungswiderstandes" gewachsen ist.

Zu beachten sind in jedem Falle die Abstufungen, die mit der Größe des Gesamtunternehmens und der jeweiligen Notwendigkeit, den Schleppdienst verwaltungsmäßig abzusondern, gegeben sind. Man kann ohne weiteres annehmen, daß die optimale Betriebsgröße bei gemischten Unternehmungen von anderem Ausmaß ist als bei reinen Schleppunternehmungen. Und zwar wird die Veränderung in den Kostenkurven bei ersteren die Tendenz zum Großbetrieb oder gar einzigen Betrieb (je nach dem Verkehrsbild) abschwächen und damit auch den Erfolg einer Ersetzung durch Schleppmonopol in Zweifel ziehen.

Mögen die kombinierten Reedereien nun auf Eigenwirtschaftlichkeit ihres Schleppbetriebes Wert legen oder nicht — der Sinn dieses Hilfsbetriebes ist eben in dem Angegliedertsein, richtiger in der Bedeutung für die höhere Einheit zu suchen. Und auch für eine Vertauschung der Gewichte gilt dies entsprechend, wenn — was seltener vorkommt — bei einem kombinierten Unternehmen das Schleppgeschäft die Hauptsache und die Frachtschiffahrt den Hilfsbetrieb bildet. Wir haben daher nunmehr klarzulegen, worin die Bedeutung dieser Schlepporganisation für das Gesamtschiffahrtsgeschäft liegt und was sie hierbei vom Monopol unterscheidet.

Wir setzten für unsere Vergleichszwecke gleichartige Leistungen voraus, die zu optimalen Kosten, d. h. z. B. bei der richtigen Fahrgeschwindigkeit, der richtigen Belastung des Schleppzuges usw. erzielt werden. Nun entsteht aber die Frage: Besteht nicht vielleicht ein Unterschied zwischen dem Wirken der Konkurrenz und dem des Monopols gerade darin, qualitativ verschiedene Leistungen zu produzieren? Vermag das Monopol dem Verfrachter Qualitätsvorteile zu gewähren, die eine Gleichstellung mit der Konkurrenz (z. B. durch Umrechnung) das Monopol als teurer erscheinen läßt, die aber die Konkurrenz in Wirklichkeit gar nicht fähig ist, ihrerseits zu produzieren? Aus dem Bestreben, die Kahn- und Schleppbetriebe insgesamt möglichst rentabel zu gestalten, kann ein Doppeltes folgen, ohne daß sich von vornherein ein festes Verhältnis hierfür angeben ließe: Der Überschuß an Schleppkraft, der im eigenen Betriebe nicht verwertet werden kann, drängt zweifellos — mit dem Ziele bester Verwertung — an den Markt; die ständige Rücksicht aber auf das Hauptgeschäft, nämlich den Kahnbetrieb, kann sehr wohl dazu führen — mit dem Erfolg einer Erhöhung der Rentabilität des Gesamtbetriebes — dem Schleppbetrieb eine Rentabilitätsminderung zugunsten des Kahnbetriebes zuzumuten, d. h. z. B. die Geschwindigkeit eines Schleppzuges im Interesse der Ladung zu forcieren, obwohl damit ein gesteigerter Brennstoffverbrauch verbunden ist.

Als ein dem Schleppbetrieb übergeordneter Zweck kommt neben der Wirtschaftlichkeit des Kahnbetriebes noch die der Wasserstraße in Frage. Es ist klar, daß selbständige Schleppunternehmungen solche Rücksichten (d. h. aber Rentabilitätseinbußen) nicht nehmen können. Eine Funktion der Ergänzung zwecks Erhöhung der Gesamtwirtschaftlichkeit des Schiffahrtsgeschäftes kann ein Schleppbetrieb nur ausüben bei unternehmungsmäßiger Vereinigung (wobei die Unternehmungen untereinander konkurrieren können) oder bei Monopol, das sich dann auf Grund öffentlicher Auflage die Förderung der Wirtschaftlichkeit des Kahnbetriebes besonders angelegen sein läßt und, wenn es nicht als öffentliches Zuschußunternehmen betrieben werden soll, für diese besondere Leistung einen höheren Preis einhebt, als er sich auf Grund der freien Konkurrenz für eine geringerwertige Leistung bilden würde. Entsprechendes gilt für die Unterordnung unter das Interesse des Kanalunternehmens.

Wie ist es denkbar, daß durch eine Verteuerung (Rentabilitätsminderung) des Schleppbetriebes sich eine Rentabilitätssteigerung des Kahnbetriebes, die größer ist als jene Minderung, erzielen läßt? Es ist dies nicht ohne weiteres einleuchtend, da es dem Prinzip der Arbeitsteilung zu widersprechen scheint. Ein Vorteil aus einer Begrenzung der Spezialisierung war schon daraus erwachsen, daß zugunsten des Schleppbetriebes eine Kostensenkung (infolge höherer Ausnutzung) eintrat. Der hier in Rede stehende Vorteil entsteht umgekehrt zugunsten des Kahnbetriebes. Auch er wird durch die Integration ermöglicht.

Eine Widerlegung der wirtschaftlichen Berechtigung selbständiger Schleppunternehmen darf daraus freilich nicht gefolgert werden. Denn wenn auch ein Preis (Schlepplohn) unter Konkurrenzbedingungen der Tendenz nach nur für eine gleichmäßig qualifizierte Leistung gilt, so schließt dies entsprechende Preise für höhere Leistungsarten durchaus ein. Daher können auch selbständige Schleppunternehmen den besonderen Wünschen der Kahnreedereien durch besondere Leistungen Rechnung tragen, wenn sie dafür eine zusätzliche Vergütung, etwa als Zuschlag zum Schlepplohn, erhalten. Nur unterscheiden sich diese Vereinbarungen von einer planmäßigen Organisationsmaßnahme bei Monopol oder kombinierter Unternehmung vor allem dadurch, daß sie weder wie bei den kombinierten Unternehmungen (von selbst) den Anreiz einer die Rentabilität erhöhenden Vorkehrung eines und desselben Unternehmens haben, noch wie beim Schleppmonopol durch die Schleppordnung von vornherein verbürgt sind.

Vom Standpunkt des Schleppbetriebes sind einer Leistungssteigerung der Schlepper aber enge Grenzen gesetzt, die der kombinierte Betrieb ja nicht mißachtet, sondern deren Überschreitung im Einklang mit dem Streben nach größtmöglichem Gesamterträgnis steht, welch letzteres lediglich aus dem Zusammenrechnen der beiden Teilbetriebsergebnisse hervorgeht.

Wir erinnern an die Frage der Erhöhung der Fahrgeschwindigkeit von 4 auf 5 Stunden-km auf dem Ems-Weser-Kanal, die Petzel[36] untersucht hat. Die Werte sind in der folgenden Tabelle zusammengestellt:

Schleppgeschwindigkeit

	4 km-Stunde	5 km-Stunde
verhältnismäßige Umlaufszeit der Dampfer in %	100	82
mittlere Zugkraft für 1 t Ladung kg	0,88	1,31
möglicher Anhang eines Einheitsschleppers v. 1800 kg Zugkraft in Ladungs-t	2050	1375
mögliche Leistung eines Einheitsschleppers v. 1800 kg Zugkraft in Ladungs-tkm je Stunde	8200	6875
desgl. verhältnismäßig % . . .	100	84
Zahl der erforderlichen Schlepper verhältnismäßig	100	122

[36] a. a. O. Seite 12 f.

Die Kosten für Anlagekapital, Abschreibung und Verzinsung, Personal, Unterhaltung und Betriebsstoffe wachsen dementsprechend um 22%. Die Kostenersparnis im Kahnumlauf erreicht nach Petzel diesen Umfang aber nicht.

Ähnliche Berechnungen hat später Piper[37] angestellt, ausgehend von folgenden Überlegungen: Je größer der Schleppanhang, um so geringer die Schleppkosten je t Schleppgewicht. Die Geschwindigkeitssteigerung durch Verkleinerung des Schleppgewichtes gleiche den Verlust des Schleppers an geleisteten tkm nicht aus. Die Vergrößerung des Anhanges finde zwar ihre Grenze in dem Bedürfnis nach möglichst schneller Beförderung des Kahnraumes. Wenn diese aber nur bei unverhältnismäßig hohen Schleppkosten erreichbar ist, könne es im ganzen wirtschaftlicher sein, auf Kosten der Geschwindigkeit an Schlepplohn zu sparen. Beispiel: Erhöhung der Reisegeschwindigkeit von 4 auf 5 km/Stunde. Bei einer Wegstrecke von 480 km ergibt sich einschl. Liegezeit eine Reisedauer von 20 Tagen oder ein Zeitgewinn von 2 Tagen = 10%, innerhalb eines Jahres also für 1½ Reisen. Bei einer Tagesmiete von 6 Pfg. je t eines 700 t-Kahnes bedeutet dies eine Mehreinnahme an Fracht von 1260 RM. An Schlepplohn ist dagegen 1,25 RM je Kahn-km statt 1 RM aufzuwenden, da der Schlepper zur Erzielung der höheren Geschwindigkeit den Anhang verkleinern muß. Die jährliche Mehrausgabe für Schlepplohn beläuft sich mithin auf 2700 RM gegen 1260 RM Mehreinnahmen. Die Entscheidung könne hiernach nicht zweifelhaft sein. Die Erfahrung lehre, daß der Schleppanhang bei 4 km Geschwindigkeit rund doppelt so groß sein kann wie bei 5 km, wenn das Verhältnis Schiffsquerschnitt : Kanalquerschnitt 1 : 4,5 und die Schlepperstärke etwa 160 PS beträgt. Voraussetzung sei ferner, daß die Züge aus verschiedenen Kahntypen zusammengesetzt sind[38].

Auch wenn man bei dieser Rechnung berücksichtigt, daß ja auch dem Schlepper die Zeitersparnis infolge Geschwindigkeitssteigerung zugute kommt, muß man jedenfalls daraus ent-

[37] Wirtschaftliche Schleppzuggröße und Schleppgeschwindigkeit auf Kanälen, Z. f. B. 1933, S. 16 ff.

[38] Versuche der Hamburgischen Schiffbauversuchsanstalt haben ergeben, „daß ein typischer Schleppkahn aus dem Bereich Mitteldeutschlands bei gleichen Abmessungen wie denjenigen eines modernen Dortmund-Ems-Kanal-Kahnes einen Mehraufwand an Schleppkraft bis zu 50% bedingt". (Denkschrift des Vorarbeitenamtes für den Hansakanal II, S. 36.)

nehmen, daß eine Beschleunigung des Kahnumlaufes vom Standpunkt der Wirtschaftlichkeit des Schleppens erheblichen Schwierigkeiten begegnet. Das Bild ändert sich immerhin sehr, je nach der Reiselänge und der Art der Ladung. Die verhältnismäßig schwache Steigerung der Nutzleistungen des Kahnes erklärt sich aus dem geringen Anteil der Fahrtdauer am gesamten Zeitverbrauch, sodaß dessen Abkürzung insgesamt nicht viel ausmacht. In der Beziehung Emden—Dortmund (272 km) kann man z. B. etwa annehmen:

Ladezeit	4,5	Tage
Bergfahrt	5,0	„
Löschzeit	4,5	„
Meldetage	2,0	„
Reisedauer:	16	Tage.

Streng genommen fallen in die 5 Tage Fahrt (zu 14 Stunden) auch die Schleusenaufenthalte, sodaß der für eine Schleppgeschwindigkeitssteigerung verfügbare Zeitraum eigentlich noch kleiner ist. Dem gewählten Beispiele mögen ungünstige Verhältnisse zugrunde liegen; schon in der Kohlenfahrt ergäbe sich eine Abkürzung der Zeiten; ferner ist der Fortschritt der Umschlagtechnik zu berücksichtigen, der das Lade- und Löschgeschäft beschleunigt. Trotzdem wird im Durchschnitt der Kahn noch immer mehr Zeit in den Häfen als auf der Fahrt zubringen.

Die Art des Ladungsgutes ist für die Frage der Geschwindigkeitsbemessung von uneinheitlicher Bedeutung, sowohl wegen des Wertes, den es verkörpert, als auch wegen der Fracht (einschl. der nach Güterklassen abgestuften Schiffahrtsabgaben!), die es tragen muß. Auch Piper erkennt an: „Es gibt keine einheitliche ‚wirtschaftliche Schleppgeschwindigkeit‘ ...“ Sie jeweils nach Lage des Falles zur Geltung zu bringen, ist Sache der Reederei, die, wenn im Besitz der Schleppmittel, dies ohne Mühe bewerkstelligt. „Wo dagegen Schleppkraft und Schleppanhang in verschiedener Hand sind, bedarf es einer Verständigung darüber, wo die wirtschaftliche Grenze zwischen den Belangen des Schleppers und der Schleppkähne liegt .....“ (Piper).

Es bleibt zu prüfen, ob noch qualitative Leistungsunterschiede anderer Art möglich sind. Es ist an die Vermeidung von Zeitverlusten beim Abschleppen der fahrbereiten Kähne zu denken. Hierfür ist in der vorbezeichneten Einteilung, die Erfahrungszahlen wiedergibt, kein Zeitaufwand vorgesehen. Aber es läßt sich ohnehin erkennen, daß es sich hierbei nur um Größen handeln kann, die an dem Wirtschaftlichkeitsergebnis des Kahnbetriebes insgesamt wenig ändern.

Immerhin sind Verzögerungen vor Antritt der Fahrt durch unpünktliches Abschleppen in ihrer Wirkung auf die Schiffskosten genauer abzuwägen. Wie verhält sich der Aufwand für die Sicherung einer solchen Pünktlichkeit, wie sie etwa die Abschleppflicht binnen 24 Stunden beim westdeutschen Monopol gewährleistet, zu dem hieraus entspringenden Nutzen für die Kahnschiffahrt? Für die Beurteilung dieser Frage wäre wichtig zu erfassen: die Zeit, die 1. zwischen Schleppbereitschaft des Kahnes und Erteilung des Schleppauftrages, 2. zwischen der Erteilung des Schleppauftrages und dessen Ausführung verstreicht. Man wird annehmen können, daß die Zeiten zu 2. beim Monopol im allgemeinen günstiger sind, als bei Konkurrenz, wenigstens soweit die Kahnreederei an den freien Markt gehen muß. Allerdings darf man nicht übersehen, daß der Schleppvertrag stets schon vor Eintritt der Schleppbereitschaft des Kahnes geschlossen werden kann, wenn dieser Zeitpunkt sich mit einiger Gewißheit voraussehen läßt.

Beim öffentlichen Monopol ist die Schnelligkeit des Abschleppens ein Nebenerfolg der Beförderungspflicht. Die Veranstaltungen, die getroffen werden, um der Beförderungspflicht genügen zu können, gestatten zugleich in der Regel (nach Maßgabe der „regelmäßigen Betriebsmittel") die kurzfristige Erledigung. Man wird daher die Kosten, die diese Kurzfristigkeit verursacht, nicht gesondert von den durch die Beförderungspflicht verursachten Mehrkosten erfassen können. Daß überhaupt Mehrkosten durch diese besondere Leistung entstehen und daß die letztere sich nicht etwa gar als Verbesserung der Ausnutzung zugunsten des Schleppbetriebes auswirkt, wird man nicht bestreiten können, da ja die Maßnahme (im Rahmen der Abschleppfrist) die Tendenz hat, nicht den Kahn auf den Schlepper, sondern den Schlepper auf den Kahn warten zu lassen.

Den Vorzug der Möglichkeit, die Rentabilität des Schleppbetriebes dem Kahngeschäft zuliebe hintanzusetzen, teilt das Monopol mit den kombinierten Unternehmungen. Mit dem Unterschied, daß dort die etwaige Verteuerung des

Schleppens von vornherein gleichmäßig[39] (unbeschadet der Anwendung besonderer Tarifgrundsätze) auf die Nachfrager nach Schleppkraft weitergewälzt wird, wogegen hier jedes kombinierte, in der Konkurrenz stehende Unternehmen selbstverantwortlich in jedem Einzelfalle zu disponieren hat, ob und in welchem Umfange zusätzliche Schleppkosten zweckmäßigerweise aufgewandt werden können; eine obere Grenze ist hier von selbst durch die Konkurrenz gezogen, insbesondere durch die Respektierung des Verhältnisses von Gesamtschiffahrtskosten einschließlich Schleppkosten zu den erzielbaren Schiffsfrachten. Wenn das Schleppmonopol unter Mehraufwand z. B. die Fahrgeschwindigkeit erhöht, so kommt dies allen (gegen die entsprechende Gebühr) zugute, auch denen, die es weder begehren noch benötigen. Ferner sind der einzige Anhaltspunkt für das Ausmaß der Geschwindigkeitssteigerung allgemeine Berechnungen, deren Grundlage für den Augenblick genau sein mag — obwohl auch dies eigentlich unmöglich ist, weil immer mit Durchschnitten gearbeitet werden muß — sich aber auf die Dauer gar schnell ändern kann.

Zusammenfassend können wir feststellen: Obwohl die reinen Kahnkosten je Ladungs-t absolut stets ein Mehrfaches (etwa das 2½-fache) der Schleppkosten ausmachen, ist kalkulatorisch ein Abweichen von der durch die Natur des Schleppbetriebes vorgezeichneten optimalen Fahrgeschwindigkeit nur in sehr engen Grenzen ohne Vermehrung der Gesamttransportkosten geraten und wirtschaftlich möglich. Ein gewisser Spielraum für eine Senkung der Gesamtkosten ist aus den Vorkehrungen für ein möglichst frühes Einsetzen der Schleppmittel bei Antritt der Kahnreise zu gewinnen. Beim kombinierten Unternehmen sind die geschilderten Möglichkeiten zunächst um so größer, je kleiner die Spitzen sind, zu deren Befriedigung es auf den freien Markt angewiesen ist. Der letztere Weg verspricht den gewünschten Erfolg nicht ebenso sicher, obwohl auch er gangbar ist. Der wesentliche Nachteil des Schleppmonopols liegt darin, daß ein für allemal der Betrieb darauf angelegt ist (und sein muß), ent-

[39] Die Gestellung eines Sonderschleppers für eilige Fahrten gegen Zahlung eines Zuschlags ist ein Ansatz zu einer individuelleren Regelung. Das ändert aber nichts an der Tatsache, daß in den Plan des Schleppbetriebes von vornherein eine gewisse Leistungshöhe (Qualität) — unter Berücksichtigung der Beförderungspflicht, Abschleppfrist usw. — und die entsprechenden Kosten (für einen gewissen Leerlauf) einkalkuliert sind.

weder stets jene hochwertigen Leistungen zu erzielen, unbekümmert darum, ob sie in jedem einzelnen Falle durch ein wirtschaftliches Bedürfnis gerechtfertigt werden, oder allgemein das Leistungsniveau herabzuschrauben. Nur das Unternehmen, das zugleich den Kahn- und den Schlepperumlauf übersieht und weiß, bei welchen Transporten es sich lohnen würde, zusätzliche Schleppaufwendungen zu machen, kann mit Sicherheit die jeweils günstigste Relation zwischen Kahn-[40] und Schleppkosten erzielen.

Zu berücksichtigen ist noch, ob — gesamtwirtschaftlich betrachtet — eine Beschleunigung oder sonstige Beeinflussung des Kahnumlaufs im Interesse der Ladung erwünscht ist, auch wenn der Schiffahrts- und Schleppbetrieb die Grenze der optimalen Kosten überschreiten müßte. Die Geltendmachung dieser Rücksicht berührt die Leistungsfähigkeit der Binnenschiffahrt überhaupt. Hier sei nur an folgendes erinnert:

Wenn es zur Einführung der ursprünglich erhofften festen Lieferfristen im Schiffahrtsbetriebe mit Hilfe des Schleppmonopols nicht kam und nicht kommen kann, so deswegen, weil dem nicht nur die Notwendigkeiten des Kahnbetriebes, sondern auch die der Produktion widerstreben. Daß trotzdem bei den Verfrachtern ein Bedürfnis nach größter Pünktlichkeit der Beförderung besteht, wird hiervon nicht berührt. Wie gezeigt, kann diesem Bedürfnis das Schleppmonopol zwar allgemein besser Rechnung tragen als die freie Schleppschiffahrt. Aber einen grundsätzlichen Wandel vermag es nicht zu schaffen. Teubert urteilte 1918[41]: „Wenn ..... die Schleppkosten beim Monopolbetriebe sich etwas höher stellen sollten (als im freien Verkehr d. V.), würde dieser Nachteil doch reichlich durch den Vorteil ausgeglichen werden, den Schiffahrt und Handel davon haben, daß sie stets mit festen Lieferfristen und festen Zugkosten rechnen können." Die Erfahrung hat diese Erwartung enttäuscht. Die durch Schleppmonopol zu erzielende (geringe) Beschleuni-

[40] In den Kahnkosten im Sinne der vorstehenden Ausführungen sind die Kosten der Fahrbahn nicht enthalten, auch nicht der Teil, den die Unternehmungen in der Form von Schiffahrtsabgaben und Schleusungsgebühren zu zahlen haben. Eine Relation zwischen Schleppkosten und Fahrbahnkosten besteht ebenfalls, wenn sie auch eine geringere Bedeutung hat als die zwischen Schiffs- und Schleppkosten. Diese Relation kann nur dann planmäßig beeinflußt werden, wenn der Kanaleigentümer zugleich das Schleppmonopol ausübt. Hierüber s. u.

[41] II S. 618. In der 2. Auflage fehlt der angeführte Passus.

gung trifft zudem bei den verschiedenen Güterarten durchaus nicht auf ein gleichmäßig vorhandenes Bedürfnis. Am meisten sind auf Schnelligkeit und Pünktlichkeit — unter dem Druck der Zinskosten — die hochwertigen Güter angewiesen. Sie haben aber am Wasserstraßenverkehr, hauptsächlich gerade wegen dessen Langsamkeit, einen nur geringen Anteil. Und auch die technisch-wirtschaftlich in Betracht kommende Beschleunigung vermag meist nicht, jene der Beförderung zu Wasser zu gewinnen. Wo aber die Reederei dem Verfrachter eine besondere Leistung anzubieten hat, erzielt diese auch eine höhere Fracht. Es hängt von den Kosten des Monopols und seiner Tarifpolitik ab, in welchem Umfang das Bestreben, etwas technisch möglichst Vollkommenes zu leisten, im Grunde ohne Rücksicht darauf, ob das technisch Vollkommenere stets auch das wirtschaftlich Vollkommenere ist, sich in höheren Schlepplöhnen auswirkt. Man kann in diesem Falle zwar nicht daraus folgern, daß das Monopol deshalb ungeeignet sei, eine Steigerung der Wirtschaftlichkeit des Schiffahrtbetriebes herbeizuführen, aber doch feststellen, daß es eine solche Möglichkeit der Anwendung des Schleppmonopols gibt, die dem Erfordernis niedriger Gestehungskosten für das Frachtgeschäft in geringerem Maße gerecht wird als private Schleppschiffahrt, sei es in der Form selbständiger Unternehmungen oder unselbständiger Teilbetriebe. Ja, daß die Natur des Schleppmonopols jene Möglichkeit außerordentlich nahelegt, da es den Druck der Konkurrenz entbehrt und zur technischen Rationalisierung freie Hand hat.

Es steht in der Einsicht der Schleppbetriebsleitung, auf welches Ziel die Verkehrsabwicklung und Wirtschaftsführung abgestellt werden. Das Urteil darüber, welchem Zwecke der Vorrang gebührt, kann sich ändern; zumindest bei einem Personenwechsel in der Leitung oder bei der Aufsichtsbehörde. Subjektive Momente lassen sich, weil in der persönlichen Einstellung des jeweils verantwortlichen Mannes begründet, alsdann gar nicht ausschalten. Man müßte dann schon im Gesetz selbst eine grundsätzliche Entscheidung treffen (was in dem geltenden Schleppmonopolgesetz nicht geschehen ist). Insofern solchen Entscheidungen der Akzent der Notwendigkeit abgeht, muß man sie als grundsätzlich willkürlich ansehen. Für solche Willkür ist bei Konkurrenz kein Raum, diese erzwingt vielmehr eine Verhaltungsweise, die sich im Kampfe bewährt, und bedroht ständig mit der Strafe eines Verlustes jeden, der sich ihr nicht anbequemt und daher die Probe des

Erfolges nicht besteht. Die Konkurrenz fixiert nicht ein für allemal einen Primat des Schleppers oder des Lastkahnes, sondern sorgt für den der jeweiligen Lage angepaßten Einsatz.

Hing es bei Betrachtung der reinen Schleppschiffahrt von Verkehrsstruktur und -weg ab, ob der einzige Großbetrieb sich wirtschaftlich durchsetzen werde, so ergibt sich im Bereiche der kombinierten Schiffahrt keine solch eindeutige Lage. Es ist hier nicht möglich, den Kostenaufbau des gesamten Reedereibetriebes zu zergliedern, aber auch nur erforderlich, die verschiedenen Unternehmungsgrößen auf ihre Wirtschaftlichkeit zu durchmustern. Der ausgesprochene Einzelbetrieb scheidet in der kombinierten Form aus. Die kleinere Unternehmung wird kostenmäßig fortschreitend unterboten von der größeren, bis zu einer Grenze der zunehmenden Einheitskosten infolge Unübersichtlichkeit usw., die hier früher erreicht ist als bei reinen Schleppbetrieben. Vollkommener Wettbewerb würde der großen Reederei die Überlegenheit sichern, ohne sie jedoch bei den praktisch in Betracht kommenden Verkehrsgrößen zur einzigen Unternehmung werden zu lassen. Mit diesem Bilde stimmt es überein, wenn weder Theorie noch Praxis die wirtschaftliche Vernünftigkeit eines Binnenschiffahrtsmonopols begründen konnten.

Wie hervorgehoben, ist ein Vergleich mit kombinierten Schiffahrtsunternehmungen nur sinnvoll, wenn er sich nicht auf den reinen Schleppbetrieb beschränkt, sondern die gesamte Schiffahrtsorganisation umfaßt: auf der einen Seite das Ineinandergreifen von Schleppmonopol und Frachtschiffunternehmungen, auf der andern das Zusammenwirken von kombinierten Unternehmungen. Unserem bisherigen Vorgehen entsprechend wäre der Vergleich unter der Voraussetzung vollkommenen Wettbewerbes der selbständigen Unternehmungen untereinander durchzuführen. Es empfiehlt sich jedoch, nunmehr eine weitere Annäherung an die Wirklichkeit vorzunehmen und unmittelbar zum Fall der irgendwie *unvollkommenen Konkurrenz* überzugehen. Es ist klar, daß damit alle weiteren Aussagen an Bestimmtheit verlieren, insofern die Unvollkommenheit der Konkurrenz eben durchaus verschiedenen Grades ist, daß aber nunmehr auch bisher nicht erfaßte Tatbestände, denen gegenüber das Schema reiner Konkurrenz als Denkbehelf versagt, Berücksichtigung finden können.

Korrekturen an den Ergebnissen unserer bisherigen Überlegungen auf Grund der Tatsache, daß in der Wirklichkeit meist nicht mit einer „vollkommenen Konkurrenz" zu rechnen ist, müssen sämtlich darauf hinauslaufen, bei einem Abwägen gegen irgendeine Form der privaten Schiffahrt das Zünglein der Waage zugunsten des Monopols zu beeinflussen. Denn Abweichungen von der vollkommenen Konkurrenz, solange sie diese nicht — wie das Monopol — durch ein grundsätzlich anderes Aufbauprinzip ersetzen, sind gleichbedeutend mit einer Steigerung des bei vollkommener Konkurrenz garantierten Kostenniveaus. Wenn mithin das Monopol unter bestimmten Bedingungen dem vollkommenen Wettbewerb unterlegen ist, so kann unter denselben Bedingungen bei minder vollkommenem Wettbewerb immer noch das Gegenteil eintreten.

Die Abweichungen von der vollkommenen Konkurrenz stellen sich dar als Hemmungen oder als Übertreibungen.

Eine Sonderstellung nehmen gewisse Unausgeglichenheiten in der Wettbewerbsgrundlage ein, die es verhindern, daß der Wettbewerb die in der Natur der Schleppschiffahrt begründete Auslese der Unternehmungen von günstigstem Umfange herbeiführt. Die Entfaltung der Konkurrenz wird hier als solche nicht beeinträchtigt, aber die letztere in eine falsche Bahn gedrängt. Hierher gehören alle Zufallskostenvorteile einzelner Unternehmer, die diesen eine „unverdiente" überlegene Wettbewerbskraft verleihen.

Es ist zwar das Wesen der Konkurrenz, die verschiedene Stärke der einzelnen Unternehmungen gegeneinander so auszuspielen, daß ein Gleichgewichtszustand sich anbahnt, der nur den Unternehmungen mit den niedrigsten Kosten ein Auskommen sichert. Bei diesen leistungsfähigen Unternehmen — wenn es mehrere sind — hat gegen vorher untereinander eine Angleichung der Kosten stattgefunden, ohne daß diese Unternehmungen auch die gleiche Betriebsgröße zu haben brauchten. Schleppdampfer weisen mitunter trotz gleicher Bauart und Maschinenstärke im Gebrauch individuelle Unterschiede auf, z. B. im Kohlenverbrauch, im Wirkungsgrad usw. Die Verteilung der Dampfer auf die Unternehmungen ist weithin zufällig. Es kann auf diese Weise ein Unternehmen etwa geringere Kosten haben, als nach seiner Betriebsgröße zu erwarten wäre.

Die auf einer bestimmten Betriebsgröße beruhende Überlegenheit kann sich in voller Reinheit nur durchsetzen, wenn alle Partner unter den gleichen Bedingungen und „Spielregeln" konkurrieren. Ungleichheit der Ausgangsbedingungen kann beruhen auf: verschiedenem Wirkungsgrad von Schleppern gleicher Maschinenstärke, der Gunst oder Ungunst der Einstandspreise für Schlepper wie für Betriebsmaterialien, Lohnunterschieden, dem zufälligen Verhältnis von Leerraum und beladenem Kahnraum, der erforderlichen Dauer der jährlichen Reparaturen und der Möglichkeit, diese so zu legen, daß tunlichst wenig Nutzleistungen des Schleppers ausfallen. — Absolute Gleichheit des Ausgangspunktes ist eine Fiktion, die nur dazu dient, sich die Bedeutsamkeit der Betriebsgrößenabstufungen klarzumachen. Es kann auch nicht das Ziel sein, jene Gleichheit unter allen Umständen zu erzwingen.

Als Hemmungen wirken sich ferner aus: Sitten und Gewohnheiten der Schiffahrttreibenden, die die Anpassungsfähigkeit beeinträchtigen, ebenso wie mangelnde Marktkenntnis. Sie verhindern, daß sich der Preis auf die niedrigsten Kosten einspielt.

Übertreibungen und Ausartungen ergeben sich, wenn im Gegenteil der Konkurrenzkampf bis zur Vernichtung geführt wird und der Preis unter den niedrigsten Kosten bleibt, mithin eine Vergeudung volkswirtschaftlicher Werte stattfindet.

In personeller Hinsicht sind ebenfalls mancherlei Hemmungen zu verzeichnen, die es verhindern, daß die „niedrigsten Kosten", auf die sich der freie Schlepplohn einspielen könnte, erreicht werden. Das betrifft vor allem die dispositive Arbeit und deren Qualitätsunterschiede, die nie und nimmer auf einen einheitlichen Nenner gebracht werden können und doch in den Betriebskosten zahlenmäßig erfaßbare Wirkungen zeitigen. Es stehen einander gegenüber die Traditionsgebundenheit mit der Tendenz, die Kosten hochzuhalten (die aber nur dort auf die Dauer die Entfaltung der Konkurrenz beeinträchtigen kann, wo sie alle Beteiligten ohne Ausnahme bindet) und die Tendenz zur Rationalisierung zwecks Senkung der Kosten, wobei der privatwirtschaftliche Antrieb in dem Wunsch liegt, den Ertrag des Unternehmens durch Vergrößerung der Spanne zwischen Aufwand und Erlös zu erhöhen. Das privatwirtschaftliche Erwerbsstreben führt zur Rationalisierung sozusagen wider Willen, da bei Konkurrenz durch alsbaldige Preissenkung der vorübergehend entstandene Unternehmergewinn wieder beseitigt wird. Das kapitalistische Erwerbsstreben zieht es daher vor, auf Konkurrenz überhaupt zu verzichten, wenn Abschlüsse über Schleppaufträge in anderer

Weise bei auskömmlichen Preisen getätigt werden können, z. B. durch Verabredung der (ehemaligen) Konkurrenten. Dem Erwerbsstreben als dem Primären ist dann in höherem Maße als bei Konkurrenz Genüge geschehen, und mit dem Wegfall der Konkurrenz verschwindet auch der Anreiz zur Rationalisierung[42]. Mithin stehen der Konkurrenz nicht nur gewisse in Tradition, Sitte und Herkommen verankerte unrationelle Verhaltungsweisen im Wege, sondern unter Umständen auch das Erwerbsstreben. Die Last der Tradition wird sich am stärksten bei den Partikulierbetrieben geltend machen, was vielleicht in etwa wieder ausgeglichen wird durch das erhöhte persönliche Verantwortungsbewußtsein des Schiffsführers und -eigners, das in mancher Beziehung günstigere Vorbedingungen schafft als die Zusammenarbeit eines vielköpfigen Verwaltungsorganismus mit dem Fahrbetrieb.

In beiden Fällen kann die Zahl der konkurrierenden Unternehmungen von Bedeutung sein. Wenn sie zu gering ist, um einen ausreichenden Wettbewerb zu gewährleisten, liegt eine Hemmung mit den bekannten Folgen vor; ist sie zu groß, so kann damit ein Zustand ruinösen Wettbewerbes charakterisiert sein, sofern nicht hemmende Kräfte entgegenwirken (vergl. die Verhältnisse im Einzelhandel!) Es könnte z. B. sein, daß unter gewissen Voraussetzungen ein vollkommener Wettbewerb zur Zusammenfassung in einem einzigen Unternehmen drängt, die „Hemmungen" dies aber vereiteln und mehrere Unternehmungen auf höherem Kostenniveau bestehen lassen. Die Ablösung durch ein Monopol schlösse hier einen Fortschritt in sich.

Von Einfluß auf die Zahl der Konkurrenten und mithin die Weite des Marktes und die Wirksamkeit des Wettbewerbes sind vor allem die vertikale Kombination von Kahn- und Schleppbetrieb sowie die Ergänzungs- und Wettbewerbsfunktion der Partikuliere und schließlich der Typus der Werksreederei.

Wir hatten zunächst nur die kombinierte Unternehmung als solche dargestellt und dabei zwar angenommen, daß in der Regel jede von ihnen darauf angewiesen ist, Schleppkraft bis zu einem gewissen Umfange, der überdies wechselt, außerhalb des eigenen Betriebes zu beschaffen oder zu ver-

[42] Daß Konkurrenz und Erwerbsstreben einander entgegengerichtete Kräfte sind, zeigt Halm, Die Konkurrenz, München-Leipzig 1929 S. 3 f.

werten, aber den Umstand vernachlässigt, daß es außer den kombinierten noch (hier und da) reine Schlepp- und vor allem (in stattlicher Zahl) reine Kahnunternehmungen gibt.

Die Kombination von Schleppbetrieben mit Kahnreedereien bedeutet eine Verengerung des Marktes für Schleppkraft, da ein Teil der Nachfrage als feste Aufträge von diesen privilegierten Unternehmungen abgefangen wird, bzw. ein Teil des Schleppkraftangebotes von vornherein ausscheidet. Soweit Partikulierschlepper in ein Abhängigkeitsverhältnis zu einer Reederei treten, gilt für sie Entsprechendes wie für Kahnreedereien mit eigenen Schleppmitteln. Nur ist mit dieser Form noch ein besonderes Unsicherheitsmoment gegeben, da die Partikulierschlepper (und zwar mitunter sehr schnell) von der Abhängigkeit zur Selbständigkeit hinüberwechseln können und umgekehrt. Sie treten dabei, soweit sich auch Reedereien mit eigenen Dampfern ihrer bedienen, das eine Mal als Stützen, das andere Mal als Konkurrenten der Schleppreedereien auf.

Bilden die Partikulierschiffer in ihrer Doppelrolle[43] einen ungleichmäßig wirkenden Konkurrenzfaktor, so ist das Wirken der Gruppe der schiffslosen Befrachter (vor allem die in solcher Eigenschaft auftretenden Speditionsfirmen) im Gegenteil dazu angetan, den Wettbewerb aufs Äußerste zu steigern.

Mit der Beeinflussung des Ausmaßes der Märkte geht eine Verschiebung der Fronten im Konkurrenzkampf einher: Die Verflechtung des Schleppbetriebes mit dem Kahnbetrieb zur Einheit einer Unternehmung senkt u. U. die Schlepplöhne aus Überschüssen des Kahnbetriebes unter die Selbstkosten, sodaß die reinen Schleppunternehmungen ins Hintertreffen kommen. Bei den Werksreedereien einschließlich der Formen von kapitalmäßiger Verflechtung in vertikaler Richtung (Verbindung mit Verfrachtern vor allem des Bergbaus) handelt es sich entweder um reine Werksflotten (Kähne und Dampfer), die insofern mit anderen Schleppunternehmungen konkurrieren, als sie durch eigene Transporte nicht ausreichend beschäftigt sind und daher am freien Markt Ergänzung suchen, oder um nach außen selbständige Reedereien, an denen Verfrachter nur beteiligt sind, und die auf Grund ihrer Verbindung zur Industrie für ihr Schlepp- und Kahngeschäft über ein Kontingent von sicheren Aufträ-

[43] Gutachten der Rhein-Kommission, Bln. 1930, insbes. S. 208 ff.

gen verfügen. Die Werksreedereien beherrscht das „Produzenteninteresse", wenn auch geschichtlich meist Handel und Schiffahrt das Primäre waren (Vgl. Skalweit a.a.O.). Sicherung der Transporte der Werke ist mitunter für diese wichtiger als Beförderung zu geringsten Kosten. Echte Kostenersparnis ist hauptsächlich auf dem Gebiete der Verwaltung zu verzeichnen. Decken die Werksreedereien ihre Kosten nicht, so haben sie den finanziellen Rückhalt, der es ihnen gestattet, auch dann noch am Markte (zur Vervollständigung der Aufträge) zu erscheinen, wenn ein selbständiges Unternehmen schon die Segel hätte streichen müssen. Eine Auslese im Wege der Konkurrenz scheitert hier daran, daß diese Unternehmen von einer starken Hand über Wasser gehalten werden. Die Ähnlichkeit mit dem Fall der kombinierten Schiffahrtsunternehmungen ist offenkundig. In beiden Fällen ist man bereit, auf Rentabilität des Schleppbetriebes um anderer Ziele willen zu verzichten. Schon in der Konzeption also, und erst recht in der tatsächlichen Ausführung, wird der Zweck einer möglichst wirtschaftlichen Schleppschiffahrt verneint. Der Unterschied zwischen Werksreedereien und reinen Schiffahrtsunternehmen macht sich erst auf höherer Stufe geltend, insofern die letzteren wenigstens hier auf Eigenwirtschaftlichkeit bedacht sein müssen, wogegen die ersteren mit den Maßstäben des Produzenteninteresses gemessen werden.

Die Form der Anmietung von Partikulierschleppern stellt eine Vereinigung der spezifischen Vorteile des Partikulierbetriebes (geringe Betriebskosten) mit den Vorteilen des Großbetriebs (leichterer Zugang zum Markt auf Grund des Frachtzuführungsapparates) dar. Auch diese Form kann reinen Schleppunternehmen Wettbewerb auf einer bevorzugten Grundlage bereiten.

Die Vertikalintegration hat niemals den Sinn, jedes Unternehmen von fremder Schlepphilfe unabhängig zu machen. Der Umfang der Beschäftigung wechselt bei den einzelnen Reedereien so oft, daß ein Abwälzen des Risikos der Beschäftigung der Schlepper auf breitere Schultern geboten erscheint. Denn innerhalb der einzelnen Unternehmung — wenn sie nicht schon beträchtlichen Umfang hat — ist es schwierig, die Zahl der eigenen Schleppmittel der Zahl der Kähne so anzupassen, daß erstere volle Beschäftigung finden. Es steht nur fest, daß die Anzahl der Schlepper beträchtlich geringer sein kann, als nach der Anzahl der Schleppzüge, die sich bei durchschnittlichem Anhang aus der

Kahnflotte bilden lassen, erforderlich wäre. Jede genauere Rechnung ist aber — vor allem infolge der Verkehrsschwankungen — unmöglich, so daß Spitzen an Bedarf oder Überschuß entstehen müssen. Es ist zweckmäßig, die Schwankungen nicht innerhalb des einzelnen Betriebes aufzufangen, sondern sich auf die Gesamtheit der Unternehmungen fortpflanzen zu lassen. Ein solcher Ausgleich kann — solange eine zentrale Organisation fehlt — nur an einem „Markt", eben dem Schleppkraftmarkt, erfolgen. Wir haben also einen Schleppkraftmarkt auch dann, wenn reine Schleppunternehmen gar nicht vorhanden sind, im Gegensatz zur Struktur der aus der Industrie geläufigen Beispiele eines vertikalen Zusammenschlusses. Gäbe es etwa in der Eisenindustrie nur gemischte Werke und keine reinen Verarbeiter mehr, so entfiele die Notwendigkeit eines Marktes für Roheisen, da jedes Werk diesen Rohstoff nur nach Maßgabe des Absatzes an Fertigerzeugnissen produzieren würde.

Mit Hilfe des Schleppkraftmarktes wird eine Rationalisierung des Bedarfes an Kraftbooten erzielt, die in ähnlicher Weise auch hinsichtlich des Kahnraumes erfolgt. Beim Schleppmonopol hingegen erfolgt eine solche Rationalisierung planmäßig; die Anpassung der Betriebsmittel an den Bedarf ist hier indes noch von anderen Umständen abhängig. Dort besteht die Kehrseite darin, daß auf dem Schleppmarkt die Konkurrenz unvollkommen bleibt, so daß sich die optimale Unternehmungsgrößenordnung nicht herausbilden kann.

Die Lockerung des Zusammenhanges zwischen Schleppkosten und Schleppkraftpreis ist stärker oder schwächer je nach dem Umfange, in dem neben den kombinierten Unternehmungen noch reine Schleppunternehmer tätig sind. Das Vorhandensein der letzteren ist wichtig zur Orientierung über die wirklichen Schleppkosten, die in ihrer Höhe im Rahmen des Gesamtschiffahrtsunternehmens schwer bestimmbar sind, weil nicht am Erlöse kontrollierbar.

In dem Maße, in dem somit in der einen oder anderen Weise der Markt entweder dauernd oder vorübergehend künstlich enger wird, in dem Maße verringert sich die Zuverlässigkeit, mit der der Preis seine Funktion als Regulator von Angebot und Nachfrage nach Schleppkraft erfüllen kann. Die Preisbildung wird bei Kleinheit des Marktes willkürlichen und zufälligen Einflüssen zugänglich, die einen natürlichen Ausgleich der Konkurrenzkräfte verhindern. Unter sonst gleichen Umständen wird wachsender Verkehr eine

Ausweitung des Marktes bedeuten. Bei starkem Verkehr (großem Markt) ist die Konkurrenz der Gefahr weniger ausgesetzt, durch Kapitalverschwendung bei Überangebot an Schleppkraft oder durch überhöhte Preise bei Verknappung des Angebotes die Wirtschaftlichkeit des Schleppens zu gefährden.

In jedem Falle aber wirkt diese Schlepporganisation wie eine bei den einzelnen Unternehmungen ungleiche Vorbelastung mit Kosten und macht sich bei der Frachtpreisbildung auf der höheren Stufe der Schiffahrtsleistungen entsprechend bemerkbar. Der Wettbewerb am Markte für die gesamte Beförderungsleistung vollzieht sich mithin schon infolge dieses Umstandes auf einer uneinheitlichen Grundlage.

Wenn man mit all den genannten Hemmungen rechnen muß, sodaß sie unter Umständen stärker zu sein scheinen als die Wirksamkeit der Konkurrenzkräfte selbst — hat es dann überhaupt noch einen Sinn, das Bild der Konkurrenz herauszuschälen? Wir müssen sagen: Ja, solange man eine Norm braucht, an der man die Wirtschaftlichkeit der Schleppschiffahrt messen kann. Man kann dann den Abstand feststellen, den der konkrete Tatbestand von jener idealtypischen Konkurrenz hat. Da jener von zahlreichen zum Teil individuellen Umständen abhängt, ist ein allgemeines Urteil über die mannigfaltigen Formen von denaturierter Konkurrenz, die uns in der Wirklichkeit begegnen können, nicht möglich. Man müßte die Erscheinungen, die wir als Hemmungen und Übertreibungen der Konkurrenz zusammengefaßt haben, einzeln daraufhin untersuchen, inwieweit sie das Spielen der Gleichgewichtskräfte störend beeinflussen. Ebensowenig kann man natürlich die Konkurrenz, die wir empirisch vorfinden und die manchmal nur noch die äußere Form der Konkurrenz hat, allgemein mit dem Monopol vergleichen. Wenn eine bestimmte Wirkungsweise solcher „Konkurrenz", deren Dosis an wahrer Konkurrenz man genau festgestellt hat, mit dem Monopol einerseits und der wahren Konkurrenz andererseits verglichen wird, so kann es sehr wohl sein, daß das Monopol in Bezug auf Wirtschaftlichkeit der wahren oder reinen Konkurrenz näherkommt als die denaturierte Konkurrenz. Es wäre z. B. denkbar, daß man ein Monopol einführt, w e i l die Konkurrenz sich nicht in dem (im Sinne größtmöglicher Wirtschaftlichkeit) erwünschten Maß durchsetzt. Zuvor wäre dann allerdings zu fragen, ob es nicht noch andere Mittel gibt, um die Konkurrenz von Hemmungen zu befreien und ihre wirtschaftlichen Vorzüge zur Entfaltung kommen zu lassen.

Die in der Wirklichkeit am stärksten vertretene Art der Konkurrenz im letzten Jahrzehnt trug alle Kennzeichen einer ruinösen, mit der besonderen Note des Kampfes verschiedener Partner mit ungleichen Waffen. Diese Not hat die Bestrebungen nach einer Regelung der Konkurrenz auf den Plan gerufen, als deren Erfolg wir heute die Verbände vor uns sehen, die schließlich unter Mitwirkung des Staates zustande gekommen sind. So zahlreiche Abstufungen des Wettbewerbes es gibt und so viele Möglichkeiten einer Wettbewerbsbeschränkung — es gibt eine Grenze, nach deren Überschreiten das Prinzip der Konkurrenz grundsätzlich durchbrochen ist und die Kartelle u. dergl. mehr Ähnlichkeit mit dem Monopol als der Konkurrenz annehmen.

Es ließen sich schon auf der Grundlage freiwilliger Vereinbarung mancherlei Ansätze zu einer Regelung der Konkurrenz beobachten. Namentlich aus der Gegenwehr gegen die Wirkungen ihrer zerstörerischen Entartung entstanden Zusammenschlüsse verschiedener Art, die jedoch Teilregelungen blieben, bis dank dem Eingreifen des Staates Verbände zustande kamen, die alle Unternehmungen umfaßten. Der mehr oder minder große Grad der Freiheit im Wettbewerb ist nicht zu verwechseln mit seiner Vollkommenheit und geht ihr auch nicht parallel. Ein straff organisiertes Kartell kann dem Idealfall der vollkommenen Konkurrenz näherkommen als der Zustand schrankenlosester Wettbewerbsfreiheit. Immerhin bietet bei Aufrechterhaltung einer Mehrzahl von Unternehmungen allerdings nur das Kartell die Möglichkeit zu einer wirklichen Ausschaltung der Konkurrenz und zu monopolartigen Maßnahmen.

An Zusammenschlußformen kannte die jüngste Vergangenheit Genossenschaften und Kartelle, die beide aber höchstens Teilmärkte beeinflußten, erstere weil sie im besten Falle nur die Partikuliere, letztere, weil sie nicht einmal alle Reeder umfaßten. Wir finden solche Zusammenschlüsse sowohl für das Schleppkraft- wie für das Kahnraumangebot.

Es waren bislang zu unterscheiden: 1. Schleppvereinigungen, in denen die Besitzer von Einzelschleppern zusammengeschlossen sind. Jedes Mitglied verfügt unbeschränkt über seine Betriebsmittel und ist nur an die Innehaltung einer Reihenfolge gebunden. Jene haben in der Regel die Form von Genossenschaften.

2. Hiermit sind nicht zu verwechseln die Dampfergenossenschaften der Einzelschiffer, die „vertikal" angelegt sind, insofern sie mit eigenen Dampfern nur das Schleppgeschäft auf gemeinschaftliche Kosten betreiben und dabei in erster Linie die Schiffe der Genossen schleppen. (Beispiel: Schleppschiffahrtsgesellschaften vereinigter Schiffer auf Elbe und Oder).

3. Verabredungen der Reedereien über die Schleppschiffahrt, in der losesten Form als Vereinbarung über gegenseitige Schlepphilfe (z. B. auf dem Rhein in der Baselfahrt).

Auf der Seite der Frachtschiffahrt: 1. Transportgenossenschaften der Einzelschiffer zum Zwecke der gemeinschaftlichen Ausführung von Frachtgeschäften (gemeinsame Beschaffung von Aufträgen, Verteilung der Ladungen der Reihe nach an die Genossen zu bestimmten Frachtsätzen). Leicht geht diese Form in die eines Großbetriebes, einer Reederei von Kleinschiffern, über, wenn die Genossenschaften ihre Selbständigkeit aufgeben und gegen feste Miete oder Lohn für Rechnung des Vorstandes der „Genossenschaft" fahren. (Beispiel: Transportgenossenschaft zu Berlin).

2. Kartelle der Reeder sind auf der Grundlage der Freiwilligkeit meist im Versuchsstadium steckengeblieben (wichtigster Fall: Elbschiffahrt) oder beschränkt auf einen Teilverkehr (Kohlenkontor auf dem Rhein).

Eine Zusammenarbeit findet häufig statt zwischen den Schleppvereinigungen und den Transportgenossenschaften, für deren Mitglieder die ersteren zu festen Schlepptarifen die Kähne schleppen. So stellen auf dem Rhein die Vereinigten Spediteure und Schiffer in Mannheim die Schleppkraft für die im Partikulierschifferverband Jus et Justitia in Ruhrort zusammengeschlossenen Einzelschiffer[44].

Bei all diesen Formen kommt es entscheidend darauf an, welche Veränderungen im Vergleich mit der ungeregelten Konkurrenz sie bringen 1. hinsichtlich der Auftragsbeschaffung, 2. hinsichtlich der Betriebsabwicklung, in beiden Fällen mit dem Erfolge oder Mißlingen einer Beeinflussung des anteiligen Verwaltungsaufwandes. Die Aussichten auf einen Erfolg sind aber dort am größten, wo die Verbindung mit der Kahnschiffahrt am engsten ist.

Wenn wir uns in diesem Zusammenhange die Grundzüge der Neuordnung der deutschen Binnenschiffahrt ver-

[44] Vergl. hierzu Teubert, S. 824 f.

gegenwärtigen, so kann dies in dem uns gesteckten Rahmen nur unter einem sehr einseitigen Gesichtspunkt geschehen. Keine Beachtung können wir hier der allgemeinen Bedeutung schenken, die einem so einschneidenden Eingriff nicht nur für die Binnenschiffahrt selbst, sondern auch einerseits für unser ganzes Transportsystem, andererseits für die Grundlagen aller Kartell- und Standespolitik zukommt.

Es ist, namentlich für die Beurteilung der inneren Struktur der neuen Organisation, wichtig, sich vor Augen zu halten, daß das Werk nicht das Ergebnis einer rein obrigkeitlichen Anordnung, sondern eines Zusammenspiels von Selbsthilfe und Staatseingriff darstellt. Immerhin ist die Hilfe der staatlichen Macht das Entscheidende, da alle Versuche der freien Verständigung immer wieder scheiterten[45]. Und die Schwierigkeit des Zusammenschlusses in einem Gewerbe, das neben einer geringen Zahl großer Reedereien mehrere tausend kleiner Unternehmerexistenzen umfaßt, erkennt man schon äußerlich daran, daß es mehr als 2 Jahre gedauert hat, bis auf der Elbe eine funktionsfähige Organisation vollendet war. Dies, obwohl auf der Seite der Schiffahrttreibenden die Notlage ins Unerträgliche gestiegen war und auf der Seite der Regierungsstellen die Machtmittel des nationalsozialistischen Staates zu Gebote standen. Nur wirkten beide Umstände nicht zur selben Zeit auf die Verständigungsbereitschaft ein.

Wir müssen hier darauf verzichten, die Entwicklung auch nur in den wichtigsten Etappen darzustellen, uns vielmehr darauf beschränken, das zuletzt erkennbare Ergebnis aufzuzeigen. Das Gesetzgebungswerk[46] betrifft Elbe und mär-

[45] Nur für die westdeutschen Kanäle und die Weser war eine zwangsverordnete Regelung bislang nicht notwendig, da hier Verbände der Einzelschiffer und der Reeder in freier Vereinbarung zustande gekommen sind. Immerhin wird das Vorbild der anderwärts getroffenen Zwangsregelung nicht ohne Einfluß hierauf gewesen sein. Das im Text über Zwangskartelle Gesagte gilt mit Einschränkungen auch hier.

[46] Anpassungsverordnung vom 23. 12. 1931 mit Durchführungsverordnungen vor allem vom 23. 3. und 25. 4. 1932 zur Bildung von Schifferbetriebsverbänden, vom 10. 6. und 10. 9. 1932 zur Bildung von Zwangskartellen; Gesetz zur Bekämpfung der Notlage der Binnenschiffahrt vom 16. 6. 1933, hierzu vor allem 8. Durchführungsverordnung vom 12. 1. 1934. — Darstellung der inzwischen zum Teil überholten Rechtsgrundlagen bei Jonny Schneider, Das Notrecht der Binnenschiffahrt, Berlin 1933. Vergl. ferner die Aufsätze von Platow im Weltwirtschaftlichen Archiv 1933, S. 226 ff., im Deutschen Ökonomist 1933, S. 1303 ff., ferner Deutsche Verkehrsnachrichten Nr. 27, 1933.

kische Wasserstraßen, Oder und ostpreußische Wasserstraßen. Den Ausgangspunkt der gesetzgeberischen Maßnahmen bildete eine Ermächtigung an die Reichsregierung:

a) Schiffahrttreibende zu öffentlich-rechtlichen Verbänden zusammenzuschließen sowie die Ausnutzung des Kahn- und des Schleppparkes und ihre Vermehrung zu beschränken,
b) selbst oder durch dazu von ihr ermächtigte Verbände oder andere Stellen Mindest- und Höchstentgelte im Binnenschiffsverkehre (Beförderungspreise, Schlepplöhne, Maklerentgelte) festzusetzen sowie die Verteilung des Frachtgutes zu regeln und Zuwiderhandlungen gegen die von ihr oder mit ihrer Ermächtigung getroffenen Maßnahmen mit Geldstrafen zu bedrohen."

Mehrere Durchführungsverordnungen schufen alsdann 2 Organisationsformen: Schifferbetriebsverbände für die Kleinschiffahrt und Zwangskartelle für die Großschiffahrt und Spedition. Beide sind die ausführenden Organe für die Beschlüsse, die die Frachtenausschüsse zur Festsetzung der Beförderungsentgelte und zur Verteilung des Fracht- und Schleppgutes fassen.

Die Schifferbetriebsverbände beruhen auf der Zwangsmitgliedschaft jedes Schiffers, der mit nicht mehr als 3 Binnenschiffen (Kähnen, Motorkähnen, Schleppern oder Güterdampfern) Güter für andere befördert. Der Verband hat die Befugnis, auf die Betriebsführung der Mitglieder Einfluß zu nehmen. Es bestehen bislang 4 Verbände: der Mitteldeutsche, der Elbe-, der Ostdeutsche und der Schifferbetriebsverband für die Oder.

Mit Wirkung vom 1. Febr. 1934 hat die Elbe-Reedereien-Vereinigung von 1934 ihre Tätigkeit aufgenommen. Von der Regelung, die in der 8. Durchführungsverordnung zum Gesetz vom 16. 6. 1933[47] getroffen ist, ist die Werkschiffahrt ausgenommen, die übrige Schiffahrt, nämlich Binnenschiffahrtunternehmen mit eigenem Schiffspark, Kleinschiffergenossenschaften und Befrachter ohne eignen Schiffspark[48], erschöpfend erfaßt. Das Verkehrsgebiet der Vereinigung wird in Abteilungen (Elbebergverkehr, Elbetalverkehr usw.) aufgeteilt (§ 3). Die Vereinigung soll nach § 5:

a) in ihrem Verkehrsbereich einen Ausgleich zwischen dem Angebot an Frachtraum und Frachtgut schaffen,
b) unter Beseitigung des inneren Wettbewerbs den Mitgliedern eine dem Umfang und der Art ihres bisherigen Geschäfts entsprechende gleichmäßige Beteiligung am Fracht- und Schleppgeschäft und
c) den Mitgliedern, soweit sie eigenen Schiffspark besitzen, eine gleichmäßige Beschäftigung ihres Schiffsparks sichern.

[47] Reichsanzeiger Nr. 18 vom 22. 1. 1934.

[48] Die ihrerseits in der Binnenschiffsbefrachter G. m. b. H., Hamburg, vereinigt sind.

Die Vereinigung regelt durch Verträge mit den Schifferbetriebsverbänden die gleichmäßige Beschäftigung der Fahrzeuge beider Vertragsteile, wofür ein Verhältnis von 58 : 42 für Groß- und Kleinschifffahrt zugrunde gelegt worden ist. Ein Ausgleich der Lasten zwischen den Reedereien und den schiffslosen Mitgliedern besteht darin, daß letztere von ihrer Quote 30 % in Abzug bringen, die den Reedern zugute kommen. Jedes Mitglied behält seine Selbständigkeit und schließt die Fracht- und Schleppverträge in eigenem Namen und für eigene Rechnung ab. Ihm liegt auch die kaufmännische Abwicklung des Geschäfts sowie der Verkehr mit der Kundschaft ob. Jedem Mitglied werden die Kunden geschützt, die es im Jahre 1931 als sogenannte „Schluß"-Kunden hatte (§ 6). Die Mitglieder sind u. a. verpflichtet, sich in der wirtschaftlichen Ausnutzung ihrer Betriebsmittel zu unterstützen, ferner ihr Geschäft im Sinne nationalsozialistischer Wirtschaftspolitik zu betreiben (§ 7).

An den wichtigsten Verkehrsplätzen werden Tarifausschüsse gebildet, die zuständig sind für: die Festsetzung der Frachten und Schlepplöhne sowie der Anteilfrachten und -schlepplöhne und sonstiger Vergütungen, ferner die genauere Abgrenzung der einzelnen Verkehrsabteilungen und Bezirke sowie der einzelnen Verkehrsarten gegeneinander (§ 11).

Die größten Schwierigkeiten bereitete die Quotenfrage, für die es eine völlig befriedigende Lösung gar nicht gibt, weil „sich die Mannigfaltigkeit des praktischen Lebens eben nicht exakt zahlenmäßig festhalten läßt" (Platow). Den Schlüssel für die Verteilung der Beförderungsaufträge und der Einnahmen an die Mitglieder bildet der Geschäftsanteil, der jedem Mitgliede eingeräumt wird (§ 18 ff.). Der Geschäftsanteil wird auf Grund der tatsächlichen Beschäftigung des Mitgliedes in einer früheren Periode berechnet, und zwar aus den Leistungen, d. h. den infolge eigener Werbung gefahrenen oder geschleppten Tonnenkilometern, unter Berücksichtigung der durchschnittlich erzielten Einnahmen. Die geworbenen Güter und Schleppleistungen werden wie folgt verteilt: Jedes Mitglied erhält die von ihm geworbenen Fracht- und Schleppaufträge zur Ausführung, soweit damit nicht sein Geschäftsanteil überzogen wird. Die übrigen Geschäfte werden den Mitgliedern zugewiesen, die ihren Geschäftsanteil nicht erreicht haben. Da keineswegs die Absicht sein kann, daß jedes Mitglied nur soviel Geschäfte wirbt, wie seine Quote erfordert, hat man den Anreiz einer Werbevergütung (§ 25 Abs. 3) eingebaut. Am Schlusse eines jeden Geschäftsjahres wird festgestellt, inwieweit sich durch erhöhte Werbetätigkeit eines Mitglieds in einer Gruppe oder durch Veränderungen in der Verkehrswirtschaft Verschiebungen ergeben haben. Eine Neufestsetzung der Geschäftsanteile kann alsdann erfolgen (§ 24).

Vom Geschäftsanteil ist der Betriebsanteil scharf zu unterscheiden (§ 28). Die Betriebsleistungen werden entsprechend den Betriebsanteilen verteilt. Jedes Mitglied erhält zunächst die seinem Geschäftsanteil entstammenden Betriebsleistungen zugewiesen, soweit sie sich innerhalb seines Anteils halten. Darüber hinaus werden sie den Mitgliedern, die ihren Betriebsanteil nicht erreicht haben, oder den Schifferbetriebsverbänden zugewiesen. Die Aufteilung der Betriebsleistungen, d. h. des Fahrens und Schleppens, berührt nur diejenigen Mitglieder, die eigene Betriebsmittel haben. Genossenschaften und Befrachter ohne eigenen Schiffspark lassen grundsätzlich ihre sämtlichen Geschäfte durch die in den Betriebsverbänden zusammengeschlossenen Kleinchiffer ausführen[49].

Die Mitglieder teilen ihre Betriebsmittel auf die Abteilungen und innerhalb jeder Abteilung in folgende Fahrzeuggruppen auf (§ 27):

1. Selbstfahrer mit mehr als 8 km Stundengeschwindigkeit, für den Expreß- und Eilverkehr,
2. Selbstfahrer unter 8 km Stundengeschwindigkeit,
3. Kähne,
4. Schlepper.

Ergibt sich für die Betriebsleistungen der Abteilungen oder die geschäftliche Beteiligung der Mitglieder in ihnen eine wesentliche Veränderung, so kann eine Neufestsetzung erfolgen. Durch Stillegung oder Abwracken von Fahrzeugen wird der Betriebsanteil nicht vermindert (§ 32). Unbeschadet der Festlegung des Beschäftigungsverhältnisses zwischen Groß- und Kleinschiffahrt nach Maßgabe des Tonnagebesitzes bleibt es den Reedereien daher unbenommen, einen Teil ihrer Fahrzeuge stillzulegen und den Rest besser zu beschäftigen.

Stellt das Kartell die Einheitsorganisation für die gesamten mitteldeutschen Wasserstraßen dar, so ist es doch nicht nur nach den erwähnten Fachgruppen, sondern auch regional nach Verkehrsabteilungen gegliedert. Die Tonnage jeder Fachgruppe muß genau auf die einzelnen Verkehrsabteilungen aufgeteilt werden, um die Anmeldung der Tonnage durch eine Reederei in mehreren Abteilungen zu verhüten.

[49] Twiehaus, D.V.N. Nr. 6. 1934.

Güterverteilungsstellen nehmen die Meldungen der Mitglieder über die geworbenen Güter entgegen und verteilen die Aufträge an die Mitglieder (§ 34).

Außerhalb der eigentlichen Kartellorganisation stehen die Frachtenausschüsse für die verschiedenen Stromgebiete[50].

Sie setzen sich zusammen aus Vertretern der Kleinschiffahrt, der Großschiffahrt, der Verlader und der Spediteure. Sie sind ermächtigt, Mindest- und Höchstentgelte im Binnenschiffsverkehr festzusetzen, die allgemein verbindlichen Charakter erhalten können, wenn die Aufsichtsbehörde die Genehmigung hierzu erteilt.

Im Mittelpunkt des ganzen Werkes steht die Reedereienvereinigung. Sie trägt die Kartellorganisation, nur ihre Mitglieder haben Verbindung mit den Verfrachtern, von hier aus geht die Aufteilung des Ladungsgutes auf Groß- und Kleinschiffahrt vor sich. Die Schifferbetriebsverbände stellen nur eine Hilfsorganisation dar, die die zahlreichen Privatschiffer zu einem verhandlungs- und vertragsfähigen Partner macht. Auch die Bedeutung der Frachtenausschüsse verblaßt gegenüber den Befugnissen der Vereinigung. Im Gegensatz zu den Tarifausschüssen, die die Tagesarbeit leisten, haben sie mehr eine überwachende und korrigierende Funktion. Die Aufgabe der Verhinderung einer monopolistischen Übersteigerung der Frachten ist zudem ziemlich leicht zu lösen, da der Wettbewerb von Eisenbahn und Kraftwagen ohnehin in diesem Sinne wirkt.

Von besonderer Bedeutung für die Erreichung der mit der Kartellierung verfolgten Ziele sind die Vorschriften über die Genehmigungspflicht von Neubauten. Erst ein Neubauverbot oder wenigstens eine Neubaubeschränkung machen den Zusammenschluß der Schiffahrt zu einem Zwangskartell im Vollsinne. Auf den betreffenden Wasserstraßen ist die Vermehrung des Schiffsraumes oder der Schleppkraft an die Genehmigung der Aufsichtsbehörde geknüpft, die sie ohne Angabe von Gründen verweigern kann. Die Vermehrung des Schiffsparkes durch Zuzug von anderen Wasserstraßen ist ebenfalls unterbunden. Die ostpreußischen Wasserstraßen

[50] So in Breslau für die Oder oberhalb Küstrin, in Stettin für die Oder unterhalb Küstrin und das Haff, in Berlin für die Wasserstraßen zwischen Elbe und Oder, in Hamburg für die Elbe aufwärts bis Wittenberge, in Magdeburg für die Strecke Wittenberge-Breslau, in Dresden für die übrige Elbe und in Lübeck für den Elbe-Trave-Kanal.

und die märkischen Wasserstraßen nebst Elbe und Oder sind gegeneinander und gegen andere Stromgebiete „abgeriegelt"[51].

Kennzeichnend für die Lage ist eine Verlautbarung des Reichsverkehrsministers vom August 1934[52]:

„Ich habe gehört, daß während der jüngsten Periode ausnehmend schlechter Wasserstände auf der Elbe mehrere Dampfer von der Elbe nach dem Rhein überführt worden seien. Falls dies zutrifft, kann ich dies nicht in Einklang mit den Bestrebungen bringen, die zur Organisation der mitteldeutschen Binnenschiffahrt und zu ihrem Schutz gegen fremde Fahrzeuge geführt haben. Ich behalte mir vor, die Aufsichtsbehörden anzuweisen, daß Dampfer, wenn sie nicht bis zum 1. 9. 1934 zurückgekehrt sind, als aus dem mitteldeutschen Verkehrsgebiet abgewandert zu betrachten sind. Ihre Rückkehr würde alsdann als eine Vermehrung des Schiffsraumes in Mitteldeutschland zu behandeln sein, die besonderer Genehmigung unterliegt."

An der Konstruktion des Kartells sind für uns interessant vor allem: die Einheitlichkeit der Organisation für ein zusammenhängendes Wasserstraßengebiet und die besondere Erfassung der Schleppkraft bei der Quotenberechnung für Betrieb und Geschäft. Da die Befrachter zum Teil gar nicht oder nur ungenügend mit Schleppkraft ausgestattet sind, müssen die Schleppkraftbesitzer (ebenso wie die Schiffsraumbesitzer) zusammengefaßt werden, da ja der Markt, wo sich Angebot und Nachfrage der Schleppkraft treffen könnten, ausgeschaltet, gleichsam in das Kontor des Kartells bzw. der Güterverteilungsstellen verlegt worden ist. Ein geschlossener betrieblicher Einsatz der Schleppmittel ist hiermit aber nicht verbunden und kann es nicht sein, da er die sorglich respektierten Schranken zwischen den einzelnen Unternehmungen niederlegen würde. Eine grundsätzliche Veränderung in der Betriebsabwicklung gegen den Zustand des Wettbewerbes ist somit nicht eingetreten, wenn schon die Zusammenarbeit in gegenseitiger Aushilfe mit Betriebsmitteln erleichtert ist. Ob die im Zeichen des Kartells verwandelten psychologischen Voraussetzungen die Wirtschaftlichkeit des Schleppdienstes für sich oder im Zusammenspiel mit dem Schiffahrtsgeschäft ungünstig beeinflussen, läßt sich nicht allgemein beantworten. Die gesamtwirtschaftliche Rechtfertigung des Kartellversuches liegt in den mißlichen Erfahrungen mit dem ungeregelten Wettbewerb, der keine

[51] Schiffsraumvermehrungsverordnung vom 26. 5. 32 nebst Ausführungsverordnungen.

[52] Der Rhein Nr. 9, 1934, S. 237.

kostengerechte Anpassung des Angebotes an die Nachfrage zustande kommen ließ. Eine Eindämmung der Unterbietungen im Preise und der Überbietungen in der Leistungskapazität kann daher sehr wohl ein gesamtwirtschaftlicher Fortschritt sein.

Isoliert betrachtet ist das Schleppmonopol rein kostenmäßig einer in der beschriebenen Weise kartellierten Schleppschiffahrt zumindest dort überlegen, wo der optimale Umfang auf einen einzigen Großbetrieb führt. Allein, wie wir sahen, ist die eindeutige Überlegenheit des einzigen Großbetriebes nur ausnahmsweise anzunehmen. Jedoch ist zu beachten, daß die Ersparnis an Verwaltungskosten, die bei zentralisierter Bewirtschaftung des Schlepperparkes eintritt, bei dezentralisiertem Zusammenschluß nicht nur fehlt, sondern der Tendenz nach sich hier ins Gegenteil verkehrt, da zu den Verwaltungskosten der Zentrale des Kartells nach wie vor gewisse Verwaltungskosten der Mitglieder kommen.

In positiver Beziehung scheint uns das Bemerkenswerteste zu sein, daß im Kartell der Vorteil erhalten bleibt, der jeden Wettbewerbszustand von einer mit Schleppmonopol bedachten Binnenschiffahrtsorganisation auszuzeichnen pflegt: die Kombination von Schleppkraft und Kahnraum (nebst Selbstfahrer).

Der Grad der Ausnutzung der Schleppmittel wird also ähnlich günstig beeinflußt wie bei freier Konkurrenz. Soweit die Ausnutzung von der Neubaupolitik abhängt, geht das Kartell allerdings ähnlich wie das Schleppmonopol einer Anpassungsfähigkeit an die voraussichtliche Bedarfsentwicklung verlustig. Ob eine Vermehrung der Schleppkraft (ebenso wie des Schiffsraums) eintritt, ist beim Zwangskartell in das Ermessen der Aufsichtsbehörde gestellt, die ihre Entscheidungen unter völlig anderen Voraussetzungen trifft, als diese für den eigenverantwortlichen Unternehmer im Zustande der Gewerbefreiheit gelten. Dies ist vor allem dann der Fall, wenn ihr der Anhaltspunkt einer zuverlässigen Preisbildung fehlt. Letztere braucht nicht zu fehlen, aber für ihr Eintreten besteht keine Gewähr. Immerhin ist bei enger Verbindung der Aufsichtsbehörde mit den Selbtsverwaltungsorganen des Kartells eine bessere Aussicht zur Beurteilung der „Marktlage" gegeben, als sie dem Schleppmonopol zur Verfügung steht, dessen Existenz den Zusammenhang zwischen Schleppkraft- und Schiffsraumdisposition wirtschaftlich und organisatorisch unheilbar zerreißt. Dies unter dem Gesichtswinkel der Schleppkraftbewirtschaftung gesehen. Es kann sein, daß der hier festgestellte Nachteil aufgewogen wird durch einen Vorteil, den im Vergleich mit einer zwangskartellierten eine freie Kahnschiffahrt bei der Disposition über die Schiffsraumvermehrung hätte. Der Staat hat ja nicht nur die Konkurrenz zwischen den Schiffahrttreibenden, die im Zeitpunkt der Regelung dem Gewerbe angehörten, ausgeschaltet, nicht nur eine Vermehrung der Kapazität durch diese Unternehmer unterbunden, sondern auch den Zuzug durch Neugründung von Unternehmungen gesperrt. Wenn auch eine Ausweitung der Kapazität in der einen oder anderen Weise nicht ausgeschlossen ist, so kommt doch alles auf die Zulassungsgrundsätze an. Die Zulassung wird vermutlich nicht an subjektive Merkmale, die der Bewerber erfüllen muß, geknüpft sein, sondern an das „objektive" Bedürfnis. Die Prüfung des Bedürfnisses aber ist gleichbedeutend mit einer Beurteilung der Marktlage, die alles andere als objektiv sein kann.

Die Hauptschwierigkeit des Kartells liegt nicht auf dem Gebiete der Schleppkraftbewirtschaftung und berührt diese daher höchstens auf dem Wege des hier bestehenden Abhängigkeitsverhältnisses. Sie ist vielmehr in der geforderten Anpassung der Auftrags- und Einnahmeverteilung an die wechselnde Zusammensetzung des Güterverkehrs zu suchen. Jede Quotenbemessung muß von einem gegebenen Mengenverhältnis der verschiedenen Geschäftssparten und Verkehrsbeziehungen ausgehen und die Lasten und Einkünfte jedes Mitgliedes ändern, sobald die Zusammensetzung des Güterverkehrs sich ändert. Abgesehen von der Beeinträchtigung der Kartellfreudigkeit ergeben sich hieraus Gefahren im Sinne einer unmittelbaren Steigerung der insgesamt aufzuwendenden Kosten.

Betrachtet man die Kartellierung als Mittel zur Herstellung eines geordneten Wettbewerbes[58], so meldet sich die Erinnerung an ähnliche Funktionen, die — wenn auch in abgeschwächtem Maß — man dem Schleppmonopol zugeschrieben hat.

Die mit einem Schleppmonopol meist verbundene Stetigkeit der Preispolitik, die die Schwankungen des freien Schlepplohnes nicht mitmacht, bedeutet für die Schiffahrt-

[58] Womit sich ihre Bedeutung keineswegs erschöpft, da den Vorrang unter den Zwecken das außerwirtschaftliche Moment beansprucht, den Stand der Binnenschiffer zu erhalten und zu stärken.

treibenden die Herstellung absoluter Gleichheit der Wettbewerbsgrundlage hinsichtlich desjenigen Teils ihrer Gestehungskosten, den die Schlepplöhne ausmachen. Zeitliche oder örtliche Zufälligkeitsvorteile oder -nachteile, die zum Nutzen des einen und zum Schaden des anderen Konkurrenten bei freiem Schleppmarkt entstehen, ohne daß sich dies immer vermeiden ließe, fallen hier fort. Insofern kann das Schleppmonopol dazu beitragen, die Konkurrenz unter den Kahnreedereien stärker auf das Gebiet der Leistungen, d. h. aber der internen Betriebskosten, zu konzentrieren, also zu einem fair play auszugestalten. Eine entsprechende Funktion übt das Monopol aus, wenn durch seine Existenz es den Kahnreedereien unmöglich gemacht wird, sich Schleppbetriebe anzugliedern. Auch hier wird eine Ungleichheit der Wettbewerbsgrundlage, zwischen dampferlosen und kombinierten Reedereien, eingeebnet, was aber — wie gesagt — kein Selbstzweck sein kann.

Ist der etwaige Nutzen eines Schleppmonopols für die Kahnschiffahrt etwa bei den verschiedenen Unternehmerkategorien verschieden groß? Bedeutet es z. B. — wie man wohl geglaubt hat — eine Stärkung der Wettbewerbsfähigkeit der Kleinschiffahrt? Etwas derartiges schien Teubert[54] vorzuschweben, wenn er meinte, der Staat könne zum Betriebe der Schleppschiffahrt durch das Bestreben veranlaßt werden, namentlich den Kleinschiffern zu jeder Zeit ein gutes Schleppmittel zu festem, billigem Preise zur Verfügung zu stellen. Noch heute findet sich zuweilen die Auffassung, das Schleppmonopol könne wie eine mittelstandspolitische Maßnahme wirken, indem es die „Abhängigkeit" der Einzelschiffer von den Reedereien, die oft gerade darauf beruhe, daß die großen Reedereien über die Schleppkraft verfügen, beseitigt.

Wenn man die Berechtigung des Zieles einer möglichst breiten Schicht von selbständigen Kleinschiffern bejaht, muß man doch fragen, ob gerade das Schleppmonopol diesem Ziele am nächsten kommt. Zu beachten ist zunächst, daß es auch Schlepperpartikuliere gibt, die durch ein Monopol beseitigt würden. Ferner: Die hier in Betracht kommende Abhängigkeit pflegt u. W. darin zu bestehen, daß die Partikulierschiffer einen Teil ihrer Ladung, vielleicht den größten, von der Reederei zugewiesen und hierfür auch die Schleppkraft gestellt

[54] II, S. 939.

bekommen, wogegen für Ladungen aus dem freien Markt die hieran nicht interessierte Reederei einen Schlepper nicht ebenso willig und billig zur Verfügung stellt. Dann bedeutet ein Schleppmonopol in der Tat Abhilfe. Das Vorhandensein von Partikulierschleppern schafft allerdings ebenfalls ein Gegengewicht, das meist ausreichen wird, ein Schleppmonopol in dieser Beziehung überflüssig zu machen. Sodann haben die Partikulierschiffer die verschiedenen Möglichkeiten der Selbsthilfe (genossenschaftliche Beschaffung der Schleppkraft).

An der Ungunst der Marktlage, die sich für die Kleinschiffer mitunter aus der mangelnden Verbindung mit den Verfrachtern und der Privilegierung der Werks- oder ähnlichen Reedereien ergibt und die sich bei unausgeglichener Marktlage in zu niedrigen Kahnmieten für Partikulierraum äußern kann, vermag auch das Schleppmonopol nichts zu ändern. Sie ist nur bei einer solchen Organisation des Kahngeschäfts zu beseitigen, die für eine geordnete Konkurrenz sorgt.

Sozusagen das Gegenstück dieser Maßnahme zugunsten der „Schwachen" bildet die Erwartung, das Schleppmonopol könne die Übermacht der Zusammenschlüsse von Industrie und Schiffahrt brechen oder wenigstens deren etwaigen Mißbrauch verhüten. Noch in den letzten Jahren hat man dem Schleppmonopol die Aufgabe zugewiesen, ein Damm zu sein gegen angebliche Monopolbestrebungen von Verfrachtern. Auf der Tagung der Friedrich List-Gesellschaft 1927[55] führte Staatssekretär a. D. Vogt die Ansicht des früheren Ministers Breitenbach an, der im Schleppmonopol einen „Apparat in der Hand zu haben glaubte, um der . . . . Vertrustung zwischen Industrie und der Beförderung auf dem Wasserwege entgegenarbeiten zu können." Und vor dem 27er Ausschuß (Sitzung vom 8. 11. 1927): Es bestehe immer noch die „Gefahr, daß Wasserweg und Produzenten sich zusammenschließen", was eine einseitige Begünstigung gewisser Teile der Volkswirtschaft zum Nachteil der Allgemeinheit darstelle. So könne der Produzent kraft einer solchen Machtstellung den Bezug seiner Waren davon abhängig machen, daß das Gut auf dem Wasserwege befördert wird[56].

[55] Mitt. d. Friedr. List-Ges. Nr. 5, 1928, S. 135—139.

[56] Dritte Sitzung des Ausschusses zur Prüfung der Fragen des binnenländischen Verkehrs vom 8. 11. 1927, Drucksache des Vorläufigen Reichswirtschaftsrates 1920/27, Spalte 37 f.

Hier liegt eine Verkennung des Tatbestandes vor. Es ist völlig abwegig, die Werkschiffahrt in eine Reihe zu stellen mit den amerikanischen Eisenbahnen und zur Abwehr Antitrust-Maßnahmen (hier Schleppmonopol) zu verlangen. Nicht um Befriedigung von Machtgelüsten handelt es sich bei den Werksreedereien, sondern um die Wahrnehmung wirtschaftlicher Vorteile, die diese Form der Vertikalintegration bietet.

Die Gefahr einer privaten Monopolbildung auf einem Kanal war, u. a. angesichts der Freizügigkeit auf den Wasserstraßen, verschwindend gering und ist nunmehr vollends gebannt. Die Erschwerung der Konkurrenz, die für die reinen Schiffahrtsunternehmen allerdings von den Werksreedereien ausgeht, läßt sich mit den Mitteln eines Schleppmonopols nicht verhindern, auch nicht dadurch, daß man etwa die Werksflotte nur zu höheren Sätzen als die übrigen Kähne schleppen wollte, da jegliche Nachprüfung, welcher Kategorie ein Kahn angehört, praktisch ausgeschlossen ist. Zur Herstellung eines geregelten Wettbewerbes zwischen den Unternehmungen der verschiedenen Gattungen mag es gehören, zu verhindern, daß die Werksreedereien — gestützt auf die Finanzkraft ihres Konzerns — Verlustgeschäfte abschließen, nur um eine Beschäftigung der Fahrzeuge zu sichern, und damit den reinen Reedereien in einem Kampf mit ungleichen Waffen entgegentreten. Die Existenz eines Schleppmonopols ist *in diesem Zusammenhang* gleichgültig.

Vier Möglichkeiten stehen nunmehr nebeneinander:

1. Die Zusammenarbeit eines Schleppmonopols mit untereinander konkurrierenden Kahnschiffahrtsunternehmungen.
2. Die Verkehrsbedienung durch untereinander konkurrierende kombinierte Unternehmungen.
3. Die Zusammenarbeit eines Schleppmonopols mit untereinander zusammengeschlossenen Kahnschiffahrtsunternehmungen.
4. Die Verkehrsbedienung durch untereinander zusammengeschlossene kombinierte Unternehmungen.

Beim Vergleich kommt es darauf an, einerseits den Fall 1 an dem Fall 2, andererseits den Fall 3 an dem Fall 4 zu messen, und schließlich die aus den beiden Gruppen siegreich hervorgehenden Möglichkeiten einander gegenüberzustellen. Die erste Gruppe (1+2) kennzeichnet die Alternative, wie sie bis 1931/32 lautete, die zweite (3+4) dagegen die heutige. Der Vergleich beider miteinander nach Ausscheidung der unterlegenen Möglichkeiten muß zeigen, worin der Fortschritt der Entwicklung liegt und liegen kann.

Hinsichtlich der ersten Gruppe können wir von dem ausgehen, was über die verschiedenartige Kostenstruktur hüben und drüben auszusagen war. Es handelt sich hier um die Frage, ob sich das System der Spezialisierung bewährt, ob es richtig ist, eine Funktion künstlich zu verselbständigen, die von Hause aus mit dem Gesamtschiffahrtsbetriebe organisch verbunden ist. Geschichtlich konnten sowohl die verschiedenen Projekte einer mechanischen als auch die lebendige Erinnerung an die Ufertreidelei durch Menschen- und Pferdekraft zu der Annahme verleiten, daß dieser Betriebszweig sich sehr wohl von dem eigentlichen Schiffsbetriebe loslösen lasse. Aber bei Wegfall dieser Voraussetzungen spricht vom Standpunkt der Betriebstechnik nichts mehr für eine Trennung.

Wenn Teubert[57] im Gegensatz zum Frachtgeschäft die Voraussetzungen für Verstaatlichung beim Schleppgeschäft als günstiger bezeichnet, vor allem weil dieses den „vorwiegend technischen Teil der Binnenschiffahrt" darstelle, so kann diese Begründung nur den Sinn haben, daß die Anforderungen in der Schleppschiffahrt in höherem Grade quantitativ abschätzbar und durch mechanische, gesetzesmäßig wirkende Vorkehrungen besser zu erfüllen seien als durch individuelle Anpassung von Fall zu Fall. Diese Auslegung wird durch einen späteren Hinweis Teuberts[58] auf die Bedeutung der technisch-wissenschaftlichen Schulung bestätigt. Es sei manchmal unzureichend, sich auf die Erfahrungen der Schiffer zu verlassen, die zwar von Jugend auf lernen, mit scharfem Blick die Bewegungen der Schiffe und des Wassers zu erkennen, zu beurteilen und miteinander in möglichst gute Übereinstimmung zu bringen, aber der technisch-wissenschaftlichen Bildung ermangeln und daher die Ursachen und den Zusammenhang der Erscheinungen sowie die dabei wirksamen Naturkräfte nicht erkennen. Bei der allgemeinen Einführung des Schleppmonopols werde dies voraussichtlich anders und besser werden, indem man zur Leitung des Betriebes Schiffahrtsingenieure mit schiff-, maschinen- oder wasserbaulicher Vorbildung heranziehe.

Die Bedeutung dieses der Tendenz nach zweifellos richtigen Umstandes scheint hier erheblich überschätzt[59]. Denn einmal gesteht Teubert selbst ein[60], daß die wissenschaftlichen Grundlagen noch unzulänglich sind, daß insbesondere die Unkenntnis über den Schiffswiderstand in Strömen noch im Wege steht. Sodann ist der Gegensatz zwischen Schleppschiffahrt und Kahnschiffahrt kein prinzipieller, sondern nur ein gradueller, er würde ein prinzipieller nur bei Einführung eines mechanischen Treidelsystems. Mit Recht betont Piper[61] gegen diese

[57] II S. 619.
[58] S. 622.
[59] In der 2. Auflage fehlen die entsprechenden Partien.
[60] 2. Auflage S. 622.
[61] Z. f. B., Heft 8, 1930.

allerdings (in dem besonderen Sinne:) technischen Systeme den Charakter des Schleppbetriebes als eines Schiffahrtsbetriebes, der sich nicht nach eigenen, unter Umständen willkürlichen Gesichtspunkten und unabhängig vom Kahnbetrieb regeln läßt. Es besteht zwar eine gewisse Selbständigkeit des Schleppbetriebes vom Kahnbetriebe, aber diese Spezialisierung (Arbeitsteilung) hat man doch nur vorgenommen, um durch das Zusammenwirken (Arbeitsvereinigung) beider einen um so größeren Nutzeffekt zu erzielen.

Die Vorteile sind zunächst auf der Seite der kombinierten Unternehmungen zu suchen, sowohl wegen einer Senkung der Schleppkosten als auch wegen der Möglichkeit einer besseren Anpassung des Schleppbetriebes an die Bedürfnisse des Kahnumlaufes. Der Gültigkeit dieser Feststellung können nun allerdings verschiedene Umstände Abbruch tun. Sie gilt weder für jeden Verkehrsumfang, noch für jede Fahrbahn, noch für jede Art von Wettbewerb der kombinierten Unternehmungen untereinander. Wir haben als eine schon ihrem Begriffe nach unvollkommene Konkurrenz bezeichnet, was sich als Kampf der kombinierten Unternehmungen darstellt, weil die — notwendig — verschiedene Ausstattung mit Schleppmitteln die Wettbewerbsgrundlage uneinheitlich macht. Dies gilt in verstärktem Maße, wenn in geringerem Umfange selbständige Partikulierschlepper — für eigene Rechnung oder in Miete — ergänzend mitwirken. Die Gefahr ist dann groß, daß der Wettbewerb nicht die tüchtige Leistung zur Entfaltung bringt, sondern dem Zufall weiten Spielraum gibt und zudem von zerstörenden Wirkungen begleitet ist. Dem Partikulier kommt allerdings der erwähnte Lohnvorsprung zustatten. Ist vielleicht der staatliche Schleppzwang, dem alle gleichmäßig unterworfen sind, gerade ein Mittel zur Herstellung einer gerechten Wettbewerbsgrundlage? Offenbar nur, soweit der Schleppmarkt selbst in Betracht kommt. Die von hier aus auf der höheren Ebene des Schiffahrtsgeschäftes verursachte Ungleichheit aber muß man als unvermeidlich in Kauf nehmen, insofern es berechtigt ist, die gesamte Beförderungsleistung als die höhere Einheit anzusehen, auf deren Preisbildung es entscheidend ankommt, und zwar auch für die Bewertung der Schleppkraft. (Kahnfracht und Schlepplöhne sind zusammenhängende Preise.) Ein anderes ist die organisatorische und preismäßige Abgrenzung gegen die Produktion (Werkschiffahrt).

Schließt schon der Zustand ungeregelter Konkurrenz zahllose Schattierungen (und damit die Möglichkeit der Abschwächung oder gar Desavouierung einer allgemeinen, durchschnittlich gemeinten Aussage) in sich, so noch viel mehr der Zustand der geregelten Konkurrenz, des Kartells, das seinem Inhalte nach sich dem Monopol nähern kann. Wir beschränken uns hier darauf, die höhere Form des Kartells mit Einflußnahme auf den Betriebsmittelumlauf zu berücksichtigen. Zusammenarbeit eines Schleppmonopols mit einem Kahnraumkartell oder allumfassendes Kartell? Obwohl wir heute in Deutschland beide Möglichkeiten verwirklicht sehen (erstere auf dem Mittellandkanal, letztere auf den mittel- und ostdeutschen Wasserstraßen), hat man das Empfinden, daß die erstere wirtschaftlicher- und natürlicherweise nicht von Dauer sein kann. Nur der staatliche Eingriff hält das Schleppmonopol künstlich selbständig, da es andernfalls in dem Kahnraumkartell — sofern dieses nur hinreichend straff organisiert ist — aufgehen würde. In diese Richtung weisen auch die Versuche, ein Schleppmonopol oder -kartell als Schlüssel für die Herbeiführung eines Zusammenschlusses der gesamten Schiffahrt einer Wasserstraße zu benutzen.[62]. Da für beide Teilbezirke zentrale Verwaltungsapparate aufgebaut sind, deren Wirkungskreise sich überschneiden, würde Zusammenlegung eine Ersparnis bedeuten. Die unverkennbare Tendenz zur Vereinigung zieht Nahrung aus folgendem:

Das Hauptproblem der Anpassung an die Qualität und Quantität des jeweiligen Bedürfnisses nach Schleppleistungen ergibt sich aus der schon mehrfach gekennzeichneten Schwierigkeit für das Schleppmonopol, die richtige Leistungshöhe oder -stufe zu treffen, besser gesagt: die Leistungshöhe überhaupt ein für allemal fixieren zu müssen. Jenes Problem besteht in unverminderter Schärfe fort, auch wenn an die Stelle ungeregelter Konkurrenz ein Kahnkartell tritt, ja sogar, wenn das Kartell die Form einer straffen Betriebsgemeinschaft annimmt und die Unternehmungen nur noch finanzielle Selbständigkeit behalten. Denn in beiden Fällen erfolgt die Anforderung von Schleppbooten bei dem Schleppmonopol als einer Instanz, die betrieblich, organisatorisch und finanziell völlig selbständig vorgeht und ihren Schlepperumlauf den Erfordernissen des Kahnumlaufs im eigenen Interesse eben nur so weit anpaßt, als es sich mit der Wahrung ihrer Selbständigkeit verträgt. Sie kann zwar — wie ausgeführt — diese Selbständigkeit auch dazu benutzen, das In-

[62] Die Rhein-Kommission (a. a. O. S. 479 ff.) hatte z. B. eine Organisierung der Rheinschiffahrtsunternehmungen mit Hilfe eines Schleppkartells vorgeschlagen.

teresse des Kahnumlaufs dem eigenen voranzustellen, aber nur in einem gewissen festbegrenzten Umfang und in gleichmäßiger Anwendung; andernfalls müßte sie ihre Selbständigkeit aufgeben.

2. Verbindung von Schleppmonopol und Kanalverwaltung.

Als Ausdruck der Spezialisierung haben wir das Schleppmonopol zuletzt der privaten Schleppschiffahrt gegenübergestellt, die weitgehend in der integrierten Form auftritt. Einer Ergänzung nach der Seite der Frachtschiffahrt hin ist es nicht fähig, es sei denn — womit praktisch nicht zu rechnen ist — die Frachtschiffahrt sei ihrerseits monopolisiert. Wohl aber besteht von vornherein die Möglichkeit einer Verbindung mit der Verwaltung der Wasserstraße, dem „Kanalunternehmen" (da man nur bei künstlichen Wasserstraßen von einem solchen sprechen kann).

Die Beispiele für eine unternehmungsweise Vereinigung von Kanal, Schleppkraft und Kahnraum sind nicht zahlreich. In England, wo sie vorkommen, ist zudem ein förmliches Monopol nicht gegeben. Die Kanalgesellschaften, die wie auf dem Leeds-Liverpool-Kanal die Schlepp- und Kahnschiffahrt betreiben, überlassen einen Teil der letzteren der übrigen privaten Schiffahrt. Auf dem Grand-Junction-Kanal tritt die Kanalgesellschaft nur als Schleppunternehmerin auf[63].

In Deutschland besteht eine unmittelbare Einheit von Schlepp- und Kanalunternehmen nicht. Das westdeutsche Schleppmonopol etwa ist ein rechtlich und wirtschaftlich selbständiges Unternehmen; trotzdem bestehen im Rahmen der Wasserstraßenverwaltung mit der gemeinsamen Spitze für Schleppbetrieb und Kanalverwaltung im Reichsverkehrsministerium weitgehende Möglichkeiten wechselseitiger Einwirkung.

Für eine solche Verbindung können Gründe betriebstechnischer und wirtschaftlicher Art sprechen. Betriebstechnisch kann das Interesse an einer befriedigenden Verkehrsabwicklung auf einer an sich unzureichenden Wasserstraße es nahelegen, durch ein Zusammenwirken von einheitlichem Schleppdienst und Kanalverwaltung (Schleusen!) die Leistungsfähigkeit des Kanals aufs Äußerste zu steigern.

Wir hatten bei Untersuchung der wirtschaftlichsten Betriebsgröße solche Kanalabmessungen angenommen,

[63] Vergl. Meisel: Die gegenwärtige Lage der englischen Binnenschiffahrt A. f. E. 1928 Seite 354 f., 644.

die überall gleich sind und außerdem für einen ungehinderten Verkehr hinreichen. Sobald man einschiffige Kanäle oder ein Kanalnetz in Betracht zieht, das Teile von untereinander ungleichen Querschnitten umfaßt, verschiebt sich das Bild wesentlich[64]. Es kommt übrigens nicht nur auf die durchchnittlichen Abmessungen der Unterwegsstrecke an, sondern ebenso sehr auf die Größe der Schleusenkammern, wie auf einzelne Verkehrsengpässe. Es bedarf keiner näheren Ausführung, daß auf Kanälen von ungünstigen Abmessungen ein Monopol rein betrieblich günstigere Voraussetzungen für eine bessere Ausnutzung der Schlepper schaffen kann als das Konkurrenzsystem, zumal wenn der Monopolinhaber zugleich den Schleusenbetrieb in der Hand hat. Zur Vermeidung von Betriebsstockungen muß dann eben der Verkehr straff „geregelt" werden. Es ist — auch abgesehen von der Form der Ufertreidelei und den Tunnelstrecken — kein Zufall, daß wir auf den schmalen französischen Kanälen das Schleppmonopol antreffen. Auch auf dem Elbe-Trave-Kanal läßt trotz seiner an sich großen Fassungskraft die Rücksicht auf die geringe Leistungsfähigkeit der Schleusen einen zentralisierten Schleppbetrieb als geeignet erscheinen.

Allerdings sind Verkehrsstörungen nicht nur auf eine Unzulänglichkeit der Fahrbahn zurückzuführen, sondern auch auf unzweckmäßiges Verhalten der Schiffer. Hauptsächlich auf Erfahrungen dieser Art berief sich Victor Kurs, als er 1904 im Centralverein zur Hebung der Fluß- und Kanalschiffahrt[65] Einführung des Schleppmonopols aus betrieblichen Gründen forderte.

Bei Beginn und Schluß der Schiffahrtsperiode häufen sich, wie er ausführte, auf kanalisierten Flußstrecken die Schiffe um so mehr an, je stärker die Gewohnheit verbreitet ist, die Fahrzeuge übermäßig zu beladen. Solche Schiffe versperren das Fahrwasser für wasserstandsgemäß beladene Schiffe, da Ableichterungen nur ungern und höchstens nach längerem Warten auf Wachswasser vorgenommen werden. Wenn hier wirkliche Mißstände vorlagen, die besonders bei Versommerung augenfällig wurden, so gilt dies für die Kanäle kaum. Trotzdem hält Kurs ein Monopol auch für diese für notwendig. Namentlich beklagt er eine bei freiem Schleppen unvermeidliche Verlangsamung des Betriebes, da

[64] Die Einschiffigkeit an sich ist natürlich für den im Text gemeinten Zusammenhang noch nicht ausschlaggebend, sondern stets nur ein Mißverhältnis zwischen Verkehrsdichte und Leistungsfähigkeit der Wasserstraße. Soweit einschiffige Kanäle verkehrsarm sind, scheiden sie aus dieser Betrachtung aus.

[65] Z. f. B. 1904 Heft 21.

die Schleppzüge mit verschiedener Geschwindigkeit fahren und das ungeregelte Überholen nie ohne Verzögerungen vor sich gehe[66].

Betrieblich kann mithin zweierlei für ein Monopol speziell in Anlehnung an den Kanalbetrieb sprechen: die Ungunst der Fahrstraße, die nach einer — für alle Beteiligten möglichst gleichmäßigen — Regelung drängt (und die auch beim besten Willen der Schiffahrttreibenden von diesen in der Vereinzelung nicht überwunden werden kann) und sodann die Hindernisse, die aus gewissen Gewohnheiten der Schiffer erwachsen, genauer aus autokratischen Maßnahmen eines Betriebes, die unbekümmert um die Folgen für die gesamte Betriebsabwicklung auf dem Kanal getroffen werden. Der zweitgenannte Umstand fällt um so schwerer ins Gewicht, je stärker der erstere wirkt. Beiden will man im Interesse der Leistungsfähigkeit der Wasserstraße steuern. Von einer eigentlichen Überlegenheit des Monopols über die (vollkommene) Konkurrenz kann man in diesem Fall mithin nicht sprechen, da die Konkurrenz bei gegenseitiger Behinderung der Fahrzeuge technisch gar nicht zur Entfaltung gelangen kann und bei Störungen durch verkehrswidriges Verhalten der Schiffer in anderem Sinne gehemmt ist. Es wäre daher irrig zu glauben, daß, wenn jeder Betrieb auf die Innehaltung jener Geschwindigkeit sehe, die die größte Wirtschaftlichkeit verbürgt, sich der Umlauf von selbst regeln werde. Dies träfe nur bei Vollkommenheit der Konkurrenz zu, die aber, wie gesagt, fehlt. Man verzichtet also auf deren Vorteile und opfert die Bedürfnisse des Schlepp- und Kahnbetriebes dem Kanalinteresse, dessen Wahrung selbstverständlich dem Schlepp- und Kahnbetrieb zugute kommt, aber nur eben im Sinne der Tugend, die man aus der Not macht, solange man sich nicht entschließt, die betreffenden Kanalabmessungen zu revidieren. Eine Wasserstraße von gegebenen Einrichtungen und Abmessungen kann nach Peters[67] für eine bestimmte Verkehrsmenge bei einem durch Schleppmonopol geregelten Betrieb ausreichend sein, während sie ohne solchen Betrieb unzulänglich wäre.

[66] Auf einschiffigen Kanälen sei ein Schleppzwang ebensowenig erforderlich wie auf kleinen Flüssen mit unbedeutender Schiffahrt. In der Tat bestimmt auf einem einschiffigen Kanal der am langsamsten fahrende Zug die Geschwindigkeit aller übrigen. Verbesserung der Schleppmittel selbst könnte aber ebenfalls eine Aufgabe des Schleppmonopols sein!

[67] Artikel Binnenschiffahrt H. d. St. 4. Aufl. Bd. II S. 881.

Man muß sich also vor Verallgemeinerung hüten. Ob eine betriebserschwerende Konkurrenzhemmung der erwähnten Art vorliegt, ist eine reine Tatfrage, die von Fall zu Fall beantwortet werden muß; keinesfalls ist sie im Wesen der Binnenschiffahrt als eines freien Gewerbes begründet. Und die Unzulänglichkeit der Fahrbahn verfängt als Grund für Monopolisierung des Schleppbetriebes bei den Schiffahrtkanälen von modernen Abmessungen in der Regel nicht mehr. Es ist daher eine Überschätzung des Wertes des Schleppmonopols, wenn Helmershausen[68] meint, die Zusammenfassung des gesamten Schleppbetriebes in einer Hand sei eine unabweisbare Forderung im Interesse der Allgemeinheit und der Existenzfähigkeit des Kanals. Wolle man heute das Monopol aufheben und den Kanal der „freien Schleppschiffahrt" überlassen, so wäre „in ein paar Tagen alles verstopft, ein ungeheures Durcheinander und das Ende einer rentablen konkurrenzfähigen Kanalschiffahrt" gekommen. Eigentlich bietet gerade der Mittellandkanal, auf den sich Helmershausen bezieht, den geringsten Anlaß zu solchen Befürchtungen, da er ein günstiges Profil und nur wenig Schleusen aufweist. Sie wären höchstens beim Rhein-Herne-Kanal wegen der dichten Aufeinanderfolge von Schleusen und der großen Zahl von Zechenhäfen, die dem Kanal selbst nahezu den Charakter eines großen Hafens verleihen, am Platze. Auch auf dem nördlichen Dortmund-Ems-Kanal finden wir zahlreiche Schleusen (von Bevergern bis Hanekenfähr, also auf 31 km, allein 7), doch handelt es sich hier um einen von Bevergern bis Emden annähernd gleich starken Durchgangsverkehr; das Frachtaufkommen auf Unterwegsstationen ist — umgekehrt wie auf dem Rhein-Herne-Kanal — geringfügig.

Allgemein wird man die Frage für die bestehenden künstlichen deutschen Wasserstraßen nicht beantworten können, ob das Schleppmonopol als Rationalisierungsmittel dadurch mehr leistet, daß es in höherem Maße geeignet erscheint, die Ungunst gegebener Kanalabmessungen zu überwinden. Verneinen wird man die Frage für die modernen Kanäle und den üblichen Verkehrsumfang. Die Überwindung unrationeller, betriebshemmender Gepflogenheiten der Schiffer ist eine Schwierigkeit eigener Art, für die das Schleppmonopol in dieser Hinsicht keineswegs die einzige Abhilfe

[68] Das staatliche Schleppmonopol. Deutsche Wasserwirtschaft, Jg. 1926.

darstellt. Eine unmittelbare Einflußnahme durch eine entsprechende Gestaltung der schiffahrtspolizeilichen Vorschriften im Verein mit der Erziehungsarbeit der Berufsverbände liegt sogar viel näher.

Theoretisch kann die einheitliche Bewirtschaftung der Schleppmittel für den Kanalhaushalt im Vergleich mit freier Schleppschiffahrt von Vorteil sein, soweit der Unterhaltungsaufwand eingeschränkt und der Schleusenbetrieb vereinfacht werden kann. Darüber hinaus kann durch Planmäßigkeit in der Ordnung des Schleppbetriebes auch die Ausnutzung des Kanals verbessert, mithin an Baukosten gespart werden. Der unbestreitbare Wert dieses Zusammenhanges kann aber um deswillen nur gering veranschlagt werden, weil er sich erst dann realisieren läßt, wenn die Ausnutzung des Kanals hoch oder vollständig (100%ig) ist, also in Ausnahmefällen.

Der begonnene Ausbau des Dortmund-Ems-Kanals für 1500 t-Schiffe kann aber als Beispiel dafür dienen, daß auch die Rücksicht auf Wirtschaftlichkeit des Kahnbetriebes (Senkung der Schiffskosten) die Schaffung einer ausreichenden Fahrbahn erfordert. Diese Rücksicht ist wichtiger als die verhältnismäßig bescheidene Möglichkeit, durch Schleppbetriebsregelung den Zeitpunkt voller Auslastung eines Kanals hinauszuschieben. Wird ihr Folge gegeben, so gewinnt auch der Schleppdienst wieder Spielraum, indem die Erbreiterung des Kanals automatisch eine zweckmäßigere Anwendung der Schleppmittel erlaubt.

Von einer Verbindung mit dem Kanalbetrieb hat das Monopol Kostenvorteile hauptsächlich für seinen stationären Apparat, der weitgehend mit demjenigen der Schleusen usw. sachlich und personalmäßig vereinigt sein kann[69]. Ein Verwachsen mit dem Kanalbetrieb ist in noch viel höherem Grade geboten, wenn, was als Gegenstand unserer Betrachtung ausscheidet, es sich nicht um ein Monopol von Schleppschiffen, sondern um dasjenige eines sonstigen mechanischen Schiffszuges (Treidelei) handelt. In diesem Falle besonders, aber auch bei Bootsbetrieb ist die Erleichterung der Rücksichtnahme auf die Bedürfnisse der Traktion schon bei der baulichen Gestaltung des Kanals (z. B. Einrichtung von Liegeplätzen für die Schlepper) gegeben.

[69] Für den Elbe-Trave-Kanal hatte der Rechnungshof zwecks Ausgabensenkung eine Zusammenlegung der Verwaltung von Kanal- und Schleppbetrieb angeregt. Das Ergebnis der hierüber angestellten Prüfung ist uns nicht bekannt.

Ohne zu einer unternehmungsmäßigen Vereinigung zu führen, hat — wie erinnerlich — die Frage einer Verknüpfung des Schleppbetriebshaushaltes mit dem Kanalhaushalt historisch eine bedeutsame Rolle gespielt[70].

Bedenkt man, daß das Aufkommen an Schiffahrtabgaben auf den künstlichen Binnenwasserstraßen Deutschlands bisher nicht ausgereicht hat, um die Aufwendungen für Unterhaltung, Tilgung und Verzinsung abzugelten, so ist es verständlich, im staatlichen Schlepplohntarif ein Mittel zu suchen, daß diese Lücke wenigstens teilweise schließen könnte[71]. Vor allem Peters hatte diesen Zusammenhang betont, als er um die Jahrhundertwende untersuchte, wie man das finanzielle Erträgnis der preußischen Kanäle verbessern könne[72]. Aber warum ein Schleppmonopol? Leistet nicht eine Erhöhung der Schiffahrtabgaben dieselben Dienste? Diese Frage drängt sich um so mehr auf, als der Spielraum, den Artikel 99 Abs. 1 der Reichsverfassung mit seinem Verbot fiskalischer Besteuerung des Verkehrs freiläßt, noch gar nicht ausgefüllt ist.

Einleuchtend ist die Begründung für die Ausnutzung des Schleppmonopols in dem angegebenen Sinne nur, wenn vorausgesetzt werden kann, daß die Ablösung der Privatschleppschiffahrt durch ein Monopol Kosten einspart und Gewinne freisetzt, die alsdann nicht zur Schlepplohnsenkung, sondern zur Dotierung des Kanalbudgets verwendet werden. Diese Voraussetzung ist aber — wie gezeigt — keineswegs allgemein zulässig. Sie ist in diesem Zusammenhang infolgedessen erschüttert genug, um sie hier ablehnen zu können.

[70] Beim Mittellandkanal werden die einzelnen Kanalteile für die Berechnung z. B. der Verpflichtungen der Garantieverbände zusammengefaßt. Die Sympher sche Denkschrift von 1908 hatte auch die Einrechnung des Schleppmonopols vorgeschlagen, was die Provinzen aber ablehnten. Die Berechnungen Symphers liefern ein — allerdings theoretisch gebliebenes — interessantes Beispiel für die im Text erwähnte Methode der Kostendeckung von Kanälen.

[71] Es handelt sich tatsächlich stets um Verwendung von Überschüssen aus dem Schleppbetriebe zugunsten des Kanalhaushaltes, nie um die entgegengesetzte Möglichkeit. Der Fall des Elbe-Trave-Kanals widerspricht dem nicht; wenn hier der Schleppbetrieb Zuschüsse erfordert, so gehen diese nicht zu Lasten des Kanalhaushaltes. Und wir haben dort die Bestrebungen kennengelernt, die das Ergebnis einer Kostensenkung oder Einnahmesteigerung im Schleppbetriebe zur Verbesserung der Wirtschaftlichkeit des Kanals verwendet wissen wollen, wenngleich diese Bestrebungen von dem verkehrspolitischen Zweck überschattet werden.

[72] A. f. E. 1902.

Wir haben also lediglich zu prüfen, ob sich Unterschiede ergeben, wenn man die Schlepplöhne statt der Abgaben erhöht, um das Erträgnis eines Kanals zu bessern. Der Schlepptarif wird in der Regel hauptsächlich die Tragfähigkeit der geschleppten Fahrzeuge zur Bemessungsgrundlage machen, wogegen der Abgabentarif hauptsächlich von der Ladung ausgeht. Die Folge einer stärkeren Erhöhung des ersteren werden Änderungen im Kahnumlauf im Sinne einer Verminderung der Leerfahrten sein und, wo keine Einschränkungen bestehen, eine Begünstigung des Selbstfahrerverkehrs. Doch sind solche aus dem Rationalisierungsbestreben fließenden Anpassungsmaßnahmen in ihrer Auswirkung bescheiden, und vor allem sind die tariftechnischen Eigenarten, auf denen sie beruhen, nur heute gegeben, nicht unbedingt von der Natur der Sache geboten. Ja, die Unterordnung des Schlepptarifs unter die Rücksichten auf die Kanaleinnahmen, wäre geradezu dazu angetan, den Tarifaufbau zu vereinheitlichen, etwa gar beide Gebühren zu einer einzigen zu vereinigen. Praktisch wird man mithin eine weitgehende gegenseitige Vertretbarkeit von Abgaben und Schlepplöhnen hinsichtlich des beabsichtigten Erfolges annehmen können.

Es ist freilich nicht in jeder Beziehung gleichgültig, ob noch eine Unterscheidung zwischen Schlepplohn und Abgaben getroffen wird. Abgesehen davon, daß bei Aufhebung dieser Unterscheidung der Maßstab für die Wirtschaftlichkeit des Schleppbetriebes verloren geht, kann die Verkoppelung von Schlepplohn- und Abgabentarif zum gemeinsamen Zweck der Kostendeckung der Kanäle einen Antrieb dafür bilden, die Bemessung der Gebühren insgesamt stärker nach den Verkehrsrücksichten der betreffenden Wasserstraße als nach sonstigen wirtschaftspolitischen Wünschen auszurichten. Dies gilt für die vereinigten Schlepp- und Kanalgebühren im Vergleich mit dem Zustand einer gesonderten Tarifierung; vom Standpunkt der Schleppgebühren allein wird allerdings die Verschmelzung mit den Schiffahrtabgaben leicht zur Folge haben, daß die betriebsmäßige Kostenrücksicht eine Abschwächung erfährt.

Gegen eine Vereinigung spricht — je nach Bedeutung mit verschiedener Betonung — das Vorhandensein eines Selbstfahrerverkehrs. Da man diesem keine Last aufbürden kann, für die er (im Schleppdienst) keine Gegenleistung empfängt, müßte in dem betreffenden Umfange eine Sonderung der Abgabenerhebung stattfinden, die die erstrebte Einheit wieder zerstört.

Die letzte Entscheidung darüber, ob ein Kanal eigenwirtschaftlich sein soll, fällt von der Verkehrspolitik her und sprengt mithin den Rahmen einer Betrachtung, die sich auf Schleppbetrieb und Kanalverwaltung beschränkt und hierbei zunächst das Ziel der Kostendeckung der Kanäle als gegeben vorausgesetzt hat. Schlepplohn und Schiffahrtabgaben bilden ihrerseits ja nur einen Teil des Gesamtentgeltes für den Wassertransport. Beeinflussung der Gesamtwasserfracht aber war einst das Ziel einer Verkehrspolitik, die in dem Schleppmonopol ein hierfür geeignetes Instrument gefunden zu haben glaubte, ohne — wie sie ebenfalls meinte — zu einer förmlichen öffentlichen Festsetzung der Wasserfrachten greifen zu müssen. Dies führt zu der Frage der Bedeutung des Schleppmonopols für die Stellung der Binnenschiffahrt als Verkehrsmittel. Zuvor ist aber noch klarzustellen, in welchem Verhältnis die Schleppschiffahrt als Betriebsform zur Güterbootsschiffahrt steht.

3. Das Schleppmonopol im Wettbewerb mit dem Selbstfahrer.

Wir haben bisher angenommen, daß die Schleppschiffahrt die einzige Form der Fortbewegung darstelle, und den Anteil des Selbstfahrers vernachlässigt. Für die westdeutschen Kanäle war dies während der Berichtszeit (s. 2. Abschnitt) weithin berechtigt, doch bahnt sich nunmehr auch hier eine Entwicklung an, die anderwärts schon deutlicher ausgeprägt ist und dem Selbstfahrer auf Kosten des Schleppzuges eine wachsende Bedeutung verschafft.

Das Traktionsmonopol zu einem Beförderungsmonopol auszugestalten ist dann sinnvoll, wenn Treidelsystem und Kanalabmessungen eine andere Fortbewegungsart technisch ausschließen. Wo aber das Schleppmonopol nur ein Monopol der freifahrenden Schleppschiffahrt bedeutet, ist technisch ein Wettbewerb des Selbstfahrers möglich. Ihn auszuschließen, läge nur dann nahe, wenn die Zulassung für den Schleppbetrieb einen Nachteil bildete, der größer wäre als die in der neuen Beförderungsmöglichkeit gebotenen Vorteile.

Nun verändert in der Tat der Selbstfahrer die Voraussetzungen der Wirtschaftlichkeit eines Schleppmonopols; denn vor allem ändern sich Umfang und Zusammensetzung des Verkehrs, der dem Schleppmonopol verbleibt, mit ihnen aber die Gunst für sein Wirken.

Man könnte meinen — da in vielen Fällen der Verkehrsumfang die für ein Schleppmonopol geeigneten Maße überschreitet — eine Verringerung des Umfanges werde für das Schleppmonopol eine Vereinfachung der Aufgabe bedeuten, besonders dann, wenn der Selbstfahrer dem Monopol die kleineren Sendungen abnimmt und ihm den eigentlichen Massengutverkehr überläßt und damit die Übersichtlichkeit, Gleichförmigkeit und Stetigkeit der Verkehrsabwicklung nur erhöht. Dies träfe zu, wenn das Kräfteverhältnis von selbstfahrendem und geschlepptem Schiffsraum stabil wäre. Damit kann man aber — wenigstens einstweilen — nicht rechnen.

Sofern der Selbstfahrer einen technischen Fortschritt darstellt, worüber kein Zweifel herrscht — strittig ist nur die Tragweite — besteht vom Standpunkt der Leistungsfähigkeit der Binnenschiffahrt ein Interesse an der Ausbildung eines Kräfteverhältnisses zwischen beiden Betriebsformen, das beiden die Entfaltung ihrer Vorzüge gestattet. Bei einer Schiffahrtsorganisation, die die Neubaupolitik nicht einseitig zugunsten der einen der beiden Betriebsformen beeinflußt (also z. B. dort, wo die Entschließungsfreiheit der Unternehmer in dieser Beziehung nicht beschränkt ist), entstehen keine besonderen Probleme. Beim Dazwischentreten eines Schleppmonopols aber sind zunächst zwei Fälle zu unterscheiden:

Fall 1: Das Monopol bedeutet für die betreffende Wasserstraße die beste und billigste Methode der Schleppschiffahrt.

Gefahr: Das Selbstbehauptungsstreben des Schleppbetriebes verhindert Anpassung an die bei steigender Bedeutung des Selbstfahrers sinkende Nachfrage nach Schleppleistungen und veranlaßt, wenigstens vorübergehend, Fehlinvestitionen in Schlepperneubauten.

Fall 2: Das Monopol bleibt hinter dem erreichbaren Optimum einer Schlepporganisation zurück. Hier besteht die Gefahr in dem Anreiz zu einer übermäßigen Vermehrung der Selbstfahrerflotte.

In beiden Fällen ist aber die Erreichung eines Gleichgewichtes denkbar, das der wirklichen Leistungsfähigkeit jedes der beiden Prinzipien Rechnung trägt, sofern eine chronische Unwirtschaftlichkeit das Schleppmonopol zu einer Umstellung zwingt.

Ernstere Verwicklungen ergeben sich erst, wenn Vorzüge des Schleppmonopols künstlicher oder zufälliger Natur eine Rolle spielen, so wenn allgemein niedrige Schlepplöhne durch Subventionen oder niedrige Sätze für einzelne Verkehrsarten oder -beziehungen mit Hilfe eines Differentialtarifs ermöglicht werden. Beide Male ist es ein Kampf mit ungleichen Waffen, im ersteren Falle zum Nachteil, im letzteren zum Vorteil des Selbstfahrers.

Es wird in diesem Zusammenhange die Frage wichtig, ob es sich um ein staatliches Schleppmonopol handelt, ob und wie der Staat seine Macht zum Schutze seines Schleppbetriebes benutzt. Es möge hier ein Hinweis auf die Regelung auf den westdeutschen Kanälen genügen, die das Schleppmonopol mit Mitteln stützt, über die ein Monopol als solches nicht verfügt[73]. Ein Gegengewicht liegt nur in der verkehrspolitischen Verpflichtung des Staates.

Aus allem erhellt die Nützlichkeit eines Überblickes über die jüngste Entwicklung des Selbstfahrers und die darin zutage getretenen Eigentümlichkeiten dieser Beförderungsmethode[74].

Das Motorschiff als Selbstfahrer und als Schlepper: Die bisherigen Erfahrungen mit der Verwendung des Schwerölmotors haben gelehrt, daß dieser die Dampfmaschine in fast allen Betriebszweigen der Binnenschiffahrt zu ersetzen vermag. Allerdings sind die Vorteile des Motors in den verschiedenen Verwendungen und unter den verschiedenen Fahrwasserverhältnissen verschieden groß. Damit sind aber Kräfte ausgelöst worden, die das jahrzehntelang stabile wirtschaftliche Verhältnis der verschiedenen Betriebsformen zueinander verschieben.

Die Eigenart des Motors bringt es mit sich, daß seine Vorteile dem Güterschiff mit eigener Triebkraft in höherem Maße zugute kommen als dem Schleppschiff. Dies gilt vor allem auf Kanälen, wo die Dampfmaschine als Antrieb für Selbstfahrer bei den hier zugelassenen nautischen Maßen nicht in Betracht kommt. Erst der Motor hat auf den westdeutschen Kanälen die Verwendung von selbstfahrenden Güter-

[73] Nach Mitteilung der Handelskammer Lübeck hat dort das Nebeneinander von Regieschleppbetrieb und Selbstfahrern bisher zu Unzuträglichkeiten nicht geführt.

[74] Zur Selbstfahrerfrage vergl.: WEB besonders I. Wahlzeitraum Nr. 18, 28, 31, 32; II. Wahlzeitraum Nr. 10, 20, 23, 24. — Windel, Die Motorisierung der Binnenschiffahrt. Münsterer Diss. 1933. — Burmester, Schleppzüge und Selbstfahrer auf dem Mittellandkanal. Sonderbeil. der Magdeburger Tagesztg. vom 18. 6. 33. — Piper, Schlepp- und Selbstfahrerverkehr auf den westdeutschen Kanälen. Dortmunder Ztg. Nr. 469, 1933. — Etterich, Die Entwicklung des Güterselbstfahrerverkehrs auf den westdeutschen Wasserstraßen. Rhein, Heft 4, 1934.

schiffen ermöglicht. Die kalkulatorischen Grundlagen haben sich aber grundsätzlich geändert:

Das hohe Gewicht und der große Raumbedarf der Dampfmaschine und ihrer Heizungsmaterialien ließen es wirtschaftlich erscheinen, Triebkraft und Ladung in verschiedenen Fahrzeugen unterzubringen, also Schleppzüge zu bilden[75]. Das war für die Beförderungsleistung selbst das Zweckmäßigste, hatte aber vor allem den Vorzug, daß während der Lade- und Löschzeiten die Schlepper nicht ebenso wie die Kähne liegen mußten, sondern für neue Verwendung frei waren, sobald sie das Schlepptau abgeworfen hatten. Dies war um so wichtiger, je höher der Kapitalaufwand war, den die Dampfer verkörperten.

Die Schwerölmotoranlage hingegen hat geringeres Gewicht und beansprucht weniger Raum als die Dampfmaschine mit ihren Aggregaten, für den Brennstoff gilt Entsprechendes. Der Anlagewert ist bei Erzielung derselben Leistung nicht so hoch wie der der Dampfmaschine. Der Anreiz, die Triebkraftanlage fahrzeugmäßig zu verselbständigen, wurde geringer. Das selbstfahrende Güterschiff hat im Zeitalter des Motors endgültig größere Wirkungsmöglichkeiten erlangt, als es sie im Verhältnis zum Schleppzug früher besaß, und zwar auch dann, wenn man mit Motorschleppern rechnet. Diese Erscheinung findet sich allerdings in verschiedenem Grade, wobei sich beide Seiten der Rechnung ändern können. Auf einem Strom wie dem Rhein, der den Schiffsabmessungen den größten Spielraum läßt, haben die Zusammenfassung der Zugkraft in starken Schleppern, die Beschleunigung des Schlepperumlaufs und damit das Prinzip des Schleppens als solches besondere Bedeutung. Indessen hat hier auch der Selbstfahrer größere Freiheit in der Wahl der geeignetsten Abmessungen. Auf Kanälen ist ihm diese Freiheit beschnitten, während dem Schleppzug dank dem geringeren Tiefgang eine bessere Ausnutzung des Schiffsraums möglich ist.

Wenn Schlepper doppelt so große kilometrische Fahrleistungen aufzuweisen pflegen wie Lastkähne, so rechtfertigt sich die bessere Ausnutzung der Schlepper durch deren hohen Anlagewert. Die jährliche Amortisationsquote für einen Kanalschlepper übertrifft diejenige seines Anhanges um etwa die Hälfte (1,5 : 1). Zwar hat der Selbstfahrer den Nachteil einer geringeren Ausnutzung des Motors, doch steht dem infolge der größeren Geschwindigkeit die bessere Ausnutzung des Laderaums gegenüber. Vor allem aber eröffnet die in der erhöhten Reisegeschwindigkeit gegebene bessere Beförderungsleistung die Aussicht auf Befriedigung neuer Nachfrage, der der langsamere Schleppbetrieb nicht gerecht werden konnte. Dabei handelt es sich nicht nur um Erhöhung der Fahrgeschwindigkeit, sondern auch um Zeitgewinn, der dadurch entsteht, daß die kleineren Ladungseinheiten schneller in den Häfen abgefertigt werden können und in der Lage sind, sofort die Reise anzutreten, ohne auf Schleppgelegenheit warten zu müssen. Die Befriedigung neuer Verkehrsbedürfnisse, die sich früher der Wasserstraße fernhielten, erzielt aber in aller Regel höhere Frachten als die Bedienung des Massengutverkehrs. Die in mancher Beziehung gegebene wirtschaftliche Überlegenheit des Selbstfahrers über den Schleppzug beruht also dann weniger auf einer Senkung der Kosten als auf einer Steigerung des Ertrages.

[75] Seit 1831 wird die Dampfkraft zum Schleppen verwandt.

Das Vordringen dieser Beförderungsmethode geht hiernach teils im Wettbewerb mit der Methode des Schleppens vor sich, indem manche Güter, die sonst dem Schleppzug zugefallen wären, auf Motorschiffe übergehen, teils aber in Ergänzung jener Methode, indem der Selbstfahrer durch seine Leistungssteigerung eine Anziehungskraft für neuen Verkehr entfaltet. In beiden Stücken erkennen wir eine auffallende Ähnlichkeit mit dem Verhältnis des vordringenden Kraftwagens zur Eisenbahn.

I. Gewöhnliche Selbstfahrer auf den westdeutschen Kanälen[76]**.**

Größenklasse	Zahl	Tragfäh. t	Länge m	Durchschnitts Breite m	Durchschnitts Tiefg m	Motor PS	PS je t Tragf.
1	2	3	4	5	6	7	8
a) bis 1,50 m Tiefgang							
unter 50 t	4	38,5	20,6	3,95	1,27	19	0,493
51 bis 100 t	15	65	20,4	4,33	1,41	24	0,37
101 „ 150 t	9	119	28,5	5,12	1,35	39	0,328
151 „ 200 t	2	187	45,5	5,80	1,30	67	0,358
b) über 1,50 m Tiefgang, z. T. seetüchtig.							
unter 100 t	12	89	21,3	4,5	1,72	31,5	
101 bis 150 t	33	132	26,6	5,1	1,72	28—75 Mittel 46,3	0,351
151 „ 200 t	31	179	30,9	5,4	1,90	25—80 Mittel 65,8 einer 300	0,368
201 „ 300 t	93	250	34,4	5,9	2,0	25—200 Mittel 78,5	0,314
301 „ 400 t	22	337	41,5	5,6 meist 5,1 u 6,5	2,2	100	
c) nur Strom und Kanal.							
301 bis 400 t	6 (Main)	324	49	7,1	1,42	33	0,102
401 „ 450 t	5 (Main)	425	53,1	7,5	1,62	25—60 Mittel 42	0,099
451 „ 550 t	13 (Rhein)	480	49,0	6,6	2,43	50—175 Mittel 149	0,311
551 „ 700 t	16 (4 Weser)	643	57,3	8,2	2,05	95—400 Mittel 139	0,217
d) Dortmund-Ems-Kanal-Maß.							
700 „ 895 t	21	750 bei 2 m Tiefg. rd. 970 bei 2,5 m „	67,0	8,2	2,0 bis 2,5	100—300 Mittel 192	0,256 bis 0,198
zusammen:	282						

[76] Nach Piper, ZfB 1933, S. 148.

II. Linienselbstfahrer auf den westdeutschen Kanälen.

Größenklasse	Zahl	Tragfähigk. t	Länge m	Breite m	Tiefgang m	Motor PS	PS je t mittlere Tragf. Sp. 7 : Sp. 3	Bemerkungen
1	2	3	4	5	6	7	8	
50–100	6	78	20,9	4,52	1,57	27,5	0,353	Unter sämtlichen Selbstfahrern befinden sich nur 4 mit einem Tiefgang unter 1,51 m
101–150	10	137	27,4	5,1	1,77	48	0,350	
151–200	2	188	33,0	5,2	1,95	70	0,372	
201–250	9	226	33,2	5,7 rd.	2,00	68	0,300	
251–300	3	285	35,8	5,9	2,10	92	0,322	
301–500	2	325	39,6	6,1	2,08	113	0,347	
zusammen:	32							

Es ist zu beachten: Ein zutreffendes Bild von der wahren Aufgabe, deren der Selbstfahrer fähig ist, kann man aus der tatsächlichen Entwicklung im westdeutschen Kanalverkehr nicht entnehmen. Aus den vorliegenden Statistiken geht hervor, daß die Selbstfahrerflotte, die auf den westdeutschen Kanälen verkehrt, überaus bunt zusammengesetzt ist [77], sowohl nach Länge, Breite, Tiefgang, Tragfähigkeit und PS. (Tragfähigkeit zwischen 41 und 985 t, Länge 18,4—67,5 m, Breite 3,8—8,9 m, Tiefgang 1,09—2,50 m, PS 19—300.) Diese Vielfalt läßt sich keineswegs allein mit der Verschiedenartigkeit der Aufgaben erklären, denen die Schiffe dienen sollen (Kanal-, Strom-, Seefahrt), sie zeigt vielmehr die Herrschaft des Zufalls und das Stadium des Ausprobierens der in dem Motor gegebenen Neuerung. Hervorzuheben sind dabei insbesondere die nicht von vornherein als Selbstfahrer gebauten Kähne (meist solche von Dortmund-Ems-Kanalmaß), die sowohl hinsichtlich ihrer Schiffsform wie hinsichtlich des eingebauten Motors (oft nur Hilfsmotoren) jeder wirtschaftlichen Planung entbehren. Um so bemerkenswerter sind die von einer solchen Flotte getätigten Beförderungsleistungen. Nicht nur lassen die Abmessungen günstige Verhältnisse und hinreichende Anpassung an die Erfordernisse der Wasserstraße vermissen, viele der Selbstfahrer vermögen ihren Laderum auch mit Rücksicht auf die behördlichen Vorschriften nicht auszunutzen. Nur wenige von den zugelassenen Selbstfahrern, soweit sie Linienfahrer sind, haben einen so geringen Tiefgang, daß sie bei voller Ladung überholen dürfen.

Immerhin ist der Anteil des Selbstfahrerverkehrs am Gesamtverkehr stetig gewachsen. Wenn trotzdem die Entwicklung hinter dem zurückgeblieben ist, was diese Beförderungsmethode nach dem heutigen technischen Stande schon zugelassen hätte und was sie für die Zukunft verspricht, so liegt dies 1. an den z. T. wirtschaftlich vollauf gerechtfertigten Beharrungsmomenten, der Kapitalknappheit einerseits, Rücksichten auf das einmal investierte Kapital andererseits, ferner an Hemmungen der Tradition und 2. Hemmungen behördlicher Herkunft, die eine volle Ausnutzung der Vorteile des Selbstfahrers verhinderten.

Man wird die Möglichkeiten des Selbstfahrerverkehrs, aber auch die Schwierigkeiten einer Eingliederung in die gesamte Verkehrsab-

[77] Vgl. Tabelle S. 210.

wicklung auf dem Kanal erst richtig würdigen können, wenn man sich vorzustellen versucht, welche Entwicklung hier der Selbstfahrer frei von allen Hemmungen genommen hätte. Anhaltspunkte der Beurteilung lassen sich vielleicht gewinnen, wenn man die Erfahrungen überprüft, die auf anderen Wasserstraßen vorliegen, ohne daß diese solch starken Beschränkungen unterliegen wie die westdeutschen Kanäle.

Ergänzung des Schleppbetriebes: Daß sich die Aufgaben des Selbstfahrers von vornherein nicht mit denen des Schleppschiffahrtsbetriebes decken, erkennt man daran, daß sowohl die Ladung wie die Verkehrsbeziehungen bei beiden erhebliche Verschiedenheiten aufweisen. Die schnellere Abfertigung und die größere Geschwindigkeit der Selbstfahrer haben diesen verhältnismäßig eilbedürftige Güter zugeführt wie Eisenwaren, Zucker, Konserven usw., und zwar meist als Stückgüter. Unter den Verkehrsbeziehungen, die der Selbstfahrer bedient, ragen diejenigen mit den in- und ausländischen Seehäfen hervor. Hier bietet die größere Pünktlichkeit des Selbstfahrers die bessere Gewähr für das Erreichen von Anschlüssen an Seedampfer. Zum Teil handelt es sich dabei ferner um Wege, die für Schleppzüge schwerer (Antwerpen!) oder gar nicht (Hamburg!) befahrbar sind. Auch die Verbindung des westlichen mit dem östlichen Wasserstraßennetz über See ist hierher zu zählen. Vielfach paaren sich diese Vorzüge zudem noch mit einer Regelmäßigkeit und Häufigkeit in den Abfahrten, die dem Schleppzug mit seinen großen Einheiten nicht in diesem Maße möglich sind. Den besonderen Aufgaben entsprechen auch Besonderheiten in der Bauart der betreffenden Selbstfahrer; dies gilt vor allem für die seetüchtigen Fahrzeuge (Motorsegler). Die Eigenart einer größeren Freizügigkeit, die den Selbstfahrern im Gegensatz zu Schleppern- und Lastkähnen nachzurühmen ist, gilt also nicht uneingeschränkt. Den verschiedenartigen Anforderungen der verschiedenen Wasserstraßen müssen auch die Selbstfahrer Rechnung tragen. Und wenn zwar die technisch-nautische Freizügigkeit trotzdem überlegen ist, so kann es doch ein wirtschaftlicher Nachteil sein, Motorschiffe in Fahrten zu beschäftigen, für die sie nicht gebaut sind. Immerhin bleibt bestehen, daß die Selbstfahrer auf manchen kleineren Kanälen neuen Verkehr erschließen können.

Die Vollendung des Mittellandkanals wird die Zahl der seegehenden Motorschiffe vermindern. Es ist zwar nicht vorauszusehen, ob die Güter dieser Verkehrsbeziehungen in vollem Umfange den Kanalselbstfahrern zufallen werden;

doch ist anzunehmen, daß dies für die meisten Sendungen zutreffen wird. Bedienung durch den Schleppbetrieb käme nur für diejenigen Güter in Betracht, für die die Eröffnung des Mittellandkanals eine nennenswerte Frachtsenkung und Absatzerweiterung bedeutet. Das sind voraussichtlich Massengüter.

Wettbewerb zwischen Selbstfahrer und Schleppbetrieb: Die Ergänzung des Schleppbetriebes verwandelt sich in einen unmittelbaren Wettbewerb[78], wenn der Selbstfahrer in dem Streben, sich Rückfracht zu sichern, bei Gelegenheit auf Massengut zurückgreifen muß. Es geschieht dies aus der Nötigung heraus, den ohnehin verfügbaren Schiffsraum so gut wie möglich zu verwerten, und um nicht leer fahren zu müssen, gibt man sich mit niedrigeren Frachtpreisen zufrieden, die auch die Versender von Massengütern aufwenden können. Es kommt hier vor allem Getreide in Betracht. Es ist selbstverständlich, daß Schleppkähne nicht ausschließlich Massengut fahren, sondern zuweilen auch Stückgüter, sodaß ein Selbstfahrerverkehr in dieser Beziehung z. T. ebenfalls auf Kosten der Schleppfahrten entstanden oder gewachsen sein kann. Weder für die Kennzeichnung des bisherigen tatsächlichen Wettbewerbes zwischen beiden Betriebsformen noch auch für die Gewinnung irgendwelcher Maßstäbe für die Bestimmung der ureigenen Aufgaben der einen und der anderen ist die Unterscheidung zwischen Massen- und Stückgut recht befriedigend.

Richtig an dieser Unterscheidung ist, daß man von den Gütern, die die Ladung ausmachen, auszugehen hat, wenn man nach dem Verkehrsbedürfnis fragt. Der von den Gütern ausgehenden Nachfrage nach Verkehrsleistungen kommt in der Tat die entscheidende Bedeutung für den Ausgang des Wettbewerbskampfes zu. Außer Frage steht, daß der Selbstfahrer eine vollkommenere Beförderung ermöglicht. Die

[78] Der Wettbewerb, der sich daraus ergibt, daß der Selbstfahrer ebenfalls schleppt, kann hier außer Betracht bleiben. Wo er vorkommt, handelt es sich in der Regel nur um vereinzelte Verkehrsbeziehungen von zum Teil lokaler Bedeutung (z. B. auf dem Elbe-Trave-Kanal). Man kann sich des Eindruckes nicht erwehren, daß wir es hier mit einer grundsätzlich sinnwidrigen Verwendung des Selbstfahrers zu tun haben, schon weil die Wirtschaftlichkeit des Schleppzuges dahin drängt, die Maschinenleistung des Schleppdampfers und den Anhang so groß wie möglich zu wählen. Beim Selbstfahrer aber kann auf die Schleppeinheit immer nur eine weit schwächere Zugkraft entfallen. Vergl. auch Teubert, S. 755.

Güter, die hierauf reagieren, auch wenn sie höhere Frachten dafür zahlen müssen, sind nicht der eigentliche Gegenstand des Kampfes. Bei gleichem Preis und besserer Leistung wenden sich, wenn man von Trägheitsmomenten absieht, selbstredend alle Güter dem vollkommeneren Verkehrsmittel zu. Der Zustand „gleicher Preis bei ungleicher Leistung" ist nur ein Übergang zu demjenigen des ungleichen Preises für die verschiedene Leistung. Diejenigen Transportgüter, für die Billigkeit wichtiger ist als Vollkommenheit, verbleiben alsdann dem Schleppkahn. Es sind dies solche, deren Beförderung in der Regel zugleich eine Lagerung bedeutet, meist geringwertige Güter in größeren Mengen, ohne daß man sie mit dem tariflichen Ausdruck „Massengut" (= Güter in loser Schüttung) erfaßt hätte.

Inwiefern hier der Schleppkahn von Selbstfahrern mit schwachen Motoren in den Kosten unterboten werden kann — dies ist praktisch die wichtigste Frage, die jedoch noch recht ungeklärt ist. Teubert äußert die Ansicht: „Allgemein wird der Ölmotor für den Antrieb von Lastschiffen auf Binnenwasserstraßen nicht in Betracht kommen, da für die Beförderung billiger, auf schnellen Transport nicht angewiesener Massengüter die Benutzung eines Schleppers wirtschaftlicher ist." (Die Binnenschiffahrt, S. 598 f.). Das war etwa 1931. Es ist jedenfalls zu berücksichtigen: Die Schiffseinheiten werden im Zeichen des Selbstfahrers kleiner, einmal wegen des größeren technischen Wirkungsgrades des Motors, der nach Überschreiten einer gewissen Kahnraumgröße abnimmt und sodann wegen der Fesselung der Triebkraft an das Fahrzeug, das um so weniger Zeit zum Laden und Löschen verliert, je geringer seine Tragfähigkeit ist. Die Bildung von Schleppzügen großer Schiffseinheiten, also die Ausnutzung von Schiffskostenvorteilen, und auch die Zusammenstellung möglichst langer Schleppzüge, also die Ausnutzung von Schleppkostenvorteilen, stoßen bei Kanälen bald auf unverrückbare Grenzen. Die Überlegenheit des Schleppersystems erscheint daher auf einem großen Strom am wenigsten angreifbar. Teuberts Ausspruch wird man mithin zunächst auf die Rheinschiffahrt zu beziehen haben. Es fragt sich, ob die genannten Umstände, die in abgeschwächtem Maße auch für die modernen Schiffahrtskanäle gelten, dem einen oder anderen Beförderungsprinzip einen Vorsprung sichern. Auf Kanälen steht der Motorisierung größerer

Schiffseinheiten die Begrenzung des Schraubentiefganges mit Rücksicht auf die Kanalabmessungen entgegen.

Der Zweck des Schleppmonopols in seinem Verhältnis zum Selbstfahrerverkehr: In den Beratungen über die gesetzliche Grundlage des Schleppmonopols ebenso wie in der Begründung heutiger behördlicher Maßnahmen kehrt stets der Leitgedanke wieder, die Zulassung von Selbstfahrern habe zwar unbillige Härten vermeiden wollen, dürfe aber keineswegs den Zweck des Schleppmonopols gefährden.

Wenn es heute der Zweck des Schleppmonopols ist, eine möglichst leistungsfähige Schleppbetriebsorganisation darzustellen, so verliert er dann seinen Sinn, wenn es sich erweist, daß das System des Schleppens nicht mehr die höchste Leistungsfähigkeit der Binnenschiffahrt verbürgt. Eine leistungsfähige Schlepporganisation — einmal vorausgesetzt, das Schleppmonopol verkörpere eine solche — kann ihrerseits nur bezwecken, die Binnenschiffahrt als solche leistungsfähig zu machen. Jene ist selbst nur ein Mittel im Dienst dieses höheren Zweckes und muß es sich gefallen lassen, verdrängt zu werden, sobald sich ein tauglicheres findet.

Die Ähnlichkeit mit dem Wettbewerbsverhältnis Eisenbahn-Kraftwagen darf nicht dazu verleiten, die Lösung etwa in der Richtung zu suchen, wie sie durch das Gesetz über die Reichsautobahnen für diesen Bereich des Verkehrs gefunden worden ist. Das Schleppmonopol stellt kein Verkehrsmittel dar, sondern nur die Zusammenfassung eines Teiles, nämlich der Fortbewegungskraft, des Verkehrsmittels „Binnenschiffahrt". Es wäre daher eine grundlegende Änderung des Sinnes des Schleppmonopols, wollte man dieses dazu anhalten, anstatt neuer Schlepper Selbstfahrer in Dienst zu stellen. Eine Änderung des Charakters des Schleppmonopols, die auf dem Wege zu einer Zusammenfassung des ganzen Verkehrsmittels in einer Hand schon am Anfang steckenbliebe. Da aber Verstaatlichung der Binnenschiffahrt aus vielen Gründen abzulehnen ist, auch heute von maßgebenden Stellen nicht ernstlich in Erwägung gezogen wird, kann die Lösung nur in der entgegengesetzten Möglichkeit gesucht werden: in einer Lockerung, wo nicht allmählichen Aufhebung des Schleppzwanges. Die organisatorische Voraussetzung hierfür wäre die Beseitigung des einheitlichen Staatsbetriebes für die Schleppkraft und die Einbringung der Schleppmittel in einen öffentlich-rechtlichen Verband der Reeder und Einzelschiffer nach dem Vorbilde der Regelung auf der Elbe. Ebenso wie sich innerhalb eines solchen Verbandes der Einsatz der Fahrzeuge nach den wirtschaftlichen Möglichkeiten richtet, die auszunutzen den einzelnen Mitgliedern jeweils gelungen ist, und ebenso wie sich auch die Vermehrung der Flotte nach Art und Umfang nach gesamtwirtschaftlichen Gesichtspunkten zu richten hat, so würde auch die Bestimmung des Verhältnisses von Schleppern, Lastkähnen und Selbstfahrern vor sich zu gehen haben, sowohl was die Beschäftigung in der Gegenwart, wie was die Erneuerung und Vermehrung der Fahrzeuge in der Zukunft betrifft. Organisatorisch bieten sich in dem angegebenen Rahmen zwei Möglichkeiten: 1. Einfügung des Schleppmonopols als Ganzes in das Gesamtkartell, jedoch ohne Privilegierung durch Schleppzwang; das Monopol erhält seine Quote entsprechend seinen Betriebsmitteln und Leistungen als eine Schleppreederei neben anderen. 2. Nicht nur Aufhebung des Schleppzwanges, sondern auch Auflösung des Monopolunternehmens und Privatisierung in irgend einer Form. Besonderer Prüfung bedürfte es, ob sich solche Lösungen für alle oder für einzelne Strecken empfehlen.

Welchen der beiden Wege man auch wählt — grundsätzlich wird die angedeutete Richtung als Lösung um so eher in Betracht kommen, je stärker man geneigt ist, der im Selbstfahrer gegebenen Neuerung den Charakter einer förmlichen Umwälzung der Beförderungstechnik zuzusprechen. Handelt es sich lediglich um eine willkommene Bereicherung der Beförderungsgelegenheiten und eine Transportverbesserung, die an den Kern des Massentransportes nicht rührt, so wird sich die Sorge darauf beschränken können, ein erträgliches Nebeneinander von Schleppbetrieb und Selbstfahrern durch Betriebsvorschriften zu sichern. Allein, die letztere Einstellung bedeutet wohl eine Verkennung der Entwicklungsmöglichkeiten. Es ist zu bedenken, wie jung der Motorselbstfahrer noch ist, wie wenig Selbstfahrer es — wenigstens auf den Kanälen — bisher gibt, die die technisch richtigen Beziehungen zwischen Motor, Schraube, Schiffsform, Schiffsraum und Manövrierfähigkeit aufweisen. Der Angelpunkt aller Überlegung ist die Frage nach den Kosten des Selbstfahrers im Vergleich zum Schleppzug. Sobald in Zweifel gezogen werden kann, daß der Schleppbetrieb zu geringeren Kosten arbeitet als der Selbstfahrer, wäre es verfehlt, ein

Schleppmonopol aufrechtzuerhalten, also zu verhindern, daß sich eine wirtschaftlich überlegene Betriebsform durchsetzt.

Gewiß kann gerade ein öffentliches Monopol mehr Mittel und Sorgfalt an die technische Rationalisierung seines Betriebes wenden, aber es wird sich nur die Weiterbildung des einmal gewählten Systems angelegen sein lassen können, will es sich nicht selbst verneinen. Ein Schleppdampfermonopol wird nur um die Vervollkommunng der Schleppboote und der damit zusammenhängenden Schleppmethoden bemüht sein, aber sich nicht um Entwicklungen im Bau von Selbstfahrern oder Treidelsystemen, oder höchstens aus einer Abwehrstellung heraus, kümmern[79]. Unter diesem Gesichtspunkt gewinnen die Bestrebungen zur Fortbildung der Schlepptechnik leicht den Charakter einer, wenn auch klugen und weitsichtigen, Konservierungspolitik, die zwar das Bestehende ständig zu verbessern bestrebt ist, aber keinesfalls einer Umwälzung zum Opfer bringen möchte. Wenn auch eine völlige Verdrängung des Schleppbetriebes wohl nicht in Betracht kommen wird, so genügt doch meist schon die Einbuße seiner bisherigen überragenden Bedeutung, um das Daseinsrecht eines Schleppmonopols ernstlich in Zweifel zu ziehen[80].

Die Einordnung des Schleppmonopols in einen übergreifenden Verband aller an der Schiffahrt Beteiligten verbürgt auch am besten, daß die Umstellung, welches Ausmaß diese auch annehmen mag, unter größtmöglicher Schonung der zahlreichen Einzelschiffer vor sich gehen kann. Es ist zu berücksichtigen, daß eine Umstellung nicht nur dem Schleppmonopol selbst und den Reedereien zugemutet werden müßte, sondern auch den Schlepper-Partikulieren, von den Schleppkahn-Partikulieren ohne eigene Triebkraft ganz zu schweigen.

[79] Trotzdem ist der Wechsel der technischen Methode vom Schleppbootsystem aus noch am leichtesten möglich, da hier das stehende Kapital geringeren Umfang hat als bei Ufertreidelei.

[80] Teubert hatte sich 1916 (II S. 622) für ein „allgemeines staatliches Schleppmonopol" eingesetzt. 1931 (2. A. S. 942) gab er zu, „daß die bedeutende und noch keineswegs abgeschlossene Zunahme der Selbstfahrer einer Ausdehnung des Schleppmonopols entgegenstehen würde."

III. Das Schleppmonopol als Instrument der Verkehrspolitik.

So wichtig die Frage der Schlepporganisation für die Binnenschiffahrt als unmittelbar betroffenes Gewerbe auch sein mag, sie wird übertrumpft von der umfassenderen, welche Tragweite ein Schleppmonopol für die Stellung der Binnenschiffahrt im Kreise der übrigen Verkehrsmittel haben mag, wobei sowohl an die Bedeutung des Schleppmonopols kraft des Schwergewichtes seiner bloßen Existenz als auch daran zu denken ist, daß man es zum ausgesprochenen Instrument bestimmter verkehrspolitischer Zwecke macht.

Die Bedeutung des Schleppmonopols für die technische und wirtschaftliche Leistungsfähigkeit des Verkehrsmittels Binnenschiffahrt bedarf hier keiner eingehenden Würdigung mehr. Sie ergibt sich aus der bisherigen Untersuchung von selbst, namentlich soweit das Schleppmonopol eine Bindung hinsichtlich der technischen Betriebsform, eine Hemmung insbesondere des Selbstfahrers in sich schließt. Wir können uns daher in diesem letzten Abschnitte damit begnügen, die Tauglichkeit des Schleppmonopols für bewußt verkehrspolitische Zwecke zu prüfen. Bisher mußte unser Interesse weniger der (historischen) Tatsache des Staatsbetriebes als der Monopolform als solcher gelten. In dem nunmehr zu betrachtenden Zweckzusammenhange ist die Ausübung durch die öffentliche Hand wichtig, derselben, die auch die Verkehrspolitik lenkt. Tatsächlich handelt es sich um die planmäßige Unterordnung der Tarifgebarung unter die Zwecke der Verkehrspolitik. Ist auch die Ausübung der Tarifhoheit nicht an den staatseigenen Betrieb gebunden, so tritt doch in Wirklichkeit die Eigenart der Staatsunternehmung besonders an dieser Stelle in Erscheinung.

Wie uns aus der Geschichte des Schleppmonopolgedankens bekannt, war ursprünglich die Absicht, mit Hilfe der Schleppgebührenpolitik die Kanalfrachten vor einem unerwünschten Absinken zu bewahren, wenn nicht gar ausgesprochenermaßen zu steigern.

Die tatsächliche Handhabung freilich schwächte diese Tendenzen beträchtlich ab. Es blieb als bemerkenswertestes Ergebnis eine Differenzierung nach Verkehrsarten, von denen manche so stark bevorzugt wurden, daß in ihren Beziehungen die Frachten eine künstliche Ermäßigung erfuhren.

Entgegengesetzt der unsrigen ist die Zielsetzung beim französischen Typ des Schleppmonopols, das dort — wie Wiedenfeld mitteilt[81] — in der Regel eingeführt wurde, um die privaten Eisenbahngesellschaften frachtlich unterbieten zu können.

Die Frage der Regelung von Eisenbahn- und Wasserfrachten ist auch in dem Sinne eine Frage der Unternehmungsorganisation, daß es darauf nicht nur beim Schleppmonopol, sondern auch bei der Eisenbahn und im beiderseitigen Verhältnis zur Aufsichtsinstanz ankommt. Hat der Staat Schleppmonopol- und Eisenbahnverwaltung zugleich in der Hand, so stellt sich die Sachlage anders dar, als wenn beide voneinander völlig unabhängige Unternehmungen wären. Der Grad der Autonomie sowie die Zugehörigkeit zu verschiedenen Ressorts können ebenfalls einen Unterschied bedingen.

Auf diese Feinheiten einzugehen, ist aber nur verlockend, wenn sich die unterschiedenen Fälle in der Wirklichkeit der Analyse darbieten, was nicht der Fall ist. Deduktionen allein wären recht unergiebig. So verzichten wir auf Untersuchung jener Unterschiede und nehmen eine in sich widerspruchs- und reibungslose autoritäre Regelung der Eisenbahnfrachten, Schiffahrtsabgaben- und Schlepplohntarife (allenfalls auch Kraftwagentarife) ohne weiteres als möglich an und denken dabei, wenn wir auf die Wirklichkeit zurückgreifen wollen, an das Schleppmonopol auf dem Mittellandkanal.

Soweit die Festsetzung der Schlepptarife eine betriebspolitische Maßnahme darstellt — und das ist sie selbstredend zunächst — haben wir sie in früherem Zusammenhange gewürdigt. Hier handelt es sich nur noch um die Erfassung des Instrumentalcharakters, der sich diesen Tarifen im Dienste an verkehrs- und wirtschaftspolitischen Zielen aufprägt. Auch den Kanalhaushalt, den wir unter dem Gesichtspunkt des „Unternehmens" schon untersucht haben, müssen wir nunmehr derselben Betrachtung unterwerfen.

Es interessieren zuerst die Zwecksetzungen, die die Art des Verkehrs (einschließlich seiner Aufteilung zwischen den Verkehrsmitteln) und sodann zwischen den Verkehrswegen des einen Verkehrsmittels (Binnenschiffahrt) beeinflussen wollen.

[81] Transportwesen, S. 157.

Der Einsatz des Schleppmonopols als eines Faktors zur Beeinflussung des Kräfteverhältnisses zwischen den Verkehrsmitteln war diejenige Empfehlung, die von allen, die ihm seine Väter mit auf den Weg gaben, die größten Erwartungen wecken konnte. Die angebliche Fähigkeit, die Stellung der Binnenschiffahrt je nach Bedarf, das heißt nach staatspolitischer Zweckmäßigkeit oder Notwendigkeit stärken oder schwächen zu können, ließ das Schleppmonopol besonders anziehend oder gefährlich, jedenfalls aber interessant erscheinen.

In beiden Fällen besteht die Aufgabe darin, die Binnenschiffahrt als Verkehrsmittel im Rahmen des Transportsystems des Landes so zur Geltung zu bringen, daß sie den ihrer wirtschaftlichen Leistungsfähigkeit entsprechenden Anteil am Verkehr erhält, d. h. heute praktisch: auf den monopolisierten Strecken. Nicht der heilsame Wettbewerb zwischen den Verkehrsmitteln an sich soll durch eine solche Verkehrsteilung ausgeschaltet sein — die Drohung des Verkehrsverlustes bei Nachlassen der Leistungsfähigkeit ist als Ansporn unentbehrlich — sondern überflüssige Kampfkosten, auch vorübergehende Einbrüche des einen Verkehrsmittels in die Sphäre des Nachbarn, sollen vermieden werden. Die Bewältigung jener Aufgabe ist aber bei Schleppmonopol mit anderen Mitteln zu bewerkstelligen als etwa bei vollständigem Binnenschiffahrtsmonopol. Ist die Einflußnahme des Staates hier im wesentlichen unmittelbar — zumal wenn der Staat auch über die anderen Verkehrsmittel gebietet — so erfolgt sie dort nur mittelbar.

Mit Hilfe des Schlepplohntarifes trachtet man, Einfluß auf die Gestaltung der Schiffsfrachten zu gewinnen. Daß dies eine Aufgabe des Schleppmonopols sei, die seine Kräfte nicht übersteigt, ist eine kaum angefochtete Behauptung verschiedener Autoren[82]. Wiedenfeld[83] betrachtet das Schleppmonopol als ein Mittel zur Erreichung einer Zusammenarbeit der Verkehrsmittel, und zwar auf dem Wege einer „Frachtenpolitik, die jeweils der Eigenart des anderen Trans-

[82] So weit wir sehen, äußert sich nur Alfons Schmitt kritisch: Wettbewerbsverschiebungen notfalls durch Manipulierung der Schlepplöhne auszugleichen, könne „auf die Dauer leicht zu schwerer Unwirtschaftlichkeit führen" (in Adolf Webers Volkswirtschaftslehre IV, S. 218).

[83] Transportwesen S. 38.

portmittels Rechnung trägt". Schmidt[84] bezeichnet das Schleppmonopol als eine Einrichtung, durch die eine planmäßige Verteilung der Frachten zwischen Eisenbahn und Binnenschiffahrt durchgeführt werden soll. Teubert[85] umschreibt die hier liegenden Möglichkeiten als den großen politischen Gewinn, daß der Staat an dem Gedeihen der Binnenschiffahrt erheblich beteiligt werde. „Dann kann der Gegensatz zwischen Staatseisenbahnen und Wasserstraßen leicht[86] überbrückt werden."

Es ist aufschlußreich, daß die Wortführer der verkehrspolitischen Bedeutung des Schleppmonopols, die nach dem Kriege die durch die tatsächliche Entwicklung nicht gerade gestützte Tradition aus der Gesetzgebungszeit wieder aufnehmen, aus dem Kreise um die Deutsche Reichsbahn stammen. Diese selbst hat in ihrer Denkschrift „Reichsbahn und Wasserstraße"[87] die Ansicht vertreten, daß das Schleppmonopol geeignet sei, „der Regierung auch bei freiem Frachtenmarkt Einfluß auf den Verkehr der künstlichen Wasserstraßen zu sichern." Staatssekretär Vogt ferner hat die Absichten der preußischen Regierung in Erinnerung gerufen, durch Schleppmonopol und Schiffahrtsabgaben „die Wettbewerbsverschiebungen, die durch die neuen Verkehrswege eintreten würden, möglichst gering zu halten, jedenfalls aber die Wettbewerbsverschiebungen zwischen Eisenbahn und Wasserstraße in der Hand zu behalten"[88].

Den Versuch einer eingehenderen Begründung hat freilich nur Wyszomirski unternommen[89]. Wir benutzen die Auseinandersetzung mit seiner Schrift, um die entscheidenden Punkte zu verdeutlichen. Es sind die alten Gedanken angewandt auf die Verkehrsverhältnisse der Nachkriegszeit.

W. geht davon aus, daß die Wasserstraßengesetzgebung der letzten Jahrzehnte das Prinzip der Selbstkostendeckung auf Kanälen aufgerichtet hat, das heißt, es sei Sache des Verkehrs, das Anlagekapital eines Kanals zu verzinsen und zu tilgen sowie die Mittel für Betrieb und Unterhaltung auf-

[84] Artikel Binnenschiffahrt, Handwörterbuch der Staatswiss. 4. Aufl. Ergänzungsbd. 1929, S. 141.

[85] a. a. O. II S. 622.

[86] In der 2. Aufl. heißt es „leichter".

[87] Januar 1927 S. 28.

[88] Mitteilungen der Friedrich List-Gesellschaft Nr. 5. 1928, S. 135.

[89] Schiffahrtabgaben und Schleppmonopol als rechtliche und wirtschaftliche Voraussetzungen der Kanäle. München-Leipzig 1928.

zubringen (a. a. O. S. 5 f.). Zinsausfälle auf die Schultern der Allgemeinheit zu wälzen, sei volkswirtschaftlich nicht vertretbar, außer im Falle der Erweiterung eines völlig überlasteten Verkehrssystems, was nach seiner Meinung praktisch ausscheidet. Schiffahrtsabgaben wie Schleppmonopol (neben den Zuschüssen der Provinzen, Kreise und Gemeinden) dienten der Selbstkostendeckung, zugleich aber noch einem anderen Zweck: „der Beseitigung der Imparität zwischen Wasser- und Eisenbahnfracht", damit einer Einschränkung des Wettbewerbes zwischen Wasserstraße und Eisenbahn (11). Die Verkehrsparität zwischen Eisenbahn und Wasserstraße, also zugleich die Beseitigung jeder Bevorzugung eines einzelnen Landesteiles durch einen Kanal — und damit kommen wir zu dem letzten übergeordneten Ziel — werde „weiteren Kanalwünschen die Spitze abbiegen". Die Verkehrsparität besteht nun nicht etwa in der Angleichung der Eisenbahn- an die Wasserfrachten, sondern die Wasserstraßentarife für die von der Eisenbahn auf die Wasserstraße abwandernden Güter werden „so hoch zu halten sein, daß sie den Eisenbahntarifen möglichst nahe kommen." Die Reichsbahn werde alsdann, wenn die Wasserstraßen durch Abgaben- und Schlepplohnnormierung im Sinne der preußischen Vorkriegspolitik zu höheren Frachten kommen würden, zweifellos gern die ihr hieraus erwachsende größere Bewegungsfreiheit in der Aufstellung der Frachten dazu verwenden, ihr vielfach noch als übermäßig hoch empfundenes Tarifniveau abzusenken" (37). Da die 1904 vorgetragenen Gründe für das Schleppmonopol nach Meinung Wyszomirskis heute, wenn auch unter veränderten Verhältnissen, sinngemäß wieder zutreffen (40), da insbesondere der Reparationsbelastung der Reichsbahn die Vorkriegsverhältnisse zugrunde liegen, müßten die Ziele der Schleppmonopol- und Abgabengesetzgebung baldigst voll verwirklicht werden, um auch das vorkriegliche Verhältnis zwischen Eisenbahn und Wasserstraße wiederherzustellen.

Nachdem die Reichsbahn von der Reparationssteuer entlastet worden ist, erkennt man, wie gefährlich es ist, bestimmte geschichtliche Situationen zum Angelpunkt einer dauernden Regelung der Zusammenarbeit der Verkehrsmittel zu machen. Immerhin haben sich mit Wegfall der Reparationsbelastung, die W. wohl mehr zum Beweise der Dringlichkeit seiner Wünsche anführt, nur die Größenverhältnisse verschoben. Das Problem als solches besteht nach wie vor.

Kostendeckung der Kanäle und Frachtenparität sind die beiden Grundforderungen, die W. erhebt. Sie bedürfen der Erläuterung, die leider in wichtigen Punkten fehlt. Auch W. scheint es als eine Aufgabe des Schlepplohnaufkommens anzusehen, den Teil der Kanalkosten zu decken, den das Aufkommen an Schiffahrtabgaben ungedeckt läßt. Warum nicht die Schiffahrtabgaben von vornherein in ausreichender Höhe erhoben werden sollen, darüber erhalten wir keine Auskunft.

Ferner: Bezogen auf welche räumliche Ausdehnung soll der Schleppbetrieb die Kanalkosten decken? Also welche Kosten welches Kanals? W. streift bei der Besprechung der Schiffahrtabgaben die Frage der streckenmäßigen Berechnungsgrundlage wohl, hält sie aber anscheinend für so unwichtig, daß er nicht näher auf sie eingeht, sondern sich mit der Forderung begnügt, daß „unter allen Umständen" die Schiffahrtsabgaben so bemessen werden müssen, daß das gesamte Gebührenaufkommen[90] „aus einer Wasserstraße oder einem Wasserstraßennetz" die Selbstkosten „dieser Wasserstraßen" deckt. Das bedeutet die Addition der Kosten völlig verschiedenartiger Kanäle, die zumeist untereinander in gar keinem räumlichen Zusammenhange stehen, womöglich nicht einmal einen nennenswerten eigenständigen Verkehr aufweisen, sondern nur oder hauptsächlich dienendes Glied an dem Strome sind, zu dem sie gehören. Ein Schleppmonopol ist ja nur auf einem Teil der künstlichen Wasserstraßen eingerichtet, sodaß völlig ungeklärt bleibt, nach welchem örtlichen Schlüssel Schlepplöhne und Abgaben an der Kostenaufbringung beteiligt sein sollen, wenn man nicht annehmen will, daß etwa der westdeutsche Schleppbetrieb zur Deckung der Unterhaltungskosten eines oberschlesischen oder ostpreußischen Kanals beisteuern soll.

Auch eine andere Frage läßt W. unbeantwortet: Nach welchen Merkmalen sind diejenigen Kanäle, für die das Prinzip der Selbstkostendeckung strenge Geltung haben soll, von denjenigen zu unterscheiden, die „indirekt oder staatswirtschaftlich" rentabel sind und bei denen Zuschüsse in Kauf zu nehmen, volkswirtschaftlich gerechtfertigt erscheint? W. erkennt diese Unterscheidung grundsätzlich an (a. a. O. S. 6) und vollzieht sie so, daß von einer indirekten Rentabilität nur dann die Rede sein kann, wenn die vorhandenen Ver-

[90] Unberücksichtigt bleibt auch der Teil der Aufwendungen, die das Interesse der Landeskultur berühren und daher dem Verkehr nicht angelastet werden können.

kehrsmittel bis zur Grenze ihrer Leistungsfähigkeit (!) ausgenutzt seien, sodaß zu ihrer Entlastung eine Erweiterung des Verkehrsmittelsystems erforderlich ist.

Setzen wir einmal voraus, die gestellten Fragen seien befriedigend beantwortet, so ist trotzdem auch bei W. keineswegs eine Begründung dafür ersichtlich, warum eigentlich die Erträgnisse des Schleppbetriebes (der Fortbewegungskraft) zu den Kosten des Kanals (des Weges) herangezogen werden sollen, solange die Bewirtschaftung beider Transportelemente getrennt erfolgt. Es kann sich immer nur um taktisch-politische Erwägungen, um Rücksichten auf angeblich oder tatsächlich vorhandene Rechtsschranken handeln, wenn man nach einer Erklärung dafür sucht, warum Schlepplöhne den Schiffahrtabgaben sekundieren sollen, um eine Deckung der Kanalkosten zu erreichen.

Den wichtigsten Einwand sieht W. gar nicht: daß es — gleichgültig ob getrennte oder einheitliche Bewirtschaftung von Schleppkraft und Kanal — sinnwidrig ist, die Fortbewegung durch Schleppkraft stärker zu den Kanalkosten heranzuziehen als die Fortbewegung durch eigene Triebkraft des Güterschiffes. Vielleicht hat er geglaubt, den Selbstfahrerverkehr, dessen Entwicklung auf Kanälen zur Zeit der Abfassung der Schrift noch nicht zu übersehen war, vernachlässigen zu können.

Parität zwischen Wasser- und Eisenbahnfracht ist das andere Ziel. Nach dem Vorgang der Väter des Schleppmonopolgesetzes verspricht sich W. von einer solchen Parität „wirkliche Bundesgenossenschaft" statt der Konkurrenz zwischen Eisenbahn und Kanal; je nach ihrer verschiedenen wirtschaftlichen Eignung würden sich beide „in die Bewältigung des Gesamtverkehrs brüderlich teilen" (a. a. O. S. 26). Es ist vorauszusehen, daß diese brüderliche Teilung sehr zuungunsten des schwächeren Bruders ausfallen würde. Ist doch bisher der Hauptvorzug der Kanalverfrachtung Billigkeit gewesen, die man durch eine „Annäherung der Wasserfrachten an die Eisenbahnfrachten" (S. 43) beseitigen würde. Daran ändert nicht viel die Versicherung der Bereitschaft zu einer Senkung des Reichsbahntarifniveaus (S. 37). Es ist nichts darüber gesagt, an welchen Stellen des verwickelten Systems von Normal- und Ausnahmetarifen eine Senkung eintreten soll. Vielleicht gerade in den Verkehrsbeziehungen, die dem Wettbewerb der Wasserstraßen ausgesetzt sind?

W. stellt sich den Ausgleich offenbar so vor, daß einer Hebung der Wasserfracht eine allgemeine Senkung des Eisenbahnfrachtniveaus in dem Maße gegenübertritt, in dem der Eisenbahn Mehreinnahmen aus der Verkehrsabwanderung von der Wasserstraße auf die Schiene zufließen. Er verkennt ein Doppeltes: 1. Das Tarifsystem der Reichsbahn mit seinen vielfältigen Preisabstufungen nach Güterarten und Verkehrsbeziehungen läßt sich nicht mit der Wasserfracht vergleichen; diese Unvergleichbarkeit ist unabänderlich, soweit sie der Ausdruck der Verschiedenheit zweier Verkehrsmittel ist, von denen das eine einen universellen Landverkehr mit einem auf zwischenörtlichen Kosten- und Nutzenausgleich bedachten Apparat, das andere dagegen ziemlich eindeutig abgrenzbare Verkehrsströme bedient und unter der Notwendigkeit steht, die Kostenunterschiede der verschiedenen Verkehrsbeziehungen voll im Frachtpreise zur Geltung zu bringen. 2. Frachtenparität und Kostendeckung für Kanäle stehen als Zwecke keineswegs im Einklang miteinander. Sollen die Wasserfrachten den Eisenbahntarifen „möglichst nahe" kommen (a. a. O. S. 40), so ist das ein durchaus selbständiges Ziel, wogegen die Verfolgung des Zieles der Kostendeckung zu ganz anderen Ergebnissen führen wird, nämlich die Wasserfrachten über die Höhe der Eisenbahnfrachten hinauftreiben oder darunter lassen kann; daß gerade das Verhältnis einer „Parität" erreicht werde, wäre völlig vom Zufall abhängig und recht unwahrscheinlich. In der Mehrzahl der Fälle würde in Deutschland die Kanalfracht die entsprechende Eisenbahnfracht übersteigen, wenn man das Kostendeckungsprinzip völlig durchführen wollte, wobei wir einmal eine Unsicherheit außer acht lassen, mit der stets der Frachtvergleich behaftet ist und die darin besteht, daß die Eisenbahnfracht in Verkehrsbeziehungen, in denen Schienen- oder Wassertransport zur Wahl stehen, aus Wettbewerbsgründen besonders niedrig sein kann. Von Parität könnte dann nicht die Rede sein.

Die strikte Durchführung des Kosten- oder Gebührenprinzips trägt keineswegs ihre Rechtfertigung in sich selbst. Es bestehen in vielen Fällen triftige Gründe für eine abweichende Bemessung der Abgaben. (Hierüber Näheres unten.)

Das Hauptinteresse widmet W. denn wohl auch den Neubauplänen. Die empfohlene Handhabung von Schleppmonopol- und Schiffahrtsabgaben wird geeignet sein, den Kanalwünschen die Bedrohlichkeit zu nehmen — vom Standpunkt der Reichsbahn verständlich. Was jedoch für die bestehenden Wasserstraßen gilt — Sinn und Möglichkeit eines Rentabilitätsopfers — kann für geplante nicht falsch sein.

Sofern aber trotzdem die Anlegung eines neuen Kanals nicht zu verhindern ist, hat man — so argumentiert W. weiter — ein Mittel in der Hand, um „wirtschaftliche Verschiebungen auszugleichen". In der Tat ein Mittel, um Kanalneubauten von vornherein weitgehend unschädlich zu machen.

Nun trifft es gewiß zu, daß namentlich die im Tarif gegebene Möglichkeit differenzierender Behandlung der Güter und Verkehrsbeziehungen hier einen gewissen Spielraum gestattet, zum Beispiel unter Schonung der Landwirtschaft durch Verteuerung von Einfuhrtransporten Verbilligung des Transportes industrieller Stoffe zu erzielen. Doch wäre es zweifellos ein Schildbürgerstreich, die durch einen Wasserweg geschaffene Verbilligung des Transportes durch das Schleppmonopol wieder wegsteuern zu wollen. Wenn man schon das Absatzgebiet eines Erzeugungszweiges durch Transportverbilligung erweitern will, so muß man in den meisten Fällen damit rechnen, daß das begünstigte Gut in den neuerschlossenen Absatzgebieten Gütern anderer Herkunft Wettbewerb bereitet.

Wenn eine Verschärfung des Konkurrenzkampfes zwischen verschiedenen Standorten einer Erzeugung volkswirtschaftlich unangebracht ist, so hätte der Kanalbau von vornherein zu unterbleiben, sofern er nicht höheren Zwecken dienen soll. Bei der Regulierung von Wettbewerbsverhältnissen wird es sich daher nur um ergänzende Maßnahmen untergeordneter Bedeutung handeln können, die bei gewissen Güterkategorien und Standorten Platz greifen müssen, da letztere sonst vielleicht unerwünschten Auswirkungen eines in der Hauptsache zugunsten anderer wichtigerer Güterkategorien und Standorte angelegten Kanals ausgesetzt wären.

Dies die in sich widerspruchsvolle Zwecksetzung. Welche Bewandnis hat es aber mit dem hierfür empfohlenen Mittel?

Wir haben bisher mit W. eine unbekannte Größe in der Frachtgleichung unberücksichtigt gelassen: die Kahnfracht. Es darf als sicher gelten, daß eine geringe Schlepplohnerhöhung den gesamten Wassertransport für den Verfrachter, der in einer Summe Umschlagkosten, Kahnfracht, Schlepplohn und Schiffahrtabgaben zahlt, noch nicht zu verteuern braucht. Nun handelt es sich bei den vorgeschlagenen Schlepplohnerhöhungen aber in der Regel um sehr beträchtliche Steigerungen, die sehr wohl über die Kraft der Elastizität der Kahnfrachtanpassung gehen. Wie sich alsdann die Wettbewerbslage der Binnenschiffahrt gestaltet, hängt davon ab, ob sie auf freie Ströme abwandern kann, hängt also von der Art der Behandlung des gesamten Wasserstraßennetzes in abgaben- und schlepplohnpolitischer Hinsicht ab. Eine Möglichkeit zum Ausweichen steht der Binnenschiffahrt ferner im zeitlichen Verlauf der Frachtschwankungen zu Gebote. Namentlich die Wasserstandsbewegungen rufen solche Unterschiede hervor, daß die planmäßige Beeinflussung der Höhe der Gesamtfracht durch Schlepplohnnormierung sich als eitle Hoffnung erweist. Fracht*parität* müßte denn auch — wenn die Struktur des Eisenbahntarifs aufrecht erhalten bleiben soll — für die Schiffahrt eine Frachten*stabilisierung* zur Folge haben. Dies ist mit Schlepp- und Abgabentarifen allein nicht zu erzielen.

Frachtenstabilisierung ist unmöglich, solange auf dem Markte für Kahnraum Wettbewerb herrscht, der die Frachtsätze automatisch den Veränderungen auf beiden Seiten, also des Wasserstandes sowie der Schiffbautätigkeit einerseits, der allgemeinen Wirtschaftskonjunktur andererseits, anpassen muß. Sie ist möglich, wenn eine vollständige Marktregelung im Wege der Zwangszusammenschlüsse vorliegt. Tatsächlich hat man aber, obwohl der letztere Tatbestand in Deutschland nunmehr zum Teil gegeben ist, darauf verzichtet, die natürlichen Schwankungen im Frachtpreise auszumerzen und sich damit begnügt, dem vom Kahnraumüberangebot ausgehenden Preisdruck entgegenzuwirken. Stetigkeit ist hierbei kein Selbstzweck und wird nur erstrebt, soweit die veränderlichen Faktoren auf dem Gebiete der willkürlichen Tonnagebeeinflussung und des Ladungsangebotes zu suchen sind. Sie ist daher bei Kanälen am größten.

Wenn in den neugeschaffenen Frachtenausschüssen die Frachtfestsetzung einem autoritären Einfluß unterliegt, so ergibt sich für diesen im Gegensatz zum früheren Zustande der freien Frachtpreisbildung die Möglichkeit, die Rücksichten, auf die der Schlepptarif abgestimmt ist, auch hier zur Geltung zu bringen. Immerhin sicherlich nicht ungebrochen, insofern die Ermittlung des Frachtpreises, der der Marktlage entspricht, zunächst im Selbstverwaltungswege durch die

Schiffahrttreibenden erfolgt und die staatliche Instanz nur korrigierend eingreift.

Solange keine unmittelbare Frachttariffestsetzung, analog der Eisenbahntarifierung, erfolgt — im Rahmen der Zwangsorganisation oder bei Binnenschiffahrtsmonopol — ist die Wasserfracht einer berechenbaren Beeinflussung durch die Schlepptarifgestaltung unzugänglich. Dies soll allerdings nur heißen, daß sich die Möglichkeit der Durchsetzung irgendeines tarifpolitischen Zieles der Berechnung entzieht, nicht aber, als ob das Dasein und die Gestalt des Schlepptarifes völlig wirkungslos und für die Wasserfracht nebensächlich wären. Das Schleppmonopol hat es nicht in der Hand, einen von ihm gewollten Zweck mittels einer entsprechenden Schlepplohnbemessung zu erreichen; wohl aber vermag es die Grundlage der Wasserfrachtbildung entscheidend zu ändern. Die Wasserfrachtbildung muß die Höhe des Schlepplohnes, die nach Güterarten und Verkehrsbeziehungen verschieden ist, einkalkulieren und trachten, zu einem Ergebnis zu kommen, das den wechselnden Angebots- und Nachfragegegebenheiten am besten entspricht. Daß deshalb in diesem Ergebnis gerade das Abstufungsverhältnis des Schlepplohnes wiederkehrt oder gar genau zum Ausdruck gelangt, ist wenig wahrscheinlich. Man ist versucht, an die entsprechende Sachlage bei der Warenumsatzbesteuerung zu denken. Wenn ein Unternehmen verschiedene Güterarten produziert, die Umsatzsteuer aber die Umsätze der verschiedenen Güterarten verschieden belastet, so ist darum noch nicht gesagt, daß sich im Preise der Waren diese unterschiedliche Steuerbelastung widerspiegelt. Wieviel weniger bei einem Schiffahrtsunternehmen, das nicht mehrere Warenarten, sondern nur eine einheitliche Leistung anbietet, deren einheitlicher Preis mannigfaltige Möglichkeiten für einen Ausgleich verschiedener Kostenvorbelastung in sich birgt! Und um eine Kostenvorbelastung handelt es sich beim Schlepplohn vom Standpunkt der Schiffahrtunternehmung in der Tat[91].

Welche Ausmaße die Differenzierung der Schlepplöhne annehmen kann, hängt davon ab, wie man das Verhältnis zum erstrebten Aufkommen an Kanalabgaben festzulegen wünscht.

[91] Von den Gesamtbeförderungskosten für Kohle von Wanne nach Hannover z. B. entfallen auf den unbeeinflußbaren Teil 53 % (Schlepplohn 17, Abgaben 36 %), auf die reine Kahnfahrt 29 % und auf Umschlag- und Hafengebühren am Empfangsort 18 %.

Der geringste Spielraum verbleibt bei einem auf Kostendekkung bedachten Schleppmonopol mit balancierendem Haushalt. Immerhin ist er so groß, wie dies die im Monopolpreise beschlossenen Differenzierungsmöglichkeiten zum Unterschiede vom Wettbewerbspreise zulassen.

Das über die technischen Schwierigkeiten einer Frachtbeeinflussung Gesagte gilt auch, wenn letztere nicht das Verhältnis von Eisenbahn und Binnenschiffahrt regeln will, sondern sonstige verkehrs- oder wirtschaftspolitische Ziele verfolgt. In Betracht kommen hier vor allem: die Begünstigung bestimmter Verkehrsbeziehungen (z. B. mit den deutschen Seehäfen) oder bestimmter Verkehrswege vor anderen (z. B. des Wesel-Datteln-Kanals vor dem Rhein-Herne-Kanal im Durchgangsverkehr) wie schließlich alle übrigen Differenzierungen im Tarif, die eine über die unmittelbar betriebspolitische hinausgehende Bedeutung beanspruchen.

Eine Unterstützung der Außenhandelspolitik durch die Verkehrspolitik, in diesem Fall der Wirkung des Zolles durch die Belastung mit Schlepplohn, ist dann völlig zu entbehren, wenn es sich um einen Schutzzoll handelt. Dann braucht man lediglich den Zoll so hoch anzusetzen, daß er auch mit Hilfe der billigsten Wasserzufuhr nicht mehr zu überspringen ist. Anders, wenn es sich um einen Zoll von solcher Höhe handelt, der die Einfuhr des betreffenden Gutes nicht völlig unterbinden will, sondern die Zufuhr über günstige Grenzstellen in gewissem Umfange duldet. Aber in diesem Falle bedarf es eigentlich auch keiner weiteren Erschwerung durch Frachtverteuerung. Man wird daher den Hauptwert des Schleppmonopols in dieser Hinsicht in seiner Eignung als handelspolitische Waffe zu suchen haben, die nicht ausdrücklich Gegenstand der Handelsverträge zu werden braucht und daher vielleicht erreichen hilft, was im Wege des regulären Handelsvertrages nicht erreicht werden konnte. Wenn bisher das Schleppmonopol in diesem Zusammenhang regelmäßig nur wegen seiner Hilfestellung beim Schutz des Binnenmarktes für die heimische Landwirtschaft genannt wurde, so läßt sich dieses Prinzip doch selbstverständlich ohne weiteres auch auf alle anderen Güter übertragen, deren Einfuhr auf dem Wasserwege erfolgen kann (Erze, Kohle, Holz).

Wie man immer die Frage im Einzelfall beantworten mag, ob der Zoll einer Ergänzung durch die Frachtbelastung bedarf — fest steht, daß an die Stelle des Schlepplohnes immer auch die Schiffahrtabgabe treten kann[92].

Haben wir uns bisher darauf beschränkt, die Tauglichkeit des Schleppmonopols als Mittel zur Erreichung der wichtigsten verkehrspolitischen Ziele zu prüfen, die man jenem gesetzt hat oder setzen kann, so haben wir nunmehr noch die verkehrspolitischen Ziele selbst einer kurzen Betrachtung zu unterziehen. Es ist dies — ohne die Grenzen unseres Themas zu überschreiten — insoweit erforderlich, als mit dem Wandel der Zielsetzung auch das Schleppmonopol selbst ein anderes Gesicht erhält.

Am meisten muß dem Beschauer auffallen, daß einst das Schleppmonopol dazu bestimmt war, einen die Eisenbahn störenden Wettbewerb der Kanalschiffahrt zu verhüten, tatsächlich aber umgekehrt in der Zeit seiner Wirksamkeit je länger um so deutlicher ein getreuer Helfer der Schiffahrt gegen wirkliche oder vermeintliche Bedrohungen ihrer Wettbewerbsfähigkeit vonseiten der Eisenbahn geworden ist.

Welches sind die Ziele deutscher Verkehrspolitik, die letztlich über die Brauchbarkeit des Schleppmonopols entscheiden? Oberste Richtschnur ist die Orientierung an den allgemeinen Zielen nationalsozialistischer Politik, die einer reichen Entfaltung des Verkehrswesens auf dem Fuße der Gleichberechtigung aller Verkehrsmittel günstig ist. Der Stand des Verkehrswesens gilt zu seinem Teile als Ausdruck der nationalen Kraft. Bedenkt man dies, so ist selbstverständlich, daß der Staat die Schranken einer reinen Rentabilitätsbetrachtung durchbricht. So wenig Rentabilitätsberechnungen zu entbehren sind, so wenig können sie allein die Grundlage für die Zusammenarbeit der Verkehrsmittel abgeben.

Für die Kanäle bedeutet dies unter Umständen den Verzicht auf die volle Kostendeckung. Die hierdurch zum Ausdruck gelangende Absicht, die Wettbewerbskraft der Binnenschiffahrt zu stärken, darf dann nicht von einer Schlepplohngestaltung durchkreuzt werden, die die Erzielung von Überschüssen zum Ergebnis hätte. Im Gegenteil wird man um so mehr auf eine solche Schlepporganisation bedacht sein

[92] Der jetzige Staatssekretär im Reichsverkehrsministerium Koenigs erklärte in der Sitzung des 27er Ausschusses vom 2. 2. 1928 (Niederschrift Seite 134 f.), daß die Fernhaltung ausländischen Getreides vom Mittellandkanal durch eine entsprechende Gestaltung der Abgabentarife vollauf zu erreichen sei.

müssen, deren Leistungsfähigkeit und Preiswürdigkeit vom Standpunkt der Benutzer am größten sind. Ob ein Monopol diesen Anforderungen entspricht, ist in jedem Einzelfalle zu prüfen.

Die verkehrspolitische Besinnung führt also unweigerlich zurück zu der Frage, unter welchen Bedingungen ein Schleppmonopol wirtschaftlicher sein kann als die Formen des Wettbewerbes — eine Frage, die zuvor beantwortet sein muß, ehe der verkehrspolitische Rang des Schleppmonopols festgestellt werden kann. Nach allem brauchen wir in dieser Hinsicht nur auf die früheren Ausführungen zu verweisen. Nur zur verkehrspolitischen Behandlung der Wasserstraßen sind noch einige Bemerkungen erforderlich.

Betrachten wir zunächst einen Kanal in selbständiger Isoliertheit, um alsdann der Tatsache Rechnung zu tragen, daß ein Kanal Glied eines Systems ist!

Opfer an Rentabilität bringt der Staat bei einem Kanalbau entweder, weil er Anlaß hat, aus außerwirtschaftlichen (z. B. wehrpolitischen) Gründen, eine Wasserverkehrsverbindung zu schaffen, oder weil letztere als Hebel eines produktionswirtschaftlichen Fortschrittes dienen soll. Der erste Fall bedarf keiner näheren Erläuterung. Dem zweiten liegt die Einsicht zugrunde, daß es um eines gesamtwirtschaftlichen Vorteils willen, der regelmäßig in der Sphäre der Produktion zu suchen ist, zweckmäßig sein kann, auf Rentabilität des Verkehrsweges während einer Anlaufzeit oder dauernd zu verzichten. Es ist denkbar, daß eine Absatzerweiterung durch die herbeigeführte Frachtkostensenkung die Produktionskosten eines Erzeugungszweiges in einem Maße senkt, das das Opfer an verlorenen Transportaufwendungen übersteigt. Most hat hierfür einmal eine treffende Formulierung gefunden: „Jeder Verkehr ist Ausdruck für den Stand, aber gleichzeitig Voraussetzung für die Weiterentwicklung des Wirtschaftslebens. Die Frage nach Schaffung neuer und Ausgestaltung bestehender Verkehrsmittel lediglich nach der Größe bereits vorhandener Verkehrsbedürfnisse zu beantworten, ist irrig . . . . Die Ausgestaltung von Verkehrsmitteln hat der Produktionsintensität nicht zu folgen, sondern ihr vorauszugehen"[93].

Sind diese Zusammenhänge immerhin noch bis zu einem gewissen Grade quantitativ erfaßbar, so darf man doch nicht

[93] Rheinisch-Westfälische Verkehrsprobleme. (Wirtschaftskunde für Rheinland und Westfalen, Bln 1930, S. 266.)

übersehen, daß damit die Funktion eines Kanals nicht erschöpft ist. Er schließt darüber hinaus, wie jeder Verkehrsweg, eine jeder exakten Berechnung spottende Möglichkeit in sich, die volkswirtschaftliche Produktivität anzuregen und zu einer Steigerung des Sozialproduktes zu veranlassen. Die Unbestimmtheit, die dem Begriff der Produktivität[94] allerdings anhaftet, darf nicht dazu verleiten, alle in ihr möglicherweise schlummernden Ursachen, denen keine isolierbaren Wirkungen zugeschrieben werden können, für bare Illusion zu halten. Es ist negativ auch daran zu erinnern, daß keine Rentabilitätsrechnung anders als rückschauend, wenn die Bücher „abgeschlossen" sind, erfolgen kann; daß die Entscheidung über die Bauwürdigkeit eines Kanals aber im voraus fallen muß, auf Grund der Zahlen eines Voranschlages, der zumindest hinsichtlich des Divisors, nämlich des zu erwartenden Verkehrsumfanges, auf einer völlig willkürlichen Schätzung fußen muß. Ein Wagnis, eine Spekulation, ist also in jedem Falle der Ausgangspunkt.

Dem entspricht das Bestreben, dieses Risiko möglichst gering zu halten. Hier liegt eine Rechtfertigung dafür, daß man vermeidet, ein Mehr an Anlagekapital, als es der Weg darstellt, festzulegen, also vermeidet, statt lediglich des Weges das vollendete Verkehrsmittel bereitzustellen. Vielmehr erscheint es besonders dann zweckmäßiger, weil mit geringerem Risiko einer Kapitalfehlleitung behaftet, das Angebot an Fahrzeugen der freien Unternehmerinitiative und Entwicklung zu überlassen, wenn verschiedene Betriebs- und Fortbewegungsformen zur Wahl stehen, wie dies bei der Binnenschiffahrt der Fall ist. (In analoger Weise wie auf den Reichsautobahnen.) Ist daher eine Zuschußleistung zugun-

[94] Wir denken hier an die allgemeine volkswirtschaftliche Produktivität, die sich ebenso wie die damit zusammenhängenden Begriffe des Volksvermögens und Volkseinkommens der Meßbarkeit vor allem wegen des Dazwischentretens der „menschlichen Wirkungsfähigkeiten" entzieht. Vergl. Adolf Weber (Allg. Volkswirtschaftslehre S. 474), der Volksvermögen als die jeweilige „Fähigkeit eines Volkes" bezeichnet, „durch möglichst zweckmäßige Kombination von möglichst viel Produktionselementen Realeinkommen zu erzeugen". Auf die Bedeutung, in unserem Falle eines Kanals, für jene allgemeine Produktivität zielt der Begriff der sogenannten indirekten oder staatswirtschaftlichen Rentabilität (Sax I., S. 135), besser Produktivität, dieses Kanals. Die Entscheidung, in welchem Umfange auf Grund eines solchen Maßstabes die Kanalkosten der Allgemeinheit und in welchem Umfange den unmittelbaren Verkehrsinteressenten aufzubürden sind, ist hiernach stets unsicher.

sten eines Kanals zu erwarten oder beabsichtigt, so ist eine künstliche Verbilligung des Schleppbetriebes durch Tarifmaßnahmen nicht nur überflüssig, sondern geeignet, die Produktivität des Verkehrsmittels zu gefährden, indem es dessen technische Entwicklungsmöglichkeiten einseitig beschneidet, wenn es das System des Schleppens unter finanziellen Opfern konserviert.

Ein Schleppmonopol zu dem Zwecke einzurichten, um ein Rentabilitätsopfer beim Kanal durch ein solches beim Schleppbetrieb zu ergänzen, scheidet also aus einer volkswirtschaftlichen Betrachtung aus. Auch für einen unrentablen Kanal entfällt mithin beim Schleppmonopol eine selbständige verkehrspolitische Bedeutung im eigentlichen Sinne; diese reduziert sich vielmehr auf die bloße Frage nach der Wirtschaftlichkeit im Vergleich mit dem Wettbewerbssystem. Für ein Schleppmonopol auf einem unrentablen Kanal kann dann nur eine etwaige immanente Überlegenheit über das Wettbewerbssystem sprechen. Wir haben früher anzudeuten versucht, in welchem Umfange letzteres möglich ist.

Der Vollständigkeit halber muß noch der unwahrscheinliche Grenzfall erwähnt werden, der sich ergibt, wenn aus allgemein politischen Gründen ein Kanal im Gegensatz zu volkswirtschaftlichen Nutzenerwägungen gebaut wird und nicht nur gebührenfrei bleiben muß, sondern auch noch einer künstlichen Schleppkraftverbilligung bedarf, um überhaupt Verkehr anzuziehen. In diesem extremen Falle wäre allerdings ein Schleppmonopol (als Zuschußbetrieb) unvermeidlich.

Die Beurteilung der verkehrspolitischen Bedeutung des Schleppmonopols muß sich ändern, wenn wir nicht einen einzelnen Kanal herausgreifen, sondern den Zusammenhang der Wasserstraßen, namentlich der Kanäle mit den Flüssen, ins Auge fassen. Muß man die Binnenschiffahrt, wenn sie der Eisenbahn koordiniert werden soll, nicht als ganzes Verkehrsmittel dem ganzen Verkehrsmittel Eisenbahn gegenüberstellen? Müßte dann nicht das gesamte Wasserstraßennetz gebührenmäßig einheitlich behandelt werden? Und wenn dem Schleppmonopol in diesem Rahmen eine Aufgabe zugedacht wird, müßte es dann nicht auf alle Wasserstraßen ausgedehnt werden? Ansätze zu einer einheitlichen Behandlung waren vor dem Kriege erstmals zu erkennen, als der preußische Gesetzgeber dem Schleppmonopolparagraphen des Wasserstraßengesetzes jenen § 19 hinzufügte, der die

Einführung von Schiffahrtabgaben auf den im Interesse der Schiffahrt regulierten Flüssen vorsah[95].

Nun kann eine Zusammenrechnung des gesamten Gebührenaufkommens aller Wasserstraßen (bzw. eine Einbeziehung der Ströme) nur dann einen Sinn haben, wenn Deckung aller Bau- und Unterhaltungsaufwendungen erstrebt wird, ohne doch die verkehrspolitischen Ziele der einzelnen Wasserstraßen preiszugeben. Um diese Deckung insgesamt zu erzielen, würden die Ströme mit starkem Verkehr Überschüsse zugunsten der meisten Kanäle erbringen müssen. Verzichtet man jedoch — wofür gute Gründe sprechen — auf volle Kostendeckung, so ist kein einigendes Band, das die einzelnen Wasserstraßenbudgets zusammenhielte, erkennbar. Das etwaige Bedürfnis — sofern man dies anerkennen wollte — nach Frachtparität mit der Eisenbahn kann jedenfalls nicht in der Form Befriedigung finden, daß eine Durchschnittswasserfracht auf Grund eines Reichsdurchschnittes der Kosten einer Durchschnittsfracht der Eisenbahn gegenübergestellt würde. Ein solcher Durchschnitt wäre hüben wie drüben grotesk.

Ändert sich etwas an der Ungeeignetheit des deutschen Wasserstraßensystems für einen Finanzausgleich zwischen den einzelnen Gliedern oder gar für eine Tarifvereinheitlichung, wenn man mit dem verkehrspolitischen Einsatz eines Schleppmonopols rechnen könnte? Eine Ergänzung oder ein Ersatz der Abgaben durch Schleppgebühren scheidet aus diesem Zusammenhange aus. Es kann sich lediglich noch um die Frage handeln: Bedeutet ein sämtliche Wasserstraßen erfassendes Schleppmonopol eine Verbilligung, die der Gesamtheit der Wasserstraßen zugute käme? Wir hatten im 3. Abschnitt nur die ersten Etappen einer räumlichen Ausdehnung des Schleppmonopols über einen einheitlichen in sich abgeschlossenen Kanalverkehr hinaus untersucht. Nur innerhalb dieser Größenordnung kann aus einer räumlichen Ausweitung des Schleppmonopolbetriebes ein Vorteil für dessen Wirtschaftlichkeit erwachsen, wobei ausschlaggebend vor allem die Möglichkeit ist, die Vorzüge der Fahrten auf langen zusammenhängenden Strecken mit der Schwierigkeit und den Chancen einer Anpassung an streckenweise wechselnde Betriebsverhältnisse in Einklang zu bringen. Damit sind aber

[95] Die Durchführung mußte mit Rücksicht auf die internationalen Bindungen unterbleiben.

die eigentümlichen Arbeitsbedingungen eines allumfassenden Schleppbetriebes, der riesenhafte Ausmaße annehmen müßte, noch nicht aufgehellt[96]. Vor allem die Wirtschaftlichkeitsbedingungen eines Monopols auf natürlichen Wasserstraßen sind zu wenig bekannt. Immerhin läßt sich ohne weiteres erkennen, wie außerordentlich verschiedenartig auf den einzelnen Wasserläufen die Faktoren sind, von denen — wie wir sahen — die Monopolisierbarkeit abhängt. Es ist mit Sicherheit anzunehmen, daß ein Reichsschleppmonopol auch solche Wasserstraßen einbeziehen müßte, auf denen die Monopolform eindeutig unterlegen wäre. Wahrscheinlich würde dies schon für die allerwichtigste gelten: den Rhein. Die etwa auf anderen Wasserstraßen eintretenden Vorteile müßten also so groß sein, daß sie jene Nachteile übertrumpfen[97].

Die Einführung eines Schleppmonopols lediglich auf allen Kanälen würde den Zusammenhang zerreißen; in diesem Falle hätten die Erwägungen Platz zu greifen, die bei isolierter Betrachtung eines Kanals gelten.

Eine Einheitlichkeit in der Schleppbetriebsorganisation Deutschlands hätte besonders schwere Nachteile für die Entwicklung des Selbstfahrerverkehrs und würde mithin dessen sachgemäße Eingliederung in das überkommene Verkehrssystem beeinträchtigen. Denn der Selbstfahrer erfüllt gerade in der Verbindung mehrerer Wasserstraßen miteinander eine bedeutsame Funktion. Der Abstufung in der wirtschaftlich erfolgreichen Monopolisierbarkeit der einzelnen

[96] Es ist keine zureichende Begründung, wenn Teubert (II, S. 620 f.) seine Ansicht vom Erfolge des Schleppmonopols bei Ausdehnung auf alle öffentlichen Wasserstraßen hauptsächlich damit stützt, daß dann für jede Stromstrecke das jeweils zweckmäßigste Schleppmittel benutzt werden könne.

[97] Auf Grund der Betriebsverhältnisse betrachtet man meist die märkischen Wasserstraßen als reif für den Monopolbetrieb (so auch Teubert II, S. 620). Was die großen Ströme betrifft, so behindern einstweilen die geltenden internationalen Bindungen (Friedensvertrag, Schiffahrtsakten) die Entschließungsfreiheit. Ferner darf nach Artikel 12 des Abkommens von Barcelona auf den von diesem erfaßten Wasserstraßen ein Schleppmonopol nur geschaffen werden, wenn und soweit es etwa im Schiffahrtsinteresse erforderlich sein sollte, also nicht aus dem Gesichtspunkt der Eröffnung von Einnahmequellen und nur im Einvernehmen aller Uferstaaten eines internationalen Flusses, wozu bei den einer Schiffahrtskommission unterstellten Wasserstraßen noch die Zustimmung der in dieser Kommission vertretenen Nichtuferstaaten erforderlich ist.

Wasserläufe kann man eine Abstufung in der Eignung dieser Wasserstraßen für den Selbstfahrer entgegensetzen. Ohne ein Gesetz aufstellen zu können, wird man sagen dürfen: Dort wo sich ein Schleppmonopol nicht bewähren wird, bewährt sich um so besser der Selbstfahrer, was aber nicht heißen kann, daß dort, wo das Schleppmonopol günstige Voraussetzungen findet, der Selbstfahrer ausscheiden könnte. Dieser ist ein so unentbehrlicher Bestandteil der Binnenschiffahrt geworden, daß es kaum eine Verkehrsbeziehung geben dürfte, auf der er nicht mit Erfolg eingesetzt werden könnte. Gerade der Selbstfahrer ist das Element, das vermöge seiner Freizügigkeit die räumliche Einheit der Binnenschiffahrt am stärksten verkörpert, wogegen der Massengut- (d. i. Schlepp-) verkehr viel deutlicher auf den Bereich einer Wasserstraße beschränkt bleibt.

Wozu die gebotene finanzielle Behandlung der Wasserwege nicht ermutigt, das legt auch die Einsicht in die Voraussetzungen für einen Monopolschleppbetrieb nicht nahe: eine einheitliche Zusammenfassung. Hieran ändert auch nichts die Beobachtung des folgenden Zusammentreffens: Die rentabelsten Kanäle sind diejenigen mit der größten Verkehrsdichte, weil diese (wenn man von Abweichungen infolge der Tarifgestaltung absieht) das größte Abgabenaufkommen gewährleistet. Die Kanäle der größten Verkehrsdichte eignen sich — was man selbstredend nur mit annäherungsweiser Gültigkeit sagen kann — aber auch am ehesten für einen Monopolschleppdienst (klassischer Fall: Rhein-Herne-Kanal!). Die Unterschiede betrieblicher und wirtschaftlicher Art zwischen den einzelnen Wasserstraßen sind zu beträchtlich, als daß eine Überbrückung ohne große Opfer möglich wäre. Die Einheit der Binnenschiffahrt vermag die Verkehrspolitik — nach Lage der Sache in Deutschland — nur dadurch zu wahren, daß sie gerade in den einzelnen Gebieten auf die Aufrechterhaltung des erwünschten Kräfteverhältnisses zu Eisenbahn und Kraftwagen hinwirkt. Es kann dann nicht mehr wundernehmen, daß das Schleppmonopol — hier und jetzt — verkehrspolitisch indifferent ist. Man kann es mit einer solchen Bedeutung „laden", aber hierfür spricht weder eine Notwendigkeit noch eine Zweckmäßigkeit.

Das neue Gesicht, das die Binnenschiffahrt durch die staatlich verordnete Organisation bekommen hat, ist auch verkehrspolitisch höchst bedeutungsvoll. Diese Bedeutung ist grundsätzlich darin zu suchen, daß der Staat nunmehr die Leistungs- und Wettbewerbsfähigkeit der Binnenschiffahrt — im Bereiche der getroffenen Regelung — unmittelbar planmäßig kontrolliert und beeinflußt. Die Tonnage kann nicht ohne seine Genehmigung vermehrt, die Frachten können nicht ohne seine Mitwirkung festgesetzt werden. Wenn die Frachtenausschüsse sich auch in erster Linie von den wirtschaftlichen Erfordernissen ihres Stromgebietes leiten lassen und hierbei insbesondere jeweils an die überkommene Verkehrslage anknüpfen, um diese nach Möglichkeit zu sichern, so hat der Staat doch Gelegenheit, die Richtlinien zur Geltung zu bringen, die er für die Beteiligung der einzelnen Wege und Häfen am Wasserverkehr sowie vor allem für die Regelung des Verhältnisses zu den anderen Verkehrsmitteln aufstellt. Er hat in der so organisierten Binnenschiffahrt ein Instrument in der Hand, um den im Laufe der Zeit unvermeidlich auftretenden Störungen des Gleichgewichts zwischen den Verkehrsmitteln zu begegnen — z. B. durch ständige Abstimmung der Tarife aufeinander. Hierfür steht ihm ein Apparat zur Verfügung, der nach dem Führerprinzip aufgebaut ist und in dem, wenn er Sinn haben soll, ein Geist herrschen muß, der die Unbedenklichkeit und Rücksichtslosigkeit des Konkurrenzkampfes zugunsten der Unterordnung unter das Ziel gemeinsamer Bezwingung der Not verbannt hat. Der Einklang von Führer und Gefolgschaft macht nicht Halt vor den staatlichen Organen, sondern schließt diese ein, sodaß sich die verkehrspolitische Beeinflussung von oben zugleich weitgehend auf einer Disziplinierung *von innen* stützen kann.

Hierzu steht die verkehrspolitische Ausdeutung des Schleppmonopols in einem grundlegenden Gegensatz: In einer für die Vorkriegsmentalität bezeichnenden Weise sollte hierdurch eine Beeinflussung der Binnenschiffahrt *von außen* erfolgen. Man glaubte, schon hierdurch die Binnenschiffahrt für eine Koordinierung mit der Eisenbahn reif machen und gleichzeitig Kahnreedereien und Kleinschiffer, Spediteure und Befrachter organisatorisch ungeschoren lassen zu können. Wir haben gezeigt, daß ein solcher Versuch scheitern muß. Es bleibt die Frage, ob dort, wo an die Stelle der freien Schiffahrt die Zwangsorganisation tritt, ein Schleppmonopol noch ein Daseinsrecht hat oder der Totalität der Organisation zum Opfer fallen muß. Das Elbkartell z. B. erfaßt das Schleppgeschäft ebenso wie die Verschiffungen in engstem Zusammenhang miteinander. Technisch wäre die Abzweigung des

Schleppgeschäftes in einem selbständig handelnden Monopol selbstredend auch innerhalb der Kartellorganisation möglich. Allein es bedeutet dem Geist und Ziel der Organisation nach einen Fremdkörper in deren Aufbau und Funktionieren. Im Zeichen der Gewerbefreiheit ist ein Schleppmonopol, das der übrigen Schiffahrt gegenübertritt, eine Beschneidung dieser Freiheit, die dabei einen in sich widerspruchslosen Zweck verfolgen konnte. Hier aber kann nicht mehr von einem Gegenüber die Rede sein, sondern nur noch von einem Ineinander und Miteinander. Damit entfällt eine besondere Aufgabe des Schleppmonopols — gleichgültig, wie man die Aufgabe als solche beurteilt — sie geht völlig in der größeren auf, die die Binnenschiffahrtsorganisation als Ganzes zu erfüllen hat.

Der dritte Abschnitt stellt den Versuch dar, so viel Allgemeingültiges wie nur möglich über das Thema zu sagen, also auch vorübergehend davon abzusehen, ob wir es mit Fluß- oder Kanalschiffahrt zu tun haben. Das Ergebnis konnten nichts anderes als Aussagen von nur annäherungsweiser Genauigkeit sein. Daß die Bedingungen für ein Schleppmonopol auf großen Strömen undiskutabel ungünstig sind, bedarf kaum noch der Hervorhebung.

Das andere Extrem ist der Kanal von unzureichenden Abmessungen, unzureichend jeweils im Verhältnis zum Verkehr, unter Berücksichtigung seines Umfanges wie seiner zeitlichen und örtlichen Differenziertheit. Nur vom Standpunkt der Überwindung der Ungunst der Fahrbahn kann der Verkehr nicht groß genug sein, ist die optimale Betriebsgröße identisch mit dem Maximum des Verkehrsumfanges. In dem Maße aber, in dem die Abmessungen des Kanals Bewegungsfreiheit gewähren, können alle die Vorzüge der mannigfaltigen Betriebs- und Unternehmungsformen zur Entfaltung kommen, die die Binnenschiffahrt entwickelt hat, können sich insbesondere die Vorzüge der kombinierten Unternehmung auswirken: Ersparnis beim Schleppbetrieb, Möglichkeit individueller Abweichungen von der rechnungsmäßigen Rentabilität des Schlepphilfsbetriebes und der allgemeine qualitative Vorteil der Annehmlichkeit, über eigene Schlepper verfügen zu können.

Zusammenfassung und Folgerungen.

Wir gingen von der Voraussetzung aus, daß bei den in Deutschland üblichen Kanalabmessungen die Schleppschiffahrt mit freifahrenden Kraftbooten heute das technisch beste System der Fortbewegung von Lastzügen darstellt. Wo etwa, wie auf dem Teltow-Kanal, ausnahmsweise ein System mechanischer Treidelei vorkommt oder zweckmäßig erscheint, ist ihm als wirtschaftliche Unternehmungsform ein Monopol angemessen. Dieser Fall ist, weil uninteressant, aus unserer Betrachtung ausgeschieden.

Als Beispiele für Schleppschiffahrtsmonopole standen der staatliche Schleppbetrieb auf den westdeutschen Kanälen (künftig: Mittellandkanal) und derjenige auf dem Elbe-Trave-Kanal zur Verfügung. Ungeachtet der widerspruchsvollen Motivierung, der das westdeutsche Monopol seine Entstehung verdankt, haben wir vor allem diesen Betrieb, der den lübischen an Bedeutung weit überragt, einer eingehenden Prüfung unterzogen. Hierbei ergab sich, daß die Betriebsabwicklung heute — nach Überwindung anfänglicher Schwierigkeiten — vom Standpunkt der Benutzer im ganzen befriedigt, die organisatorische Aufgabe als gelöst gelten kann und die finanziellen Ergebnisse vor Eintritt des allgemeinen Wirtschaftsverfalles es gestatteten, die Betriebsmittel aus laufenden Einnahmen nicht nur zu ergänzen, sondern sogar zu vermehren. Darüber, ob dieser Erfolg mit höheren Kosten und entsprechend höheren Schlepplöhnen, als sie die private Schleppschiffahrt gehabt und berechnet hätte, erzielt worden ist, läßt sich völliger Aufschluß nicht gewinnen. Die Vermutung spricht dafür.

Zwei Umstände machen es unmöglich, das westdeutsche Unternehmen als getreue Durchführung des Monopolgedankens anzusprechen:

1. Auf dem Kernstück des Kanalsystems, dem südlichen Dortmund-Ems-Kanal, besteht ein Nebeneinander mit der

privaten Schleppschiffahrt, das dem Monopol die Last einseitiger Fahrten in südnördlicher Richtung auferlegt[1].

2. Die Übung, Spitzenbedarf durch Inanspruchnahme fremder Betriebsmittel zu befriedigen, sichert den eigenen Schleppern des Monopols eine höhere Ausnutzung und ist nur möglich, weil der Monopolpflicht nur bestimmte Strecken unterworfen sind und aus den angrenzenden Gebieten private Fahrzeuge herangezogen werden können, weil also das Monopol ein unvollständiges geblieben ist.

Auf dem Elbe-Trave-Kanal ist der Monopolgedanke von der Einnahmeseite her verfälscht.

Zur Erkenntnis der Wirkungsweise und Bedeutung eines Schleppmonopols hatten wir daher die empirische Untersuchung durch allgemeine Erwägungen zu ergänzen. Hierbei konnten wir die bis dahin beobachtete Beschränkung auf Kanäle aufgeben und den Zusammenhang des Wasserstraßennetzes berücksichtigen. Neben dem Staatsmonopol die Möglichkeit des privaten Monopols eigens zu behandeln, erübrigte sich, da einem Schleppmonopol stets jedenfalls der Zwangscharakter innewohnt.

Ein Vergleich eines Schleppmonopols im Vollsinne mit dem gedachten Zustande vollkommenen Wettbewerbs von Schleppunternehmungen untereinander macht deutlich, daß die Überlegenheit des einen oder anderen Prinzips wesentlich von Umfang und Struktur des Verkehrs abhängig ist. Bei schrittweiser Annäherung an die Wirklichkeit machen sich aber noch andere Umstände geltend: Kanalabmessungen, Wettbewerbshemmungen usf. Stellt man dem Monopol den Typus der Reederei gegenüber, die Schlepp- und Frachtgeschäft vereinigt, so ändert sich das Bild zum Nachteile des ersteren. Dieses Ergebnis wird auch nicht wesentlich von den Auswirkungen einer etwaigen engeren Zusammenarbeit des Schleppmonopols mit dem Kanalbetrieb berührt. Die unternehmungsmäßige Verbindung von Kahn und Schlepper, also der Fahrzeuge miteinander, ist technisch-wirtschaftlich das „Nächstliegende" und „Natürliche" im Gegensatz zur Verbindung von Schlepper und Kanal, also eines Fahrzeuges mit dem Wege, unter Aufrichtung einer Scheidewand gegen das andere Fahrzeug. Dies aber liegt im Wesen des Schleppmonopols: Zerreißung des Zusammen-

[1] wogegen die Privatschiffahrt im umgekehrten Sinne behindert ist.

hanges zwischen den Elementen der „Binnenschiffahrt". Eine solche Scheidung ist um so nachteiliger, je mehr Bedeutung der Selbstfahrer erlangt.

Wenn wir uns von der Frage nach der Wirtschaftlichkeit leiten lassen, so scheint unter Berücksichtigung der angeführten Umstände von den deutschen Wasserstraßen am *geeignetsten* für Schleppmonopolbetrieb der Rhein-Herne-Kanal, dessen Verkehrsstruktur (große Verkehrsdichte mit kurzstreckigen Unterschieden; zahlreiche Häfen) einen planmäßigen Schleppbetrieb mit Pendelverkehr zwischen den Schleusen nahelegt, im Gegensatz zum schleusenarmen Mittellandkanal, dessen Schiffahrtsbedingungen ihn keineswegs für den Monopolbetrieb prädestiniert hätten, im Gegensatz auch zum nördlichen Dortmund-Ems-Kanal. Aus Gründen eines unrationellen Wettbewerbs konnten die märkischen Wasserstraßen als monopolisierbar gelten.

Die letztere Erwägung ist jedoch müßig, seitdem und solange hier eine *Zwangskartellorganisation* eingerichtet ist. Mit ihr ist dem Schleppmonopol neben dem Wettbewerbs- und Gewerbefreiheitssystem ein neuer Antipode erstanden: der dezentralisierte Zusammenschluß, dessen Teilnehmer kombinierte Unternehmungen zu sein pflegen. Nach der Wirtschaftlichkeit gefragt, ergeben sich ihm gegenüber für das Monopol bessere Aussichten, als sie beim Wettbewerbssystem bestanden, doch hängt das Für und Wider zur Hauptsache von der Bewährung der neuen Ordnung insgesamt, nicht nur für die Schlepporganisation, ab.

Nahezu eine Fehlanzeige ist hinsichtlich der *verkehrspolitischen* Bedeutsamkeit des Schleppmonopols zu erstatten. Hier zeigt sich ein auffallender Widerspruch zwischen den bei der gesetzlichen Begründung gehegten Erwartungen und der heutigen Wirklichkeit.

Die etwas allgemeine Frage nach der Geeignetheit der Schleppschiffahrt für die Verstaatlichung läßt sich nach allem, ebenfalls etwas allgemein, hinsichtlich des Betriebs und der Unternehmung bejahen, wenn auch unter Hinweis auf gewisse Einbußen an Wirtschaftlichkeit; hinsichtlich verkehrspolitischer Zielsetzungen, die das Schleppmonopol instrumental zur Beeinflussung der Binnenschiffahrt oder gar des gesamten Verkehrssystems gebrauchen wollen, muß sie verneint werden.

Das Schleppmonopol stellte historisch den Versuch dar, vom Teil aus zur Beherrschung des Ganzen der Binnenschiffahrt vorzudringen, einen Versuch, der an der Untauglichkeit des Mittels scheitern mußte. Als man diesen Versuch ersann, beherrschte die Binnenschiffahrt der Grundsatz völliger Gewerbefreiheit. Hier hat sich in den letzten drei Jahren ein grundsätzlicher Wandel vollzogen. Heute hat der Gedanke der Selbstverwaltung der Schiffahrttreibenden (bei staatlicher Förderung) organisatorische Gestalt gewonnen. In diesem Aufbau verliert ein Schleppmonopol seinen Sinn: verkehrspolitisch jetzt nicht nur, weil das Mittel sich als untauglich erwiesen hat, sondern weil der Zweck unmittelbar erreicht werden kann; unternehmungsmäßig, weil der Zusammenschluß selbständig bleibender Unternehmer eine dem Schleppmonopol zum mindesten ebenbürtige Form bildet, sofern nur ein geläuterter und geordneter Wettbewerb unter dem Schutz der Kartellorganisation zum Ansporn der Leistungen erhalten bleibt.

Nimmt man das Vordringen des Selbstfahrers, also die Notwendigkeit einer erschöpfenden Nutzbarmachung dieser Errungenschaft, hinzu, so wird vollends deutlich, wieviel darauf ankommt, daß das organisatorische Gehäuse, in dem sich die Binnenschiffahrt bewegt, der Entfaltung der Kräfte der einzelnen Unternehmer Raum zu geben vermag. Das Schleppmonopol entspricht seiner ganzen Struktur nach solchen Anforderungen nur ungenügend. Es befriedigt noch nicht, in einem konkreten Fall zu wissen, daß auf Grund bekannter Gegebenheiten das Monopol keine Verteuerung oder sogar eine Verbilligung mit sich bringt; denn die „Gegebenheiten" sind nur „bekannt", weil der Vergangenheit angehörig, während vielleicht schon im Augenblick der Prüfung die Entwicklung neue Wege sucht, die andere Entscheidungen erheischen. Es kommt ja nicht allein auf die Erhaltung einer geschichtlich einmal festgestellten Produktivität an, sondern auch auf deren mögliche Steigerung. Das Kartell legt zweifelsohne solchen Steigerungsmöglichkeiten geringere Hindernisse in den Weg als das Monopol. Doch wird es notwendig sein, Sicherungen zur Drosselung der lähmenden Einflüsse einzubauen. Neben den in dem Kartellwerk bereits enthaltenen, werden solche Vorkehrungen zu treffen sein, die eine quantitativ und qualitativ möglichst elastische Anpassung der Betriebsmittel an die Veränderungen des Bedarfs verbürgen und hierbei mit dem Kartellschutz eine Auslese verknüpfen, damit es nicht bei einer schematischen Privilegierung der zufällig dem Gewerbe Angehörenden bleibt.

Dies ist — ebenso wie das Schleppmonopol selbst — darum so wichtig, weil es hier nicht nur um das Wohl und Wehe eines Standes geht, sondern zugleich um die Leistungsfähigkeit eines Verkehrsmittels, das allen Anlaß zu den größten Anstrengungen hat, nachdem die Gegner im Wettkampf, Eisenbahn und Kraftwagen, in den letzten Jahren ihre technische und wirtschaftliche Rüstung beträchtlich vervollkommnet haben.

Quellenhinweise.

Angesichts der Verstreutheit der literarischen Behandlung des Schleppmonopols und der mit diesem zusammenhängenden Fragen verzichten wir auf die erschöpfende Aufzählung der benutzten Bücher und Zeitschriften, zumal das meiste Material den amtlichen Drucksachen der Vor- und Nachkriegszeit sowie den Akten der beteiligten Stellen entstammt. Es seien daher nur die für unser Thema unmittelbar wichtigsten Quellen angeführt.

Verhandlungen und Drucksachen

der beiden Häuser des Preußischen Landtages (1904/5, 1912/13),
des Gesamtwasserstraßenbeirates (1909/13),
des Weser-Ems-Wasserstraßenbeirates (1925 ff.),
des Westfälischen Provinziallandtages (1905/13).

Akten

des Schiffahrt-Vereins f. d. westdeutschen Kanäle und die Weser e. V.,
der westfälischen Provinzialverwaltung,
des Zentralvereins für deutsche Binnenschiffahrt,
des deutschen Industrie- und Handelstages,
der Handelskammern Münster und Lübeck.

Peters, Die finanzielle Entwicklung der preußischen Binnenwasserstraßen. AfE 1902.

Fervers, Das neue Wasserstraßengesetz. Berlin 1905.

Teubert, Die Binnenschiffahrt. 1. Aufl. Bd. I. Leipzig 1912, Bd. II, Leipzig 1918. 2. Aufl. Berlin 1932.

Hammermann, Der Elbe-Trave-Kanal (Probleme der Weltwirtschaft. 20), Jena 1914.

Sewering, Die Wettbewerbsfähigkeit des Dortmund-Ems-Kanals. Eine Untersuchung ihrer Abhängigkeit von Kanalgebühren und staatlichem Schleppmonopol. Leipziger Diss. 1917.

Petzel, Der Schleppbetrieb auf dem Rhein-Weser-Kanal. Diss. (Maschinenschrift), Hannover 1923.

Helmershausen, Das staatliche Schleppmonopol. Deutsche Wasserwirtschaft Nr. 2, 1926.

Piper, Das staatliche Schleppmonopol auf den westdeutschen Kanälen. Dortmunder Zeitg. Sondernummer v. 10. 12. 27.

Wyszomirski, Schiffahrtabgaben und Schleppmonopol als rechtliche und wirtschaftliche Voraussetzungen der Kanäle. München/Leipzig 1928 (Sonderdruck aus Schmollers Jahrbuch).

Abkürzungen.

AfE	= Archiv für Eisenbahnwesen
GWB	= Gesamtwasserstraßenbeirat
HdA	= Haus der Abgeordneten
HH	= Herrenhaus
Teubert I oder II	= Band I oder II der 1. Aufl.
Teubert	= 2. Aufl. in einem Bande
WEB	= Weser-Ems-Wasserstraßenbeirat
ZfB	= Zeitschrift für Binnenschiffahrt.

Bemerkung
zur Karte der nordwestdeutschen Wasserstraßen.

Die Karte zeigt die heutige Ausdehnung des nordwestdeutschen Wasserstraßennetzes zwischen Rhein und Elbe. Zu den *westdeutschen Kanälen* im Sinne der Strom- und Schiffahrtspolizeiverordnung zählen:

Rhein-Herne-Kanal,
Dortmund-Ems-Kanal,
Lippe-Kanal,
Ems-Weser-Elbe-Kanal.

Die Bezeichnung „*Mittellandkanal*" umfaßt Rhein-Herne- und Lippe-Kanal, den südlichen Dortmund-Ems-Kanal (bis Bergeshövede), Ems-Weser- und Weser-Elbe-Kanal. Streng genommen ist die Bezeichnung „Mittellandkanal" der künftigen Wasserstraße in ihrer ganzen Ausdehnung vorbehalten. Es ist jedoch üblich, schon heute darunter die hierher gehörenden Kanäle bzw. Kanalteile (also im Osten heute bis Braunschweig) zu verstehen.

Die Stelle der Abzweigung des Ems-Weser-Kanals aus dem Dortmund-Ems-Kanal wird entweder nach der Schleuse *Bergeshövede* oder dem benachbarten *Bevergern* benannt.

Die Schleusen sind auf der Karte mit einem Winkelzeichen (<) hervorgehoben.

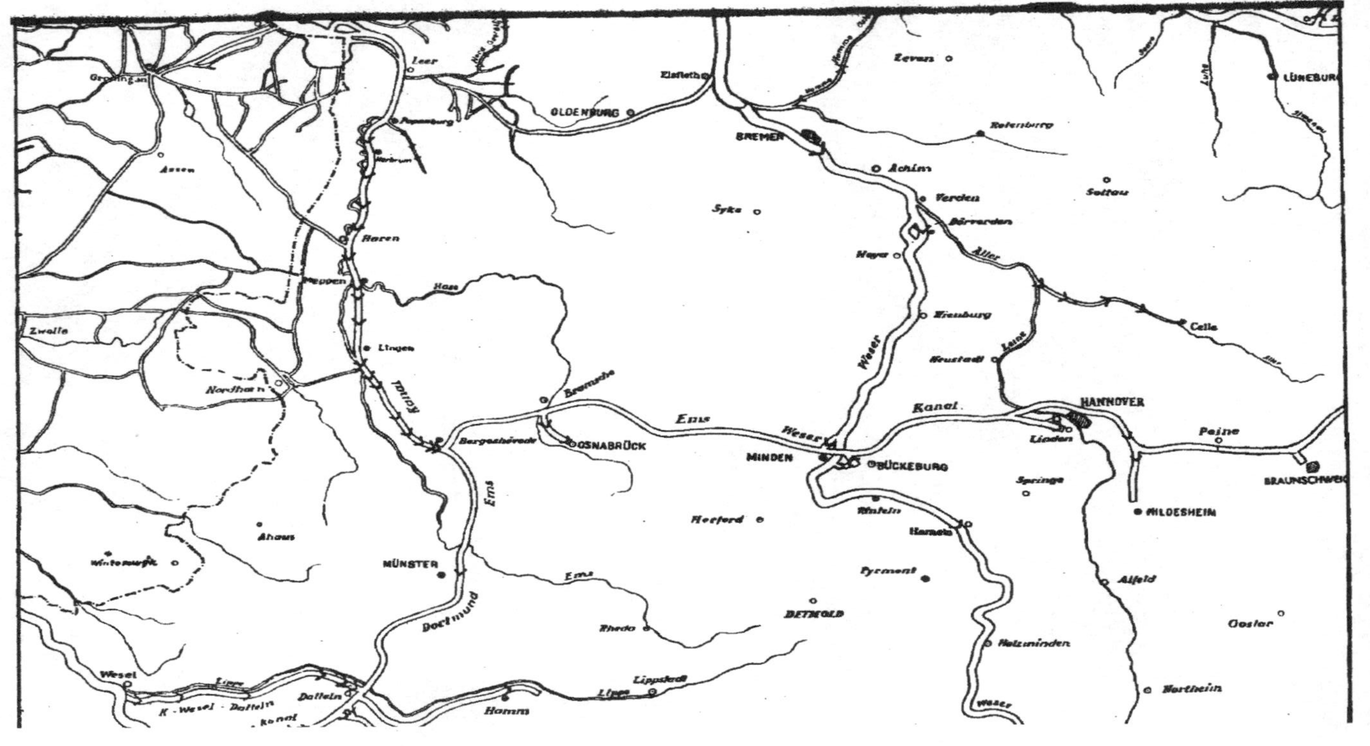

Leer
Elsfleth
OLDENBURG
Papenburg
BREMEN
Zeven
Rotenburg
LÜNEBURG
Achim
Verden
Soltau
Syke
Haren
Meppen
Hase
Hoya
Aller
Zwolle
Lingen
Celle
Nienburg
Neustadt
Leine
Weser
Nordhorn
Bramsche
HANNOVER
Kanal
Ems
Peine
Linden
OSNABRÜCK
MINDEN
BÜCKEBURG
BRAUNSCHWEIG
Springe
Ems
HILDESHEIM
Herford
Rinteln
Hameln
Ahaus
MÜNSTER
Pyrmont
Alfeld
DETMOLD
Goslar
Dortmund
Rheda
Holzminden
Wesel
Lippe
Lippstadt
Northeim
Datteln
K.-Wesel-Datteln
Kanal
Hamm

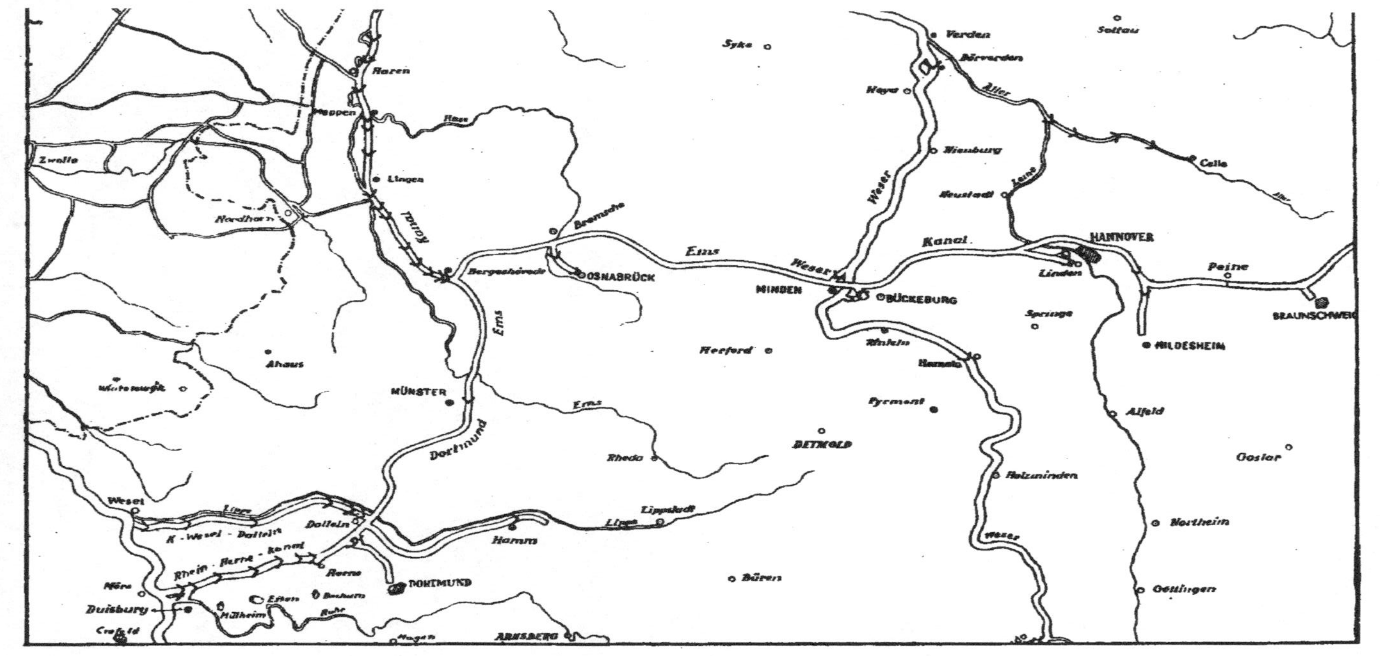

Verden
Soltau
Syke
Haren
Meppen
Zwolle
Lingen
Nordhorn
Kanal
Bramsche
Ems
Weser
Kanal
HANNOVER
Peine
Linden
OSNABRÜCK
MINDEN
BÜCKEBURG
BRAUNSCHWEIG
HILDESHEIM
Herford
Hameln
Ahaus
MÜNSTER
Ems
Pyrmont
Alfeld
DETMOLD
Goslar
Dortmund
Rheda
Holzminden
Wesel
Lippe
Lippstadt
Northeim
K.-Wesel-Datteln
Datteln
Hamm
Rhein-Herne-Kanal
Herne
Büren
Mörs
DORTMUND
Göttingen
Duisburg
Essen
Bochum
Mülheim
Ruhr
Crefeld
Hagen
ARNSBERG
Nienburg
Neustadt
Leine
Hoya
Aller
Celle
Ilmenau

Zeitfracht Medien GmbH
Ferdinand-Jühlke-Straße 7
99095 Erfurt, Deutschland
produktsicherheit@kolibri360.de